国家社科基金重大课题《"一带一路"建设与国际经贸规则研究》（19VDL020）支持项目

对"一带一路"重点国别和重点领域的调研与思考

梅冠群 著

·北京·

图书在版编目（CIP）数据

对"一带一路"重点国别和重点领域的调研与思考／梅冠群著． ——北京：中国经济出版社，2021.4（2022.4重印）
ISBN 978 − 7 − 5136 − 6449 − 3

Ⅰ. ①对⋯ Ⅱ. ①梅⋯ Ⅲ. ①"一带一路" – 国际合作 – 研究 Ⅳ. ①F125

中国版本图书馆 CIP 数据核字（2021）第 059362 号

责任编辑　邓媛媛
责任印制　马小宾
封面设计　任燕飞工作室

出版发行	中国经济出版社
印 刷 者	北京九州迅驰传媒文化有限公司
经 销 者	各地新华书店
开　　本	710mm × 1000mm　1/16
印　　张	19.5
字　　数	260 千字
版　　次	2021 年 4 月第 1 版
印　　次	2022 年 4 月第 2 次
定　　价	68.00 元

广告经营许可证　京西工商广字第 8179 号

中国经济出版社 网址 www.economyph.com 社址 北京市东城区安定门外大街 58 号 邮编 100011
本版图书如存在印装质量问题，请与本社销售中心联系调换（联系电话：010 − 57512564）

版权所有　盗版必究（举报电话：010 − 57512600）
国家版权局反盗版举报中心（举报电话：12390）　　服务热线：010 − 57512564

前　言

"一带一路"提出七年来，从无到有，由点及面，从"大写意"到"工笔画"，已经取得了丰硕的建设成果。"一带一路"是一项着眼全球的经济合作倡议，它的提出既标志着中国对外开放走向了一个新的发展阶段，也标志着世界即将进入一个以中国作为重要推手的全球化新时代。

"一带一路"作为一项新生事物，需要研究的问题有很多，比如："一带一路"应该包括哪些具体内容？有哪些有效的推进方式？建设中正在遇到或可能会遇到哪些问题，有什么解决方法？各个国家对"一带一路"态度如何，态度形成背后的原因是什么？"一带一路"如何影响国际格局和地缘格局？"一带一路"建设的重点任务、步骤节奏、实现路径是什么？这些问题既是决策部门高度关注的，也是国际国内社会普遍关心的，应该成为"一带一路"研究者深入探寻的重要课题。把这些问题想清楚、搞明白，既有助于更好地指导实践，推动"一带一路"更高质量地建设，也有助于凝聚社会共识，形成积极参与"一带一路"建设的合力，更有助于使国际社会更好地认识和理解"一带一路"，更有力回应国外少数机构媒体对"一带一路"的不实指责。

近些年来，笔者也对这些问题开展了一些研究。曾经赴东南亚、南亚、非洲、欧洲等一些国家对"一带一路"开展专题调研，参与了国家"一带一路"白皮书《"一带一路"：进展、贡献与展望》等重要文件的起草工作和若干"一带一路"重要走廊国家级双边规划的编制工作，参加了大量"一带一路"的学术研讨会、咨询建议会、评审论证会，并受有关部委和地方政府委托，主持或参与了几十项关于"一带一路"的重大研究课题，对"一带一路"也有了一些粗浅的认识。笔者将这些年来形成的一些个人觉得有代表性或有特点的成果汇总出版，形成此书。

  本书主要包括两大部分：第一部分是重点国别篇，既选取了作者对"一带一路"沿线一些国家，如俄罗斯、印度、巴基斯坦、孟加拉国、印度尼西亚等国的实地调查研究或国别研究，也选取了对美国、日本及欧洲一些国家围绕"一带一路"相关关切问题的研究，这一部分不求大而全、沿线国家全覆盖，而是希望突出重点国别和针对性施策；第二部分是重点领域篇，对贸易投资、基础设施、产业合作、第三方合作、民心相通、合作机制、国际规则等"一带一路"重点领域、主要建设方式等进行针对性研究，突出务实导向、问题导向，希望能提出一些有效的建议或措施。

  本书的出版首先感谢国家社科基金重大课题《"一带一路"建设与国际经贸规则研究》（19VDL020）的支持，这一课题也是中国国际经济交流中心的重大研究课题。该课题由中国国际经济交流中心理事长曾培炎副总理亲任首席专家，陈文玲总经济师和战略研究部徐占忱部长分别任课题指导和课题副指导，笔者任课题组长。本书也汇集了不少该课题的研究成果。感谢陈文玲和徐占忱两位研究员的特别指导，他们是国内研究"一带一路"的权威专家和一流学者，对本书很多文章的形成提出了大量建设性的意见和建议。同时也非常感谢中国经济出版社的邓媛媛老师，她为本书的出版付出了大量心血。

由于笔者水平有限，对"一带一路"研究的时间仍然不长，书中难免会出现纰漏之处，希望读者能够海涵。同时笔者也希望能以此书抛砖引玉，给读者以启发。"一带一路"提出七年来，社会各界从务虚层面对"一带一路"的探讨已经很多，对"一带一路"的内涵、意义、理论等认识已经非常深刻，但从务实的角度看，"一带一路"下一步具体应该如何推进，有哪些抓手和着力点，有哪些行之有效的模式或方式，与沿线各国在哪些领域有较好合作前景，这些已成为决策者、企业界十分关切的问题，但对这些问题的研究目前还没有完全破题，学者的研究还不能够完全支撑实践。希望未来能够有更多聚焦实际问题、从实际出发的优秀著作或文章问世。

梅冠群

2020 年 12 月 13 日

目 录

上篇 "一带一路"与相关国家

美主导下的"蓝点网络"计划 /3

印度对"一带一路"的态度研究 /8

作为旗舰项目的中巴经济走廊建设 仍存在值得重视的深层次矛盾和问题
　　——赴巴基斯坦调研报告 /39

重新认识孟加拉国的战略价值
　　——赴孟加拉国调研报告 /55

高度重视与印尼战略对接
　　——国经中心课题组赴印尼深度调研与建议 /67

用创新思路推动中老经济走廊建设
　　——赴老挝、云南调研报告 /77

当前中德经贸关系中出现的几个问题
　　——赴德国调研报告 /89

中国与波兰"一带一路"合作研究 /95

俄罗斯对"一带一路"的态度、原因与中俄战略对接 /103

日本对"一带一路"的态度研究 /129

关于中国与塞内加尔开展"一带一路"合作的几点思考 /142

下篇 "一带一路"与重点建设领域

"一带一路":百年变局下的全球治理新方案 /149

推动"一带一路"走深走实 行稳致远 /154

推进"一带一路"建设的若干建议 /158

积极构建"一带一路"国际规则体系 /171

"一带一路"民心相通高质量建设的思路研究 /189

"一带一路"倡议下的物流系统设计 /204

中欧第三方市场合作研究 /238

金砖国家合作机制研究 /265

金砖国家投资贸易机制研究 /276

关于成立"一带一路"开发署的建议 /292

推动中欧班列高质量发展的若干建议 /297

上篇 「一带一路」与相关国家

美主导下的"蓝点网络"计划

2019年11月,在曼谷东盟峰会期间,美日澳三国联合发布了"蓝点网络"(Blue Dot Network)计划。该计划得名于美已故科学家卡尔·萨根的著作《暗淡蓝点》及无人太空船"旅行者一号"在64亿公里外拍摄的地球照片。计划主要聚焦于印太地区基础设施建设,致力于打造更"高质量"的基础设施投资建设标准。

一、"蓝点网络"核心是要建立全球基础设施项目的评级体系

"蓝点网络"计划主要由美国国际开发金融公司、日本国际协力银行、澳大利亚外交与贸易部三家机构负责实施,宣称将按照市场驱动、开放透明、环保、人权、财务可持续等原则对印太地区乃至全球的交通、能源、通信等基础设施项目进行评估和认证,形成基础设施"高质量"的国际标准。上述三家机构将给予"高质量"基建项目以资金支持,并带动相关伙伴国家私营企业参与。未来各国基建项目如想通过"蓝点网络"认证,可选择网上申报,向认证机构提供项目全部相关信息,并接受认证机构审计。该计划的核心是基建项目的评级标准,美日澳企业参建或资金支持项目可能更易获"高质量"评级,而竞争对手项目可能会被排除在评级之外或给予较低评级,在国际融资时会面临更高借贷成本。但目前该计划处于起步阶段,评级标准尚未形成。2020年1月底,美在华盛顿召开了第一次"蓝点网络"计划指导委员会会议,主要就评级标准、参与成员标准及责任义务等进行讨论,美方预计这些问题至少还要讨论几个月。

二、"蓝点网络"是针对"一带一路"的战略阳谋

"蓝点网络"明显是由美主导、意图抗衡针对我国"一带一路"的意图明显，主要表现在几个方面：一是该计划提出后，美白宫、国务院、商务部等部门高官多次公开将"蓝点网络"与"一带一路"进行对比，表示"蓝点网络"项目标准将比"一带一路"更高；二是美长期抹黑"一带一路"是国家驱动，存在"债务陷阱"、缺乏透明度、污染环境、自身腐败等问题，"蓝点网络"的各种原则明显是根据上述抹黑进行针对性设计；三是"蓝点网络"已成为美印太战略的组成部分，重点瞄准东南亚、南亚基建市场，而这也是"一带一路"沿线重点地区，"蓝点网络"所涉及的交通、能源、通信及金融等领域也是"一带一路"的主要建设内容；四是"蓝点网络"的主要操刀机构美国际开发金融公司是抗衡"一带一路"的主要战略执行机构，该公司于 2018 年 10 月，在美《更好利用投资引导发展法案（Build Act）》授权下成立，合并了美海外私人投资公司（OPIC）和美国际开发署相关部门，意在对抗"一带一路"、推动美在新兴市场投资、服务美外交战略。2019 年 12 月该公司刚开始运行就主推"蓝点网络"。中美战略博弈已成长期化趋势，未来"一带一路"与"蓝点网络"的竞争也将成为大博弈的一个重要方面。

三、日本是"蓝点网络"的"隐形推手"

尽管"蓝点网络"由美主导，但日的作用也不可忽视。实际上，"高质量基础设施"概念最早来自于日。2015 年 5 月，安倍首次提出构建"高质量基础设施伙伴关系"（PQI），承诺 2015—2020 年间向亚洲基础设施建设提供 1100 亿美元。2016 年 5 月，日在 G7 伊势志摩峰会上进一步提出"扩大高质量基础设施伙伴关系"计划（EPQI），将上述投资额增加至 2000 亿美元。2015 年以后，日与菲律宾、缅甸、印尼、泰国、越南、柬埔

寨、印度、孟加拉国、乌兹别克斯坦、肯尼亚、刚果等国家的大量基础设施合作项目中都明确打上了"高质量"的记号。日还利用 APEC、G20、G7、日本—东盟峰会、东京—非洲发展国际会议等各种国际场合，推广"高质量基础设施"理念，并力争写入会议共识。"蓝点网络"所依据的三大主要原则中的两个（第三个为"赤道原则"）——"G7查尔沃伊关于创新性发展融资的承诺"和"G20高质量基础设施投资原则"，正是在2018年加拿大G7峰会和2019年G20大阪峰会上由日推动通过的。日与我国在国际基建领域有竞争关系，其在背后低调推动"蓝点网络"，主要为其在市场竞争中提升与我国抗衡能力，美澳基建能力相对不足，因此，"蓝点网络"项目的承建非日莫属。

四、东盟与印度持观望态度

目前，"蓝点网络"尚未正式表示计划吸纳哪些国家以合作伙伴身份参与，但综合各方信息，美可能吸纳的伙伴有两类：一是 G7 成员国和部分欧洲国家，没有其他发达国家的参与，该计划的"高质量"标准难以成为全球标准，据称有一些欧洲国家作为观察员国参加了第一次"蓝点网络"计划指导委员会会议；二是在东盟和印度等印太地区国家中，据美媒透露，印尼、越南、泰国有意向成为合作伙伴，特朗普2020年2月访问印度时也向印度专门提出加入"蓝点网络"的邀请。但目前东盟国家与印度均未公开表示参加，持观望态度，主要原因有五点：一是担心该计划标准过高，自身难以达到，印度媒称该计划是"用第一世界的方案解决第三世界的问题"；二是担心该计划为"空头支票"，口惠而实不至，美在东盟与印度基建领域投入援助性资金历来较少，如美国际开发金融公司的前身——美海外私人投资公司，2007—2017 十年间在缅甸和印尼分别仅投入 2.81 亿和 1.31 亿美元，其他国家如泰国、柬埔寨、越南、菲律宾等国家更是只分别投入了 300 万~600 万美元，少之又少，美国际开发金融公司究竟能有多大投资力度，东盟与印尚难确定；三是担心该计划附加政治条件，难以接受；四是担心美大选后，若民主党上台，该计划可能如TPP一样被废止；五是担心既不能从该计划中得到实惠，又得罪了中国，将得不偿失。

五、我国须高度重视并积极谋划应对

"蓝点网络"目前还存在很多问题和困难，如：该计划内容、框架、标准尚未明确，评级标准需以大量项目为基础，项目的评级过程十分耗费时间和人力；美财政赤字高企，国内尚有大量基础设施改造项目难以推动，可能很难在海外投入大量基建资金；美国际开发金融公司刚刚开始运作，尚未形成成熟的运作模式；该计划强调引导私人资本，但海外基建项目投资大、回收期长、风险高，不完全适合私人资本。

尽管如此，但我国仍需高度重视。美抗衡"一带一路"是系统战略，《亚洲再保障倡议法案》《更好利用投资引导发展法案》《进一步综合拨款法案》等均明确瞄准了"一带一路"，成立美国际开发金融公司并授予600亿美元最高投资额度、增加美进出口银行（1350亿美元贷款担保额度），均表明美针对"一带一路"并不是在政治上"玩虚"的。

对此，我国应积极谋划应对方案：一是密切关注"蓝点网络"进展，并在舆论上给予有力回应，既要在外交上展现欢迎美投资亚洲基建市场的大度姿态，也要对抹黑"一带一路"予以坚决反击，对意在"蓝点网络"和"一带一路"中两头下注的国家，要"一手压、一手拉"，给予其压力，特别要谨防"一带一路"建设重大项目由东道国向"蓝点网络"申请认证，会造成我国关键项目信息泄露，极易在市场竞争中受制于人；二是在"一带一路"实际建设中，不为其所动，"你干你的、我干我的"，继续把各个重大项目扎扎实实做好；三是提升我国海外项目管理水平，主动建立和完善海外项目规范管理的体制机制；四是抓紧对"一带一路"高质量建设标准进行研究,"高质量"要有明确标准,不能含糊不清,要用"一带一路"实实在在的"高质量"正面回应"蓝点网络"所谓的"高质量",要善于将我国有益实践总结上升为规则标准,推动我国"一带一路"建设走深、走实。

印度对"一带一路"的态度研究

2013年中国提出"一带一路"倡议后,在印度国内引发巨大反响,印度国内政、商、学界掀起了一场针对"一带一路"的全国大讨论,一时褒贬不一,对是否要参加"一带一路",印度民间各执一词、官方模棱两可。随着2014年9月习近平主席访问印度大获成功,2014年10月印度作为亚洲基础设施投资银行首批意向创始成员国在北京签约,2015年5月印度总理莫迪成功访华,印度对"一带一路"的态度有所转变。从2016年下半年开始,印度对"一带一路"的态度又出现了较大转变,战略焦虑与疑虑加重,国内出现一片怀疑、反对,甚至敌视的声音。2017年5月14日,在北京举办的"一带一路"国际合作高峰论坛,印度是唯一没有参加的"一带一路"沿线大国。近期,中印两国军队在洞朗地区发生对峙,两国关系跌入冰点,"一带一路"合作更是无从谈起。虽然金砖国家峰会上两国关系有一定缓和,但印度并没有从根本上改变对"一带一路"疑虑和拒绝的态度。

一、印度对"一带一路"基本态度的变化

从2013年中国提出"一带一路"倡议后,印度对"一带一路"的态度一直在变化,总体来看,相继经历了态度模糊、积极响应和拒绝抵制三个阶段。

（一）2013 年下半年至 2014 年下半年：印度对"一带一路"总体处于认知阶段，民间认可与反对声音皆有，但疑虑居多

2013 年下半年，习近平主席在访问哈萨克斯坦和印度尼西亚时提出建设"丝绸之路经济带"和"21 世纪海上丝绸之路"的倡议，引发全球强烈反响，很多国家公开表示愿意积极加入。印度国内也高度关注"一带一路"倡议，民间针对如何认识"一带一路"、中国推进"一带一路"的目的、"一带一路"对印度有哪些影响展开了全国范围的讨论和争论，但政府一直沉默不语，既未表明愿积极参与，也未对"一带一路"表示拒绝。因此，在"一带一路"倡议提出之初，印度主要从研究的角度对"一带一路"进行关注。

印度国内对"一带一路"认知不一、观点多维，代表性观点有以下几种：

一是"霸权论"。印度尼赫鲁大学中国与东南亚研究中心教授、权威中国问题专家狄伯杰（B. R. Deepak）提出，中国提出的"一带一路"倡议并非如中国宣称的那样为了沿线国家共同的经济发展和共享经济成果，而是为了将中国的地区霸权伸向印度洋地区，与美国争夺国际领导权，印度政府既不能得罪中国，也不能顺应中国得罪美国，最好的方式是保持沉默。印度前外长沙亚姆·萨兰（Shyam Saran）认为，"一带一路"是针对美国 TPP 的应激反应。印度金达尔国际事务学院院长肖利亚（Sreeram Chaulia）认为，"一带一路"是一项霸权计划，将使中国成为亚非欧的中心，而印度将成为次要国家。印度战略家布西亚（Navneet Bhushan）把"一带一路"比作中国"通往超级大国的连体共生之路（twin roads）"。

二是"黑箱论"。认为"一带一路"还只是一项空洞的倡议，没有公布具体的规划和项目，难以判断中国的真实目的是什么，"一带一路"还是一个"黑箱"。印度外长斯瓦拉杰就曾公开表示，印度需要中国提供"一带一路"更加详细具体的细节，印度不可能就"一带一路"开具的"空头支票"给出全盘承诺。印度前国家安全顾问梅农（Siva Sankara Menon）提出，印度需要先了解"一带一路"的具体内容，在此基础上才能形成整体应对方案，任何零碎临时的方案都不是正确选择。印度产业政策和促进部副部长康特（Amitabh Kant）表示，印度正在等待"一带一路"的具体细则，一旦细则公布，印度将对其进行研究和分析，判断印度在哪些行业能够获益后，才能给出具体答复。

三是"围堵论"。印度一直将南亚次大陆和印度洋看作自家后院，担心"一带一路"会冲击印度在该地区的影响力和主导权，甚至会对印度形成战略围堵。狄伯杰提出，中巴经济走廊、孟中印缅经济走廊、泛喜马拉雅山经济合作带、"21世纪海上丝绸之路"会从东南西北四个方向组合形成对印度的"包围圈"。印度前副部长长塔鲁尔（Shashi Tharoor）等不少印度战略界人士认为，"21世纪海上丝绸之路"是围堵印度的海上"珍珠链"，是对印度进行战略包围的工具，将直接威胁到印度的海上安全。

四是"竞争论"。持这种观点的人认为，"一带一路"是与美国"新丝绸之路"、TPP、日本"亚洲经济走廊"、印度"向东看"等相竞争的战略。印度知名战略家、印度观察家研究基金会拉贾·莫汉（C. Raja Mohan）认为，印度政府不应该把政策重点放在简单的接受或拒绝"一带一路"上，而是要提出与之相竞争的"印度版"互联互通计划。

五是"合作论"。除上述对"一带一路"持怀疑、批评、反对的观点外，印度国内还有一部分理性的声音，能够认识到"一带一路"也会给印度发展带来机遇，中印在"一带一路"框架下开展合作对印度利大于弊。前外交秘书萨兰（Shyam Saran）等人认为，印度应该对"一带一路"持开放心态。印度产业联盟官员戴塔（Shekhar Datta）认为，"一带一路"将对印度基础设施发展带来机会。但从总体上看，支持"一带一路"的声音凤毛麟角，持怀疑态度、带有色眼镜看"一带一路"的在印度国内占据主流。

(二)2014年下半年至2016年下半年:尽管印度国内对"一带一路"还存在多种质疑声音,但在两国元首互访的推动下,印度官方层面对"一带一路"持正面态度

2014年9月,习近平主席访问印度,印度总理莫迪在自己的家乡古吉拉特邦隆重接待。习近平主席访问印前夕在印主流媒体发表署名文章,提议中印"共同推动孟中印缅经济走廊建设,探讨'丝绸之路经济带'和'21世纪海上丝绸之路'倡议,引领亚洲经济可持续增长"。本次成功访问得到印度媒体的广泛好评。2015年,习近平主席在自己的家乡陕西西安热情接待了莫迪总理,李克强总理也与莫迪进行了友好会谈。2016年5月,印度总统慕克吉成功访华。2016年9月,莫迪来华参加在杭州举行的G20峰会。一个月之后,习近平主席参加在果阿举行的金砖峰会。

在两国元首多次互访的推动下,印度对待"一带一路"的态度出现了明显改观。习近平主席访问印度时,曾向莫迪提出,中印双方可就"一带一路"、亚洲基础设施投资银行等合作倡议及莫迪提出的"向东行动"政策加强沟通,找准利益契合点,实现对接,探讨互利共赢的合作模式,以促进共同发展。莫迪也表示,中方提出"一带一路"倡议,印方同样重视南亚地区互联互通建设,印方愿加强同中方在这一领域合作。习近平主席访问印度后一个月,印度就作为亚洲基础设施投资银行首批意向创始成员国在北京签约,印度出资80多亿美元成为亚投行第二大股东,持股8%左右,仅次于中国30%的股权。双方产能合作也发展迅速,万达、华为、中兴、特变电工在印度成功建立工厂、园区或研发基地。

在孟中印缅经济走廊建设上印度也表现出了积极态度。2013年5月,李克强总理访问印度时曾提出"倡议建设孟中印缅经济走廊",得到印度及孟缅两国政府的积极响应。2013年12月,孟中印缅经济走廊联合工作组第一次会议在昆明召开。习近平主席访问印度后,孟中印缅经济走廊建设工作继续向前推进,2014年12月,联合工作组在孟加拉国科克斯巴扎尔举行了第二次会议，探讨了在互联互通、能源、投融资、货物与服务贸易便利化、可持续发展、扶贫、人文交流等方面的合作。

（三）2016年下半年至今，印度表现出对"一带一路"的消极抵制

由于中印两国在印度加入核供应国问题上立场不一、意见冲突，印度因此认为中国是印度加入核供应国集团最大的阻碍力量，两国关系急转直下。为表示对中国的不满，印度从官方到民间都对"一带一路"采取了抵制和反对的态度，言辞口径聚焦为"一带一路"建设六大走廊之一的中巴经济走廊通过克什米尔地区，侵犯了印度主权。2017年1月，在有着印度版"香格里拉对话会"之称的第二届瑞辛纳对话会（Raisina Dialogue）上，印度总理莫迪公开表示"一带一路"只有"尊重相关国家的主权，地区互联互通才能够实现目标，避免分歧和纷争"，这标志着印度对待"一带一路"的态度出现重大转向。2017年5月，在北京举行的"一带一路"国际合作高峰论坛前夕，印度外交部发言人公开发声，代表印度政府正式表达了出于对中巴经济走廊和克什米尔问题的关切，印度不能接受"忽视其主权和领土完整"的项目，从官方层面表示了对"一带一路"的拒绝态度。印度还公开表示"互联互通项目应建立在公认的国际准则、良治、法治、开放、透明及平等基础上"，暗指中国提出的"一带一路"倡议在这些方面均有缺陷，是中国基于自身利益提出的战略，未与各国商议决定，不公开、不透明。随后，印度及接受印度外交指导的不丹没有参加"一带一路"峰会。

但需要注意的是，即便印度对"一带一路"的态度如此清晰明显，但还是为以后可能的合作预留了一定的战术模糊空间。印度公开表示，不接受"那些忽略了印度主权和领土完整的项目"，这个"项目"究竟是指中巴经济走廊还是整个"一带一路"倡议，未来是否存在不接受中巴经济走廊，但在其他通道建设上与中国合作的可能？这些问题在未来印度仍可以灵活处理。值得关注的是，也是在峰会前的2017年4月，原定于2015年下半年召开,但因种种原因不断推迟的孟中印缅经济走廊联合工作组第三次会议在印度成功召开,这是否是印度释放的一种信号,在孟中印缅走廊等其他"一带一路"建设项目上中印合作还有一定的空间?目前尚不能一概而论,要视下一个阶段中印关系的走向才能再做判断。

(四)中印开展"一带一路"建设合作难度加大,但也不排除扩大利益交汇点,形成合作新路径的可能

中印两国军队在洞朗地区发生军事对峙,两国关系一度跌入冰点。尽管金砖国家峰会后,两国关系出现一定的缓和,但两国战略互疑仍然存在。预计未来一个时期,印度对"一带一路"仍将持抵制拒绝态度,主要有以下几个原因:一是短期内对于印度高度关切的加入核供应国问题,中国很难给予政治支持和让步;二是中巴经济走廊已实质开工建设并取得了重大进展,印度认为其所关切的战略威胁已确实存在;三是印度人民党政府具有极强的民族主义思想,内政保守、外交强势,为保证其政治立场不动摇、持续获得选民支持,在"一带一路"建设问题上不会让步,莫迪本人也已被民粹政治所绑架;四是美日等国频繁向印度抛出橄榄枝,美国将"亚太"战略延伸至"印太",印度在美国全球布局中的重要性大大提升,印度认为即便拒绝"一带一路",在国际社会上也有足够的支持。但从长期来看,中印合作具有巨大空间,对两国各自利益均具有较大好处,如果中印能在领土争端、印度加入核供应国等问题的谈判中取得突破,不排除印度转变态度,重新加入"一带一路"的可能。

二、印度针对"一带一路"的主要做法

印度针对"一带一路"采取了较为灵活的做法,既有合作也有博弈,对印度有巨大利益的亚投行,印度选择积极加入;对"一带一路"将改变南亚地缘格局,印度选择自己提出或与其他大国合作提出竞争性的互联互通战略;对中国与南亚其他国家的互利合作,印度选择干预拆台的做法,

阻挠"一带一路"建设。

（一）积极加入亚投行

尽管印度国内对"一带一路"有诸多否定声音，但也看到了"一带一路"对印度经济发展的有利之处，在部分方面印度采取了灵活的务实主义路线，最突出的是参与亚投行的筹建。中国在2013—2015年面向全球倡议筹建亚洲基础设施投资银行，对此印度给予积极响应。2014年10月，印度作为亚投行首批意向创始成员国在北京签约，其内阁于2015年6月正式批准加入。印度出资84亿美元，成为亚投行第二大股东，并获得第二大表决权份额。印度积极加入亚投行主要有两方面考虑：一是印度基础设施十分落后，且建设资金短缺，加入亚投行可使印度通过资金杠杆，用小额出资撬动全球资金流向印度基建市场；二是印度目前主要从世界银行、亚洲开发银行等国际金融机构贷款，但会有政治、环境、立法等附加条件要求，资金使用难以得心应手，亚投行资金没有附加条件，更受印度欢迎。

（二）提出自己的互联互通和对外经济合作计划，与"一带一路"开展竞争和博弈

印度著名战略家拉贾·莫汉曾指出，印度是否认可或是否要参加"一带一路"并不是根本性问题，如要抗衡"一带一路"，印度必须提出自己的互联互通和对外合作战略。这一观点代表了印度抗衡"一带一路"的主要战略思想。

莫迪上台执政后推出了"季风计划"，这是一项包括政治、经济、外交、军事、文化等多方面内涵的宏大的战略构想。"季风计划"全名"海上航线与文化景观"，原是印度文化部于2014年推出的对外文化合作项目，意图加强印度与东南亚国家的文化和宗教交流。2015年3月，莫迪出访塞舌尔、毛里求斯和斯里兰卡时将该计划升级，加入了与古印度洋航线国家政治、经济和军事合作的内容。"季风计划"一经推出，就被印度各

界普遍解读为印度版的"21世纪海上丝绸之路",是能够与中国"一带一路"相抗衡的重大战略构想。尽管莫迪政府尚未提出关于"季风计划"的具体规划和设计方案,因此遭到印度国内各方质疑和批评,认为该计划较为空洞模糊,没有实际内涵,尚不能起到抗衡"一带一路"的效果,但从战略布局上,"季风计划"为印度未来的对外发展谋划了新方向,加强与环印度洋的南亚、东南亚、阿拉伯半岛、东非地区各国的联通将是印度重大国家利益所在。除"季风计划"外,印度还提出了"香料之路""棉花之路""佛教之路",其实质与"季风计划"异曲同工,均是通过一些历史文化符号,把印度与周边地区串联起来,形成与"一带一路"不同维度的互联互通计划,与"一带一路"开展战略竞争。

20世纪90年代苏联解体后,印度提出"向东看(Look East)"政策,认为印度要向东通过印度洋连通中南半岛地区。经过20多年发展,莫迪上台后,于2014年将"向东看"进一步升级成"向东行动(Act East)",即"向东看2.0版",以推动印度与东盟进一步加强经济合作。甚至提出,印度要经过马六甲海峡,进入西太平洋,与美国、中国、日本、韩国等国开展合作。美国、日本等环太平洋经济体是印度重要的投资来源地,东盟、中国以及美日成为印度制造品的重要消费市场,"向东行动"意图将印度洋经济圈和太平洋经济圈连接起来,形成一个充分整合的"印太"经济圈,并使印度成为"印太"经济圈经济增长的主要发动机。"21世纪海上丝绸之路"是自东向西的,"向东行动"是自西向东的,印度希望"向东行动"作为与"21世纪海上丝绸之路"对抗对冲的竞争性战略。

为抗衡孟中印缅经济走廊,印度一方面对此虚与委蛇,另一方面实质性积极推动孟加拉国、不丹、印度、尼泊尔四国联通(BBIN)和环孟加拉湾多领域经济技术合作(BIMSTEC)两大区域合作机制建设。孟不印尼四国合作机制始于1997年的"南亚增长四角"(SAGQ),但由于四国基础设施联通条件差、四国内部缺乏共识,SAGQ一直未有突破。2013年,印度在 SAGQ 基础上提出 BBIN，后得到莫迪政府高度重视和推动，目前 BBIN 已建立了水资源管理与电力、交通与互联互通两个工作组。2015 年 6 月，四国已签署了"机动车辆协议"（BBIN-MVA），初步实现了公路互联，目前正在开展铁路互联和航空互联的磋商。印度希望未来 BBIN 向南拓展至斯里兰卡和马尔代夫，形成"BBIN+2"，以进一步扩大印度在南亚地区的影响力。在推动 BBIN 的同时，印度也在同步推进 BIMSTEC。BIMSTEC 意在打通湄公河地区至印度的经济通道，除继续深化与孟加拉国、尼泊尔、不丹的合作外，还将东南亚的缅甸和泰国拉拢进来，同时强化印度东部的尼科巴—安达曼群岛在南亚与东南亚合作中的战略地位。

为进一步增强印度对南亚各小国的影响力和控制力，印度推出环印度洋地区合作联盟（Indian Ocean RIM Association for Regional Cooperation，IORA），该联盟主要推动蓝色经济发展计划，重在推进在海洋能源、海上航运、海洋保护、生物勘探等方面的合作。IORA 的蓝色经济合作区主要包括印度、马尔代夫、斯里兰卡、塞舌尔、毛里求斯乃至孟加拉国、缅甸、印度尼西亚、巴基斯坦、伊朗、阿曼等国，几乎将整个印度洋地区全部涵盖进来，但该战略的主要针对对象还是南亚各小国，避免各小国在"21 世纪海上丝绸之路"中轻易倒向中国。

在北京"一带一路"国际合作高峰论坛结束几天后，2017 年 5 月 23 日，非洲开发银行年会在莫迪的老家印度古吉拉特邦举行，莫迪在会上发表演讲，对外高调提出了"亚非增长走廊"计划，宣称该计划将让亚非国家形成一体化和具有全球竞争力的经济联盟，形成西方式的、民主的、自由的经济架构，其用意明显是针对"一带一路"。2017 年 9 月 13 日，日本首相安倍访印时公开表示，日本将和印度一道共同推进 AAGC 建设。据印度智库"发展中国家研究与信息系统"（RIS）发布信息称，在 2016 年 11 月时，莫迪与安倍就形成了共建 AAGC 的想法，RIS 与日本贸易振兴机构（JETRO）共同编写了 AAGC 的项目可行性报告，日本计划为 AAGC 投资

300亿美元，投资期为3年，印度计划为AAGC投资100亿美元，投资期为5年。目前，日本已经参与了印度东北部"东北各邦道路网络改善计划"，安倍访印时提出未来将向该计划提供386亿日元贷款，以对抗中国修建边境公路对西里古里走廊的战略威胁。

（三）积极参加其他大国提出的互联互通计划和区域合作计划，以平衡对冲"一带一路"的影响

"一带一路"本质上是经济合作计划和交通互联互通计划，但在美印日等国看来，更多的是一个中国拓展势力范围和国际影响力的地缘工具。为平衡"一带一路"的影响，印度不只提出了自己的互联互通计划，还积极参加日美俄等国提出的相关联通战略。

针对"一带一路"，日本提出了"高质量基础设施伙伴计划"。2015年，安倍政府对外提出该计划，准备未来五年投入2000亿美元用于日本、东南亚和南亚地区的互联互通。该计划提出，互联互通基础设施要"高质量"，要重视环境保护、社会保障、债务可持续、劳工权利等方面的问题。实质上是想影射中国基础设施项目"质量不高"。印度对该计划不断高调表示支持。目前日本是印度第一大援助国，在印度基础设施领域投资巨大，是新德里—孟买工业走廊的主要投资方。印度的态度一方面有利于吸引日本资金继续参与印度基础设施建设，另一方面也对日本参与"亚非增长走廊"给予回馈，和日本一道共同抗衡"一带一路"。

对于俄罗斯、伊朗等国提出的"第二苏伊士运河"计划，印度的态度也十分积极。为打通俄罗斯通往印度洋的出海口，俄罗斯与伊朗、阿塞拜疆等国共同提出该计划，意在打通自伊朗恰巴哈尔港一路向北，经阿塞拜疆、俄罗斯高加索地区直至莫斯科的陆路通道。印度认识到该倡议不仅符合其既有的联通中亚政策（Connect Central Asia Policy，CCA），而且由于恰巴哈尔港与瓜达尔港相距仅200公里，此计划完全可以与中巴经济走廊形成竞争，不仅与中巴走廊争夺中亚腹地市场，还可以使印度加强对阿拉伯海航路的控制，保障印度石油进口安全。2014年，印度拨出8600万美元，与伊朗合作共建伊朗恰巴哈尔港，对该港的航道和港口进行加深以接纳大型船舶。2016年5月，莫迪访问伊朗，两国签署了《关于恰巴哈尔港的开发与运营的双边协议》，印度、阿富汗、伊朗三方也签署了《建立恰巴哈尔港运输与过境走廊的三方协定》，目前该港建设正在推进。目前"一带一路"的六大走廊总体都是东西向的，印度参与"第二苏伊士运河"计划有助于联通印度与中亚、欧俄，其实质是为了与中国争夺在中亚地区的影响力，形成与新亚欧大陆桥经济走廊、中巴经济走廊、中蒙俄经济走廊相竞争的南北向经济走廊。

2017年11月，美国总统特朗普在APEC领导人会议上发表主旨演讲，公开提出"印太"战略。此战略为"亚太再平衡"战略的升级版，在"亚太"的基础上，进一步将印度拉拢进来。"印太"概念由来已久，并非特朗普创造的新名词。早在20世纪60年代，澳大利亚学术界就提出了"印太"概念，但一直未受到国际关注。奥巴马推出"亚太再平衡"战略后，美日印澳等国战略界将此概念挖出，提出将"印太"打造成"亚太"的升级版，希拉里在出访时也多次提过"印太"概念。近年来，日本不断在美国、印度间游走，努力把印度拉进"亚太"中来，使印度逐渐与美日开展越来越密切的经济军事合作。印度原本对"亚太再平衡"持中立态度，但随着中印关系转冷特别是洞朗对峙之后，印度开始对"印太"持积极态度。目前，国际社会各界均将"印太"视作美国应对"一带一路"的战略选择。印度作为"印太"核心四国（美日印澳）之一，搭上美国战略的顺风车，借美日之力帮助其平衡中国"一带一路"的地缘影响力，符合印度自身利益。

（四）对周边国家参与"一带一路"建设进行干预，加强对"后院"国家的掌控

南亚一些国家对"一带一路"表示出积极意愿，这引起印度高度警惕。为阻止这些国家倒向中国,印度不惜对周边参与"一带一路"的国家进行干预,阻碍"一带一路"建设进度。其中最为典型的案例是斯里兰卡科伦坡港口城项目。

2013年5月,斯里兰卡总统拉贾帕克萨访华,中斯两国将双边关系提升为战略合作伙伴,双方决定开展科伦坡港口城项目合作,此项目成为"21世纪海上丝绸之路"重要标志性项目。2013年7月,中国交通建设集团与斯里兰卡国家港务局签署协定,由中方投资14亿美元在科伦坡港建设港口城,该项目是斯里兰卡有史以来最大的外资项目,斯里兰卡此举引发印度高度警惕。2014年9月,中国海军一艘常规动力潜艇和一艘支援舰在赴亚丁湾执行反海盗护航任务时,途中停靠科伦坡港。同年11月,中国包括一艘核潜艇在内的潜艇编队再次停靠科伦坡港,这在印度国内引发轩然大波,认为中国参与科伦坡港口城建设具有强烈的军事目的,威胁到了印度国家安全,印度向斯里兰卡表示"强烈不满"。

2015年1月,斯里兰卡总统大选,印度直接干涉斯内政,不惜动用各种力量影响大选,致使印亲华总统拉贾帕克萨连任失败,亲印派的西里塞纳当选总统。2015年2月,西里塞纳当选总统后马上对印度开展国事访问,表示要平衡外交政策,向印度靠拢。2015年3月,科伦坡港口城项目被叫停,叫停理由为影响环境、涉及政府腐败、法律手续不完备等,理由十分牵强。斯里兰卡政府发言人塞纳拉特内公开表示,"印度警告斯里兰卡,如果该项目一旦完成,斯里兰卡的主权将被画上一个大大的问号"。负责项目建设的中国交建集团在同斯里兰卡政府经过几个月的协商后达成新的协议,中国交建放弃1.4亿美元的索赔款,斯政府将在港口城补偿给中国交建额外2公顷的建设用地,使得中方总占地面积达到110公顷,其中20公顷土地从先前协议的中方永久使用土地转为99年期租赁。直到2016年4月,中斯两国才重启科伦坡港口城项目。

与此案例相似的事件较多。如迫于印度压力,孟加拉国也取消了与中国企业商谈合作多年的开发索纳迪亚深水港项目，取而代之的是在25公里外，由日本企业开发马达尔巴里港。尼泊尔也害怕印度势力，不敢与中国开展中尼铁路等合作。

三、印度对"一带一路"负面态度的主要原因

（一）印度对中国崛起表现出战略焦虑和不适应，心态决定态度

印度素有大国心态，尼赫鲁提出"印度要么做一个有声有色的大国，要么销声匿迹"，代表了印度的大国情结和文化自尊，印度不满足于做南亚地区的霸主，更希望跻身世界一流强国行列。但从历史上看，印度多次遭受西方世界和中东世界的外侮，国民心态中存在"大国梦""强国梦"的同时，也有着深深的不安全感和战略焦虑心理。印度对中国的心态较为复杂。英国占领印度后，花大力气建设印度、推动印度开放，使印度经济发展水平长期领先中国，因此印度一直看低中国，认为中国贫穷落后。中印存在领土争端，20世纪60年代初中印度边境自卫反击战，中国大获全胜，打击了印度的自尊心和优越感，印度十分不解为何国力弱于自己的中国竟能打败自己，转而认为中国是印度的战略威胁。特别是中国和巴基斯坦走近后，印度认为中巴联盟是印度的最重大安全威胁。近40年来，随着中国改革开放，经济快速增长，中印经济差距迅速拉开，1978年时印度GDP与中国基本持平，2016年时印度GDP仅相当于中国的1/5。全球金融危机后，中国经济总量迅速接近美国，并将其他国家远远抛在后面，正在全球经济、全球治理中发挥越来越重要的作用，中国提出"一带一路"倡议，将推动新一轮全球化进程，重塑全球经济格局。"一带一路"能为印度提供发展机会，但由于矛盾复杂的心理，印度不愿响应和配合昔日同为贫困国的中国，对"一带一路"持焦虑、疑虑甚至反对的态度在所难免。

（二）印度认为"一带一路"将冲击印度在南亚和印度洋地区的霸权地位

由于地理、历史和文化的原因，印度一直有极强的地缘战略和势力范围的保守思维。在几千年的历史上，印度一直没有形成一个统一的国家，被印度洋和喜马拉雅山脉从南北两个方向封闭的南亚次大陆一直是印度人所认为的文化边界，这导致印度人在看待与周边的关系时，并不会从国家思维来进行思考，而是将整个南亚次大陆和印度洋地区都看成自己的势力范围，印度一向认为印度洋是"印度的洋"，是"印度的后院"。近代以来，印度遭受外族侵略与殖民，在封闭的思维中又加入深深的不安全感，对可能会进入印度洋的大国势力都抱以深深的疑虑。"一带一路"通过南亚和印度洋地区，该地区被印度视为自己的传统势力范围，印度认为中国正在通过与印度周边国家的合作，实现在南亚地区的战略布局，特别是认为中巴、孟中印缅、中尼印、中缅以及"21世纪海上丝绸之路"等通道的联通将形成环绕印度的"包围圈"，实现对印度的战略围堵，这一看法从根本上体现了印度狭隘的地缘战略观。

（三）印度加入核供应国集团和"穆罕默德军"制裁受阻是其对"一带一路"态度变化的重要原因

印度十分渴望加入核供应国集团（NSG），认为这是保证印度大国地位和国家安全不可或缺的路径和手段。2014年9月，莫迪首次访问美国后，奥巴马高调表示，印度具备成为NSG成员国的资格，支持印度早日申请并加入NSG。两国在联合声明中也指出，"奥巴马总统和莫迪总理将致力于努力推动印度加入核供应国集团、导弹及其技术控制制度（MTCR）、瓦森纳协定（The Wassenaar Arrangement）和澳大利亚集团（The Australia Group），这是增强全球不扩散及出口控制机制的关键一步"。在美国的支持下，印度于2016年5月递交了加入NSG的申请。美国此举并非真心希望印度能够加入 NSG，而是预判到中国必将反对，便将球踢给中国，实为挑拨中印关系而向印度许诺的一张"空头支票"。递交申请后，莫迪在全球开展了高调的宣传工作，NSG 首尔年会前夕莫迪访问瑞士、墨西哥等国以寻求对印度加入 NSG 的支持，并给普京打电话，请求普京游说中国。

中国并未直接反对印度加入 NSG。中国认为，印度若想加入 NSG 应先签定核不扩散条约（NPT），NPT 是 NSG 的法律基石，目前 NSG 全部 48 个成员国均签署了 NPT，印度没有权利成为例外。中国提出解决印度加入 NSG 问题的"两步走"方案，即必须先由全部 NSG 成员国内部讨论确定非 NPT 成员加入 NSG 的统一标准，印度满足该标准后方能加入。但印度认为，中国的这一做法是给巴基斯坦撑腰，是为了使印度和巴基斯坦同步加入 NSG 而故意给印度设置的障碍。在美国已同意印度加入 NSG 的情况下，印度认为中国是阻碍其加入的主要力量。

莫迪政府在递交加入 NSG 的申请后，在国内开展了声势浩大的宣传和动员活动。但 2015 年 6 月加入的失败，使执政的印度人民党难以下台，因此调动宣传机器挑拨民众将全部怒火和矛盾都转移至中国头上。印度国内普遍认为，中国是因为害怕印度崛起而在国际社会上针对印度施展了霸权手段，无视中国提出的"先谈原则、再谈个案"的方案在 NSG 中得到普遍支持的事实。

在 NSG 问题发生的同时，还发生了"穆罕默德军"事件。2016 年 1 月和 9 月，克什米尔地区发生了两起印度军事人员遭恐怖主义分子袭击事件，印度剑指巴基斯坦，指责巴为幕后黑手，将巴列为恐怖主义支持国，并基于反恐问题调整对外政策，在国际社会采取打击巴基斯坦的外交方针。印度向联合国提交申请，将巴基斯坦"穆罕默德军"头目马苏德·阿兹哈尔列入联合国制裁名单。中方认为，印方此举一是无充分证据，二是无视巴基斯坦也是恐怖主义最大受害国之一，以及在打击恐怖主义问题上一直以来的积极努力和付出的巨大牺牲，因此对该申请采取两次"技术性搁置"。这在印度国内引发不小反应,甚至认为中国支持巴基斯坦的恐怖主义、中国利用恐怖主义制衡印度等。

NSG和"穆罕默德军"刺激了印度人民党政府的敏感神经,印度国内普遍认为,中国是阻碍印度成为全球大国的最大"拦路石"。在印度人民党政府及媒体的挑唆下,印度国内针对中国的民族主义情绪大幅抬头。2016年10月"排灯节"前后,印国内爆发抵制中国货的思潮和声浪,一些地区甚至爆发反对中国、抵制中国货的游行和示威。印度又邀请美驻印大使前往我国藏南达旺地区,并允许达赖喇嘛于2017年访问达旺。这严重影响了两国元首互访好不容易形成的政治互信,中印两国政治氛围转冷。在这一背景下,印度对待"一带一路"态度出现重大变化,也就不足为奇了。

(四)印度担心一旦中巴经济走廊建成,收回巴控克什米尔地区再无希望,甚至改变南亚地区印强巴弱的力量格局

中巴经济走廊是"一带一路"的旗舰项目,是印度最为担心的一条战略通道,印度反对"一带一路"的官方理由正是中巴经济走廊通过印巴两国主权争议地区克什米尔,认为中国忽视了印度对主权和领土的核心关切。

中巴曾多次通过各种渠道向印度阐释中方的考虑,以增信释疑:第一,中巴经济走廊途经克什米尔是地理事实,早在20世纪60年代,通过克什米尔的中巴喀喇昆仑公路就已开始建设,并于80年代建成通车,互联互通已有基础,并非中国为印度设计了一套针对性战略;第二,中巴经济走廊侧重"经济"二字,强调交通互联互通和经济合作,并不涉及主权之争和政治考量;第三,中巴经济走廊并非排挤围堵印度,"一带一路"六大走廊之一的孟中印缅经济走廊正是为了通过中南半岛联通中国和印度而设计;第四,中国深化与巴基斯坦经济合作,将会大大提高巴民众生活水平,贫困是恐怖主义滋生的土壤,中方此举能够从根本上解决巴基斯坦恐怖主义问题，对印度国家安全也有利。

中方的解释并未得到印度的认同。针对中巴经济走廊，印度主要有以下几种观点：一是从20世纪60年代开始，印度从未停止过对喀喇昆仑公路的抗议，中国从来都采取无视的态度，中巴经济走廊在互联互通方面较喀喇昆仑公路大大升级了，这更是对印度的蔑视；二是更完善的交通基础设施意味着中国、巴基斯坦的军事武器、战略物资可以迅速运至克什米尔，进而南下几百公里就能威胁到新德里的安全，印度心脏地区将会直接暴露在中巴军事威胁下；三是一旦中巴经济走廊建成，中国大量投资、经济利益将会存在于巴基斯坦甚至克什米尔地区，在克什米尔问题上，中国不会再采取中立态度，如果未来印度想通过武力收回克什米尔，那么中国也一定会干预；四是南亚地区力量格局将会被打破，根据目前已公布的信息，中国将在瓜达尔港、能源、交通基础设施、产业园区等项目上向巴基斯坦投资460亿美元，未来巴基斯坦经济会实现腾飞，这可能会改变南亚次大陆印强巴弱的格局，印度在南亚的影响力和霸主地位将会受到冲击。

（五）印度认为"21世纪海上丝绸之路"是升级版的"珍珠链"战略，中国将会染指印度洋地区

在对待"21世纪海上丝绸之路"问题上，印度狭隘的地缘思维表现得十分突出。近些年来，随着中国与欧洲、中东、非洲开展越来越多的商品和能源贸易，经马六甲、印度洋、红海、苏伊士的印度洋航线已成为中国远洋贸易的主要航线，印度洋上遍布来自和去往中国的远洋巨轮，中国影响力悄然进入印度洋地区。印度对中国力量进入印度洋十分担忧，其国内战略界炮制了"珍珠链"战略，即中国正在印度洋的一些重要港口（"珍珠"）如皇京、皎漂、实兑、吉大港、斯里兰卡、马尔代夫、瓜达尔、吉布提乃至东非的蒙巴萨、达累斯萨拉姆、巴加莫约等进行战略布局，通过将"珍珠"串联成"链"，对印度进行战略围堵，认为中国的野心就是取代印度在印度洋的地位。印度著名战略家拉贾·莫汉提出，"中国在印度洋拥有不断上升的重要经济利益,有充分的动机在印度洋建立永久性的军事存在,'一带一路'是'珍珠链'的伪装"。印度海事基金会主席、海军中将普拉迪普·考西瓦认为,"21世纪海上丝绸之路"是"中国的海上西征",将威胁印度的海上安全。

近年来,中国与南亚各国合作全面深化。自2005年起,中国就成为孟加拉国最大贸易伙伴,服装加工业是孟加拉国主导产业,而其所需的各种服装原材料基本来自中国,中国也是孟加拉国最大的武器供应国。2016年10月,习近平主席访孟,双方同意把两国关系提升为"战略合作伙伴关系",孟方高度赞赏"一带一路",并同意对接两国发展战略,中国也将在吉大港建设中国工业园区。中国是斯里兰卡最大的军事和政治支持者,依靠中国提供的大量武器,斯政府军在2009年击败"猛虎组织",结束内战,而后中国又支持斯顶住西方在所谓人权问题上对斯的制裁。近年来,中斯两国在基础设施方面深入合作,汉班托塔港、科伦坡南港集装箱码头、科伦坡机场高速公路等一批重要项目已经建成,汉班托塔中斯工业园区项目已经启动。中斯贸易也在飞速发展,2016年中斯贸易额已超过印斯贸易额,中国成为斯里兰卡最大的贸易伙伴国和进口来源国,斯方高度认可"一带一路",表示愿将"马欣达愿景"与"一带一路"对接。中国与马尔代夫也于2014年12月签署了共建海上丝绸之路谅解备忘录,两国自贸区于2015年12月正式启动,中马两国在中马友谊大桥、马累国际机场改扩建等重大项目上也实现了密切合作,中国已连续七年成为马尔代夫第一大旅游客源国。

中国与孟斯马在"一带一路"上的合作令印度十分担忧,害怕"一带一路"会让这些国家全面倒向中国的怀抱,未来在印度洋上,可能会形成一个以中国为"轴"、以南亚各国为"辐"的地缘结构,印度将全面失去印度洋和南亚地区的霸主地位,无论从地缘政治考量还是从历史情感和民族心态上,这都是印度所不能接受的。

（六）出于对印度东北部分离势力、中国从地缘上围堵印度的考虑，印度对孟中印缅经济走廊一直持谨慎缓行的态度

孟中印缅经济走廊的概念构想由来已久。早在20世纪90年代，云南学术界就提出了构建四国区域经济合作的设想，并得到印孟缅有识之士的认可。1999年8月，在昆明首次召开了"中印缅孟地区经济合作与发展国际研讨会"，后该论坛在四国轮流举行，影响越来越大。2013年5月，李克强总理访问印度期间正式向印度提出了共同构建孟中印缅经济走廊的想法，标志着这一民间设想正式上升到官方层面。2013年12月和2014年12月，孟中印缅联合工作组首届和第二届会议分别在云南昆明和孟加拉国科尔斯巴扎克召开，但原定于2015年底召开的第三届会议不断推迟，直至2017年4月才召开，四国合作一直处于务虚层面，合作机制一直没有形成。

相比中巴经济走廊和"21世纪海上丝绸之路"而言，孟中印缅经济走廊是"一带一路"中印度相对较为持积极态度的一条廊道。印度一直有开发东北部、推动印度与中南半岛东西联通的战略构想，孟中印缅经济走廊与印度战略目标一致。印度单方向推动东西联通面临投资巨大、风险偏高等难题，如有中国参与，两个大国分别从两端推动将会大大加快项目进程，这是印度所乐于见到的，因此在工作组机制成立之初，印度也是较为积极的倡导者。但在"一带一路"倡议提出之后，特别是看到2015年3月我国对外发布的《推动共建丝绸之路经济带和21世纪海上丝绸之路的愿景与行动》，将孟中印缅经济走廊列入"一带一路"六大走廊之后，印度对孟中印缅经济走廊的态度逐渐出现了变化，认为应对孟中印缅经济走廊对印度的战略影响进行重新评估。

印度主要出现了几方面的疑虑和担心：一是发现孟中印缅经济走廊并不是一个单独的互联互通项目，而是中国"一带一路"大战略设计中的一个环节，认为中巴经济走廊、"21世纪海上丝绸之路"、孟中印缅经济走廊、中尼印经济走廊将从西、南、东、北四个方向对印度进行全面围堵，中国正围绕印度布一盘战略大棋，印度过去严重低估了中国提出孟中印缅经济走廊的战略目标；二是印度因反对中巴经济走廊而反对"一带一路"，就不能再明确支持"一带一路"中的另一孟中印缅走廊，否则会让印度在国家战略和外交政策制定上陷入自相矛盾的境地；三是印度东北部各邦分离主义和离心力量十分突出，该地区目前存有很多反政府武装，且和中国还有边境纠纷，印度担心一旦孟中印缅走廊建成，中国将会对印度东北部施加强大影响力，反政府武装也极易被中国所利用，进而威胁印度国家安全。

由于以上的几个顾虑均不能登上台面，印度找不到如克什米尔之于中巴经济走廊这样能站得住脚的理由，且中印两国又于2013年公开发表过共同声明，要推进孟中印缅经济走廊建设，不能出尔反尔，因此印度在孟中印缅经济走廊建设问题上采取了拖延态度。印度的决策机制素来效率低下，重大战略从来都是口号多、落地少，加之顾虑重重和人为有意延宕，从而导致孟中印缅工作机制一直停留在对话沟通层面，未有实质性进展。

（七）印度担心尼泊尔全面倒向中国，对中尼印经济走廊特别是中尼铁路高度警觉和忌惮

中尼印经济走廊是除目前已公布的"一带一路"六大走廊外，有望建成的另一条"一带一路"的重要通道。尼泊尔是地处中国、印度两个大国之间的内陆小国，北侧越过喜马拉雅山上的2个边境口岸与中国青藏高原相连，南侧通过15个口岸与印度恒河平原连通，受地理因素影响，尼泊尔与印度关系更为紧密。由于地理封闭，尼泊尔经济凋敝，是世界上最不发达的国家之一。

长期以来，尼泊尔一直希望加强与中国合作，成为联通中国与南亚地区的重要通道和桥梁，复兴南方丝绸之路，以振兴本国经济。2005年，尼泊尔国王贾南德拉在印度尼西亚举行的不结盟国家首脑峰会上正式提出要使尼泊尔成为"过境经济体"，呼吁中国加入南亚区域合作联盟。同年，贾南德拉派财政部长率领代表团访问中国，正式向中方表达了将青藏铁路延伸至中尼边界并至加德满都的愿望。2010年，尼泊尔总理普拉昌达提出"三边战略关系"，兼顾中尼印三方关系共同推进跨境联通。2012年，尼泊尔总理巴塔拉伊提出尼泊尔应成为"友谊之桥"，而不是"夹在两块巨石间的番薯"。2014年12月，王毅外长访问尼泊尔，提出中方愿适时探讨中尼印三方合作的可能性，中尼印经济走廊设想初步成形。2015年5月莫迪访华期间，习近平主席提出建立中尼印经济走廊的可能性，至此中尼印经济走廊的概念正式对外提出。2016年3月，尼泊尔总理奥利访华，习近平主席在会见时提出，"尼泊尔可以成为中印之间的桥梁和纽带，我们愿进一步探讨开展中国、尼泊尔、印度三方合作"。2017年3月，尼泊尔总理普拉昌达访华，表示了对"一带一路"的高度认同。在"一带一路"高峰论坛前夕，中尼两国签署了"一带一路"框架性协议，尼泊尔派出高级别代表团参加"一带一路"高峰论坛。

长期以来，印度对尼泊尔的内政外交实施强硬的干涉主义，尼泊尔"不丹化"、不丹"锡金化"是印度难以启齿的潜规则和既定战略。尼泊尔对"一带一路"、中尼印经济走廊的积极认同和努力推动引发印度的警觉，特别是中尼铁路更是触动了印度敏感的神经。2015年4月，中国西藏自治区主席洛桑江村对到访的尼泊尔总统亚达夫表示，青藏铁路将从日喀则延伸549公里至两国边境的吉隆。消息传出后，引发印度强烈关注，印度媒体、战略界及军界高调宣称，要给南亚邻居划出红线，阻止有损印度安全利益的大型项目，这给予尼泊尔很大政治压力。

马德西人事件是近来尼印关系的重要转折点。2015年9月，尼泊尔出台新宪法，将尼泊尔境内的印度裔人——马德西人居住的特莱平原划属北部山地省邦，马德西人表示不满，国内矛盾激化。印度公然支持马德西人在特莱平原建立"马德西人之邦"，这是对尼泊尔内政赤裸裸的干涉，并以尼泊尔新宪法未能反映马德西人诉求为由，对尼泊尔实施了四个月的

"非正式禁运"。尼泊尔的主要物资均来自印度,对印度经济依赖度高达60%以上,且刚刚经历"四二五"大地震,禁运造成尼泊尔国内燃油、药品紧缺,经济濒临崩溃。印度此举遭至尼泊尔一片反对抵制声浪,直接导致尼国内亲印势力的下台。

尼印关系紧张倒逼尼泊尔与中国关系走近,以平衡印度的影响力。在尼泊尔"四二五"大地震时,中国对尼泊尔组织了三轮总计1.4亿元的人道主义紧急物资援助。在印度对尼实施禁运、尼泊尔全国陷入油气荒时,中方又向尼方赠送了1000吨汽油,以缓解其燃眉之急。尼泊尔对中尼铁路十分积极,希望中尼铁路不仅应连接到吉隆,更应进一步延伸到加德满都。如果该铁路建成,尼泊尔可从中国进口大量质优价廉物资,不必再仰印度鼻息,也可通过与中国的深化合作平衡印度对尼泊尔的控制。预计随着中尼经济合作的深化、重大互联互通项目的推进,印度给予尼泊尔的压力将会越来越大。

(八)印度担心中国通过"一带一路"建设对其施展经济霸权,可能会冲击印度本地经济和产业

在印度主流观点中,除认为"一带一路"是中国延伸影响力的地缘战略外,还有不少人认为,"一带一路"也是一项中国的经济霸权战略,中国通过"一带一路"的港口建设、产能合作、工业园区建设、人民币国际化等手段占领沿线各国市场,中国产品将打垮各国本土工业,将污染低效的落后产能转移到其他国家,中国资金、技术、劳动力将充斥周边国家,进而向其输出商业规范、标准、规则,实现对各国市场的强力掌控,攫取巨额利润。这一观点形成的根源是印度在与中国多年的竞争中处于劣势,惧怕一旦加入"一带一路",经济对中国开放,印度自身产业将受到冲击,本质上是封闭主义、保护主义思维作祟。

2016年,中印双边的贸易总额为700.8亿美元,印度对华贸易逆差高达465.6亿美元,且近年来贸易逆差持续扩大,贸易赤字持续累积。产生

如此大的贸易逆差有两方面原因：一是"中国制造"比"印度制造"更具市场竞争力、附加值也更高。从贸易结构上看，我国对印度出口主要是机电、船舶、车辆等附加值较高的贸易制成品，从印度进口的主要是贵金属、珠宝首饰、铁矿石、木材及木制品、橡胶等初级原材料产品。近期，印度暂停铁矿石等原材料对华出口，更是缺乏适销于中国市场的出口产品。二是印度长期奉行贸易保护原则，虽然近年来印度关税税率整体下降明显，但仍相对偏高。根据 WTO 公布的数据，印度最惠国平均关税税率达 12.6%，高于中国的 9.6%，其中农产品和汽车等部分工业制成品的关税税率更高，蔬菜、谷物等农产品均超过 30%，轿车高达 60%。推行"印度制造"战略后，为吸引国外企业赴印投资设厂，印度进一步提高进口关税，如 2015 年 2 月将手机进口关税从 6% 提升至 12.5%，我国手机企业华为、小米、酷派等则扩大在印生产规模。印度还经常针对中国产品开展反倾销调查，是对中国采取反倾销措施最多的国家之一。为配合洞朗对峙印度攻势，2017 年 8 月，印度政府宣布对 93 种从中国进口产品征收反倾销税，包括化工和石化、钢铁和其他金属制品、纤维和纱线、机械产品、橡胶或塑胶制品、电气电子产品和消费品等，形成在经济领域对华全面开战的态势。

在投资方面，印度也表现出过分担心。目前，中国对印度投资规模较小，虽然中国是世界第二大经济体，也是印度最大的贸易伙伴，但是 2016 年中资仅占印度吸收外资总存量的 0.5%，与日本占比的 7.7% 和美国的 6.13% 相差甚远。印度担心的主要是来自中国的投资增速过快，据印度统计，中国是印度增长最快的外资来源国，2011 年中国投资规模在印度所有外资来源国中仅能排到第 35 位，2014 年升至第 28 位，2016 再次快速跃升至第 17 位，年投资流量也从 2011 年的 1.02 亿美元上升到 2016 年的 10 亿美元，投资规模是 5 年前的约 10 倍。而这一数据仅仅统计了直接来自中国大陆的投资，事实上很大一部分中国资金经由香港、新加坡、毛里求斯等离岸金融中心赴印度投资,据估算,中资赴印度的真实流量可能达到现有统计数据的3倍。华为、小米、海尔、美的、TCL等中国制造企业已席卷印度市场,阿里巴巴、腾讯等已开始大规模布局印度电商和移动支付市场,万达、华夏幸福等已参与到印度城镇化建设中来,印度几乎没有能与之竞争的企业。

印度在经济方面表现出强烈的市场保护主义,是全球发展中国家经济保护的大本营。在国内,印度三大工商组织——印度工业联合会、印度工商联合会、印度工商联合商会以及各行业工会等组织均奉行经济保护主义,特别是在对华贸易、中资来印方面一直心有顾虑。"一带一路"提出后,印度经济保护势力十分担心在与中国企业的竞争中失去市场,通过媒体不断鼓吹中国经济威胁论,把对华贸易逆差、中国占领印度市场等作为其宣扬民族主义、保护主义、封闭主义的借口和说辞,拒绝主动调整印度自身产业结构,拒绝有利于印度经济发展的土地、税收、劳动等制度改革,不敢面对全球化的历史潮流,因而对"一带一路"表现出焦虑担忧的态度。

四、如何看待"一带一路"中的中印关系

(一)印度将是否参加"一带一路"视为处理中印两国关系的一个政治筹码和博弈工具

中国提出"一带一路"倡议后,就在印度引发轩然大波,掀起一场围绕"一带一路"的大讨论,抨击怀疑者有之,认同合作者亦有之,但持战略怀疑态度者是主流。两国高层成功互访后,印度对"一带一路"趋向积极。加入核供应国集团事件发生后,两国关系跌入谷底,"一带一路"合作已被搁置。从印度对待"一带一路"一波三折的反复态度能够看出,印度对待"一带一路"的态度与两国关系紧密相关,将"一带一路"视为两国合作的一个政治筹码。两国关系走近,印度把对"一带一路"的口头支

持视为释放给中国的积极的政治信号；两国关系转冷，印度把在国际社会面前拒绝"一带一路"当作对中国的政治压力。因此，印度对待"一带一路"的认知并不是从务实的角度、从"一带一路"的具体合作内容出发，而是将其蒙上了一层政治色彩，基于国际政治、国际关系、国家外交的狭窄角度来看待"一带一路"，必然会对"一带一路"产生误解误判。

（二）印度对"一带一路"的态度充分体现出当今全球地缘格局的大国博弈

当今国际政治、全球秩序、国际规则是在第二次世界大战后美国主导下形成，70年来还从未出现一个国家有能力彻底改变美国主导的世界格局，即便冷战时的苏联也未曾做到。但随着中国持续40年的高速增长，已成为世界第二大经济体，越来越具备改变世界的能力。"一带一路"作为一项全球合作新倡议，将全球化中被边缘化的欧亚非大陆各发展中国家凝聚起来，将会改写全球经济格局、政治格局，对既有的全球秩序、规则、结构产生冲击，因此"一带一路"必然会成为大国的博弈焦点。美日等国对"一带一路"都持疑虑态度，一直希望将印度拉进其制华的战略包围圈中，使印度成为遏制"一带一路"的桥头堡。印度奉行大国平衡战略，多年来一直游走于美俄等大国之间。面对"一带一路"的快速推进，印度感觉自己在南亚的霸主地位受到威胁，于是与美日等国积极合作，共同推进"印太"战略、"亚非增长走廊"、"高质量的基础设施建设"等计划，与美日共同开展"马拉巴尔"军演，在南海问题上配合美日发声，其用意是借美日之力，平衡中国在南亚和印度洋地区的影响力，增强与中国"一带一路"的博弈抗衡能力。

（三）印度对"一带一路"的态度体现了其对自身利益的关切

印度从内心深处对"一带一路"是较为警惕的，即便在两国关系温和时期，印度国内也不乏唱衰"一带一路"的声音，对"一带一路"表现出突出的风险厌恶型态度,即便"一带一路"可能会在未来对印度带来一点点影响,印度也会用显微镜放大十倍、百倍来看待。警惕来源于对"一带一路"可能影响到印度地缘、政治、经济利益的担心。印度看待"一带一路"是从其自身利益出发的,判断标准十分主观,并非从"一带一路"本身的真实目标、具体内容来作客观判断。

(四)无须过度担心印度提出的与"一带一路"相竞争的各种战略口号,但需密切关注印日美三国合作

印度是一个十分喜欢提出各种战略口号的国家,每一届元首及执政党均喜欢提出各种战略以彰显自己在内政外交上有所作为,目前印度提出了很多针对"一带一路"或能够与"一带一路"竞争的战略,形形色色,让人眼花缭乱。但对此我们无须过度担心,任何一项互联互通计划都以大量的基础设施投资和产业合作投资为基础,印度资金十分短缺,本国内部联通尚且不完善,跨境互联互通项目基本很少能够落地,这些口号仅是在国际上宣传印度、彰显印度大国身份、抬升印度地位的一种政治手段。但对印度与美日等国开展的合作计划要保持关注,美日资金充裕,能够弥补印度资金短缺这一关键短板,特别是日本已实质性向印度投入大量资金,一些项目已落地,未来可能与"一带一路"在产业转移、项目建设、投资融资方面形成竞争。

(五)长期来看,印度十分需要与中国的合作,对待"一带一路"的态度可能会有转机

印度劳动力、土地价格低廉,基础设施落后,需要承接来自中国的产业转移,中国资金和基建技术能够帮助印度提升基础设施水平,中国市场也是未来印度发展出口导向型加工经济所需要的。长期来看,中印优势互补,合作潜力巨大。莫迪上台后,在印度积极推行"改革开放",中印保持了一个较为紧密的合作关系。但由于若干政治因素,加之印人民党素来内政保守、外交强势,因此绑架了中印关系。但从长期来看,随着这些政治议题的逐渐淡化,中印关系还有转圜的空间。印度一直想成为世界大国,但没有开放的心态和行为是做不成的,在印度崛起的道路上,也需要处理好与中国的关系,这点印度自身也十分清楚。印度现在明确表示对中巴经济走廊的反对,但在其他"一带一路"通道和项目上,还没有表示明确态度,这意味着在这些方面中印还有开展"一带一路"合作的契机。

五、推进"一带一路"框架下中印合作的主要思路

处理好"一带一路"框架下的中印关系要明确长期战略和短期策略。从长期来看,必须重视印度在"一带一路"中的战略地位,印度地处要冲,直接关系到中巴、孟中印缅、海上丝绸之路三大走廊能否建成,"一带一路"建设绕不开印度,也不能缺少印度,必须要树立"一带一路"框架下中印合作的主基调,在合作的大背景下,双方具体的关切和分歧可以沟通解决,但合作的大方向不能改变。从短期来看,推动印度参与共建"一带一路"要讲究策略:一方面要坚持务实原则,少向印度做空洞宣传,多做实际项目,避免印度舆论反弹;另一方面,积极与南亚各国开展"一带一路"合作,倒逼印度转变态度。同时,多与印度就其关切的问题开展沟通对话,不断弥合分歧,争取政治互信,主动塑造更加积极的中印关系,利用好印度有可能参与"一带一路"的存量政治资源,力争推动印度向参与"一带一路"转化。

(一)高度重视中印关系,力争构建两个人口大国间更紧密的发展伙伴关系

中印关系绵延千年,合作共赢是主流,尽管当前两国在一些重大问题上存在分歧和矛盾,但还应放眼长远,从历史的高度、全球的视角来看待中印关系。中印两国具有广阔的共同利益,作为全球最大的两个发展中国

家,在全球治理格局中具有相似的地位,在谋求全球利益方面具有相同的诉求,两国以同一个声音说话,有利于增大发展中国家在全球利益分配和制度设计中的话语权。中印优势互补、产业错位,中印合作会将全球两个人口最多的国家团结起来,创造全球最大的需求市场,未来的世界将是中国和印度引领的世界。当务之急是要增加中印战略互信,增进彼此深度了解和理解,在一些重大问题上开展磋商和谈判,妥善处理和化解两国分歧,携手走和平发展、合作发展、互补发展道路,从战略高度和两国关系长远发展角度重新认识和确定对中印关系的新基点,找准中印利益契合点,在国际和地区事务中加强战略协作,形成互利共赢的合作模式,实现"龙象共生、龙象共舞、龙象共赢"。

(二) 以我国"两洋"战略对冲美"印太"战略

特朗普在亚洲之行公开提出"印太"战略,对抗"一带一路"意味明显。"印太"是"亚太"的升级版,美国研究倡议"印太"战略已有多年,由于印度态度一直摇摆不定,"印太"战略一直未曾推出。近期美国看到中印关系转冷、印度抵制"一带一路"后,抓紧提出该战略,正是为了拉拢印度加入美日同盟。当前我国应针对美"印太"战略抓紧谋划应对战略,积极在太平洋、印度洋地区开展布局,形成我国"两洋"战略。该战略的核心要素是处理好中印关系,如果中印关系转暖,印度即便没有明确拒绝"印太"战略,仅是表现出游离态度,也可实现对"印太"战略的拆解,"印太"将迅速降级成"亚太",未来再逐步拉动澳大利亚、菲律宾、新加坡等国,美国对中国周边的战略布局和围堵自然会松动。

(三) 处理好中印巴、中美印、中日印、中俄印、中印—东盟等几个大三角关系

当前,中印关系不是简单的双边关系,涉及中印巴、中美印、中日印等几个国际关系的大三角格局中,如何处理好这些复杂关系将彰显中国智慧。总体上要坚持平衡原则，不拉帮、不站队，最大限度地掌握外交的灵活度和主动权。对于涉及印巴之间的敏感议题，要推动两国以双边沟通对话解决问题，中国多做居中调解者。对于中美日印四方关系，要看到美日在其中的主导作用，印度只是战略跟随，并非一心一意要投靠美日怀抱，要通过积极改善中印关系、推动中印合作，破解美日印同盟，增强中国对美日的战略博弈能力。对于印度与俄罗斯、东盟之间的合作，要乐见其成，积极推动"一带一路"与其合作对接，形成合力。

（四）增强中印战略互信，主动塑造推动印度再次参与"一带一路"的有利条件

从历史的长周期来看，中印关系是在波折中前进的，有时密切，有时因历史因素和突发事件而使两国关系跌入低谷，但不能因一些具体领域存在分歧就否定两国合作的根本大局，不能因一时关系转冷就否定中印关系的长期建设和发展。中印是世界上人口最多的两个大国，共同利益远远大于矛盾和分歧。当前中国应努力做好中印两国的战略互信工作，要进一步密切中印两国沟通交流，建立以两国元首外交为引领，政府各部门、地方政府、企业、媒体、智库等多层次、多元化沟通机制。对于事关两国重大关切的关键问题，要通过对话、沟通、协调、谈判来解决问题。对于可能引发对方战略疑虑的安排和事件，要多做工作，阐信释疑。要明确中印双方的合作对于维护两国利益、维护地区稳定均具有重要意义，不能轻易受域外国家挑唆，随意转换立场。要放弃狭隘的地缘观、利益观、民族观，中印应共同作为发展中国家的代言人，在全球竞争博弈中为广大发展中国家谋取权益，彰显大国担当。

（五）继续推动两国重大发展战略和规划的对接

中国和印度都肩负着改善本国十几亿民众生活水平的责任和使命，都具有发展本国经济的迫切愿望，应该携手共进。目前，印度和中国都各自

提出了一些重大发展战略和经济振兴计划，这些战略并不是矛盾和竞争的，而是具有广泛的相似点和公约数，应该推动这些计划相互对接。双方应积极推动"一带一路"和"季风计划""香料之路""向东行动"对接，从东西两端打通东亚、东南亚、南亚的陆海大通道，使印度洋成为像太平洋一样能容下多个大国的宽阔海洋，而不是某一个国家的"内海"。推动"印度制造""数字印度""创业印度"与"中国制造2025""互联网+""双创"战略对接，在先进制造、数字经济领域共同迈向全球产业链高端。推动印度五大工业走廊战略、萨珈尔玛拉计划同我国企业"走出去"，与国际产能合作战略对接，推动我国劳动密集型产业、基础设施建设能力向印度转移，为印度经济增长提供动力。

（六）加强中印在金砖国家、上合组织、RCEP等多边机制和平台中的合作

中印合作不只体现在双边关系中，也体现在各国际多边机制和平台中。中印同为多个国际组织和区域合作机制成员国，在其中均发挥了重要作用，要将多边机制平台作为中印沟通问题、解决分歧的重要场所和媒介。要重点发挥好三大合作机制的作用。一是金砖国家。目前金砖国家合作已步入实体化、机制化阶段，已成为全球发展中国家合作的标杆和样板，未来中印应在金砖国家中朝着"经贸大市场、金融大流通、基础设施大联通、人文大交流"的方向进一步合作，其本质也正是"一带一路"的合作精神。二是区域全面经济伙伴关系（RCEP）。在美国退出TPP后，RCEP已成为全球最大的区域经济合作计划，如能建成，会将东亚、东南亚、南亚以及大洋洲融合成全球最大市场，对于未来印度承接来自全球的产业转移、经济结构向外向型经济转型、获取更大的出口市场具有重要意义。三是上合组织。印度、巴基斯坦已正式成为上合组织成员国，未来有关印巴、中印的安全问题都可以在上合组织这一多边机制中，由各关联方共同对话解决，将会有效避免误解误判、冲突甚至战争。

（七）当前中印"一带一路"合作宜避虚就实

鉴于当前印度对"一带一路"存在明显的抵制情绪，最近应降低对印度宣传"一带一路"的调门，避免过度宣传后被印度民族主义、保守主义分子抓住口实做文章，避免把影响两国关系的各种因素都绑到"一带一路"上，避免印度把中国和各国的多双边合作都装入"一带一路"框架中，加深对"一带一路"的误解、误判。当前，我国与印度开展"一带一路"合作应避虚就实，无须要求印度就"一带一路"马上作出表态，而是继续与印度及南亚各国开展实质性的贸易投资、国际产能、基础设施等方面合作，这些均是"一带一路"的实质内核，待两国关系转暖后，再将这些合作从官方层面上升至"一带一路"框架内合作即可。

（八）继续深化与南亚各国合作，对印度形成倒逼效应

加强与南亚各国"一带一路"合作既符合我国国家利益，也符合全球化趋势和国际合作主流，必须坚定不移地继续推进。印度的一些保守势力对我国在南亚地区影响力逐渐扩大较为担心，在各种场合、找出各种理由对我国进行批评，我国不应被其所扰，应继续深化与除印度外其他南亚国家的双边合作，这些国家对于与我国开展"一带一路"合作的态度均是十分积极的。重点建设好"一带一路"的旗舰项目——中巴经济走廊，与尼泊尔加强沟通，努力推动中尼铁路建设，与不丹建立联系力争早日建交，以大项目为引领推动我国与斯里兰卡、马尔代夫进一步开展全方位合作。在推动孟中印缅经济走廊建设上，先期可重点推进中缅通道建设，未来再逐步延伸至孟加拉国。与这些国家的合作也有助于倒逼印度调整外交策略，给予印度压力，如果印度继续否定"一带一路"，将会被我国与南亚地区合作主流排除在外。

（原载于《印度洋经济体研究》2018年第2期）

作为旗舰项目的中巴经济走廊建设 仍存在值得重视的深层次矛盾和问题

——赴巴基斯坦调研报告

2018年11月,中国国际经济交流中心课题组赴巴基斯坦,参加第四届中国—巴基斯坦—阿富汗三边论坛并对中巴经济走廊建设情况进行实地调研。调研组一行拜访了中国驻巴基斯坦大使馆、巴基斯坦巴中研究所、巴能源部、巴国家电视台等机构,参加由巴中研究所组织的中巴经济走廊高端研讨会,与政府官员、智库学者、企业家、媒体等进行多层次的充分交流。同时,课题组对巴商贸流通市场、有关项目进行实地考察,并到巴参议院外事委员会主席赛义德家中走访做客。调研发现,中巴经济走廊建设已取得重大进展,在巴形成了从高层到民间的广泛共识,建设前景向好。但走廊建设中也出现了一些问题和挑战,我们应全面评估进展、及时总结经验、妥善谋划应对之策,推动走廊建设走深、走实、走远。

一、对华友好和中巴经济走廊建设逐步形成巴举国共识

中巴经济走廊是"一带一路"的旗舰项目和样板工程,目前该走廊建设已取得重大进展。能源领域,萨希瓦尔燃煤电站、卡西姆港燃煤电站等大项目投产运营,极大地缓解了巴能源紧缺的局面。交通领域,喀喇昆仑公路升级改造二期、卡拉奇至拉合尔高速公路、拉合尔"橙线"项目等稳步推进,中巴就1号铁路干线升级改造(ML1)签署了有关协议,完成了初步设计和可行性研究。港口领域,瓜达尔港建设取得突破,自由区一期

起步区已经建完，多家大型企业入驻，举办了一些大型展会活动。产业领域，中巴双方正在就巴方提出的 9 个特殊经济区进行深入研究和评估。随着一系列大项目的落地和投产，巴经济健康发展，中巴全天候战略合作伙伴关系更加密切和强化。

中巴经济走廊建设让巴老百姓享受到了实实在在的好处，巴官方、军队、企业界和民众对华友好逐渐成为举国共识。巴外交部中巴经济走廊项目主管西拉杰·艾哈迈德·汗提出，中巴经济走廊深得巴民心，例如伊斯兰堡原来每天只能供电 2~3 个小时，现在晚间灯火通明，巴老百姓都知道能用上电是得益于中国兄弟的帮助。巴基斯坦独立新闻社（INP）记者穆罕默德·扎米尔·阿萨迪说走廊项目促使巴 GDP 提高了 2.5 个百分点，为巴创造了 7 万个就业岗位。巴参议院外事委员会主席穆沙希德·侯赛因·赛义德告诉我们，巴基斯坦有一句谚语，"沉默的中国人民已经觉醒，喜马拉雅山的山泉已经沸腾"，中国改革开放的成就让巴非常羡慕，巴希望能借此走廊建设的机会，学习中国的发展经验，实现巴经济腾飞。调研组感到巴民众对中国人十分热情友好，在街边见到中国人都会主动上前打招呼或要求合影，驾车上路若是车窗前摆上一面中国国旗则会一路免检。

关于走廊建设速度和进展，巴各方表示十分满意和赞赏。巴 LNG 集团主席曼佐尔指出，能源项目在走廊建设中进展速度最快，在走廊建设前，巴人均能源使用量不足印度的 1/3，能源瓶颈是巴经济落后于印度的主要原因，通过近些年走廊建设，巴能源产业快速缩小了与印度的发展差距。伊斯兰堡战略研究所中巴研究中心主任塔拉特·沙比尔提出，美印等国在背后诋毁中巴经济走廊，实际上正是因为走廊建设进展较快，触碰了他们敏感的神经。巴国立科技大学中国学研究中心主任泽米尔·阿万认为，现在走廊建设取得这么多成就还仅仅是个开始，随着瓜达尔港、高速公路、产业园区以及民生项目的建设投产，将有更多的巴民众和企业从中受益，未来中巴经济走廊将更加繁荣兴旺。

阿富汗对中巴经济走廊建设成就也表示高度认可，希望走廊能尽快向阿富汗延伸。阿富汗驻巴基斯坦大使扎达什特·夏姆斯在会议发言中指出，阿富汗张开双臂欢迎中国企业赴阿投资，希望阿富汗成为中巴经济走廊的辐射区。阿富汗议员米尔瓦·伊亚西尼表示，阿富汗处于世界地理的中心地带，中国提出的推动全球互联互通的倡议不应绕过阿富汗，阿富汗应成为中国影响力特别是经济影响力进入中东、西亚地区的一个重要支点和跳板。

二、中巴经济走廊建设中的突出矛盾和问题

（一）少数美印等外方媒体抹黑走廊建设，其背后有多种势力和利益集团支持

据我国驻巴使馆同志反映，目前一些外媒抹黑走廊甚嚣尘上，且有愈演愈烈之势。如提出"债务陷阱论"，污蔑中国大量借债给巴，将巴拖入债务危机，还不上款后被迫让渡主权利益；提出中国是"新殖民主义"，中国企业是"东印度公司"，来巴投资是为了占领巴市场、获取巴资源能源、剥削巴廉价劳动力；诬陷中国在巴建设走廊的都是劳改犯，项目现场完全按监狱管理，有意煽动人权问题；污蔑中国投资项目具有巨大污染，会破坏瓜达尔港生态，断了当地渔民生计，中国建设的煤电站甚至会让当地民众断子绝孙；故意将中国贷款利率计算成13%，宣传中国向巴放高利贷，其算法是我国商贷利率6%加上中信保保费7%，但实际上中信保保费是按20年收取，折算年利率仅有0.3%左右。

巴新闻媒体主要为民间媒体，由于资金来源不同，各媒体立场也差异较大，以上抹黑舆论的背后势力十分复杂，主要有几类：一是背后有印度支持，部分印度组织专门搜集走廊负面信息，并放大宣传，少数巴方及他国媒体转载引用；二是美英等西方媒体对走廊的不利宣传，巴原为英国殖民地，英美媒体对巴媒引导力较强，走廊是"一带一路"旗舰项目，如能

在舆论上打倒走廊，自然也就打倒了"一带一路"，这是西方媒体在走廊建设上噪音较大的主要原因；三是国内俾路支分离势力，害怕一旦走廊建设成功，使分离难上加难，因而进行舆论诋毁；四是巴内部一些产业集团因害怕中国产业、投资、商品进入，使其经济利益受损，也散播一些负面消息。但从总体来看，这些抹黑尚未在巴造成太大实质性影响，绝大多数巴精英和民众都能够辨清是非，对走廊建设仍然高度支持。

（二）一些人力图将巴债务危机推到中国头上，对这些我们必须要向国际社会讲清楚

债务问题是西方国家攻击走廊乃至"一带一路"的重要发力点。我们必须认真梳理和分析，把具体账亮出来，向国际社会、巴方民众乃至我国民众讲清楚。关于走廊投资额目前有几种说法：一是460亿美元，这是巴方根据2013年李克强总理访巴时签订的谅解备忘录，是涉及项目估算投资额的加总；二是500亿美元，这是2018年11月18日巴计划与发展部长库斯罗·巴克蒂尔对外公布的数据，其算法与460亿美元相似，只不过项目清单和2013年中巴谅解备忘录有所差别；三是620亿美元，这是2018年4月12日巴信德省省长祖拜尔对外公布的数据，由于祖拜尔为巴原总理谢里夫的核心经济团队成员之一，因此该数据也被广泛采用。此外，还有印媒、德媒等采用的570亿美元数据等。

根据调查我们认为，巴方对走廊投资额统计有两个问题：一是倾向于将投资额算大，以显示中国对巴方的重视，便于在舆论上向印度、西方、国内民众宣传中巴关系及执政党政绩，但这些投资数据中方没有正式认可。二是在公布数据中，除包括已开工项目投资额外，还将很多未开工项目甚至处于可行性研究、初步设计阶段的项目投资额都加进来，项目清单经常会出现变化，投资额也变化不定，没有固定说法。

一些外媒在论及走廊"债务陷阱"时，一般只根据巴方数据，并将项目投资额有意称为是巴从中国借来的债务。据大使馆同志介绍，目前走廊在建和已建项目共22个,其中只有4个项目使用了中国贷款,其余18个均采取中国投资和对外援助形式。22个项目的总投资约197亿美元,其中只有60亿美元是政府间债务,其余137亿美元主要为商业银行贷款等,这些商贷转变成企业投资而非债务。巴方从中国借债应为60亿美元,仅占巴全部债务的6%～7%。按巴国家银行公布数据显示,在巴整体债务结构中,世行等国际多边金融机构占42%,巴黎俱乐部占18%,中国债务不到10%。特别是中方政策性贷款利息仅有2%,远低于商贷。因此,西方媒体提出的"债务陷阱"说辞是完全站不住脚的。

巴债务危机本质上是外汇和财政问题,主要是其自身原因造成的。巴出口不强,获取美元能力有限,长期依赖外部援助和国际组织贷款维持经常项目平衡。近期,巴卢比相对美元连续贬值,外汇短缺问题更加凸显,其外储一度跌至100亿美元,仅够维持3个月的贸易赤字。此外,巴政府每到换届时,上一届政府往往会突击性花钱,采取减税、降低能源价格、增加纺织业等基础产品补贴等一系列财政扩张措施以拉拢选票,加剧财政恶化。因此,巴每次换届后都会出现财政危机,这些问题实际上和走廊建设并无关系。

(三) 巴方对我方期待过高,一些要求与客观条件不符

走廊建设之初,中巴双方对走廊的定位和着眼点就出现了差异。2013年走廊建设启动时,巴处于内忧外患的境地,一方面国内经济十分困难,印巴发展差距越拉越大;另一方面外交领域进退维谷,美巴关系急转直下,印度对巴加紧围堵。某种程度上走廊被巴视为救命稻草,被巴称之为"游戏改变者(Game Changer)",认为能够使巴摆脱在政治、外交、经济、安全上的各种困局,将走廊视为其长远发展的重大转向性战略,定位和调门都很高。相比之下,我国将中巴合作视为中国与周边国家合作的一个组成部分,尽管把走廊建设作为旗舰项目,但也仅是"一带一路"六大走廊中的一条。特别是我国强调只是与巴开展经济合作,而不希望卷入地区安

全和地缘政治中去。因此，走廊对双方的重要性、双方对走廊的期待程度都是不同的。

在走廊建设过程中，中巴对走廊的定位落差逐渐凸显出来。一方面，巴将走廊视为治愈巴一切问题的"万能药"，不考虑项目经济效益，希望中方投资越大越好，技术越先进越好，曾提出希望中国在巴建设最高标准的高铁、高速沿线全部4G覆盖等超出其现阶段需求的要求，还希望不仅要投资巴沿海和东线地区，还要到西线等落后地区全面投资，不仅要投资基础设施，还要将民众的住房、饮水、道路桥梁、医疗教育、扶贫脱贫等全部衣食住行都承担起来，认为只要戴上中巴友谊的帽子，一切难题中国都会帮着解决。另一方面，巴心态比较急躁，考虑基本国情、客观条件和经济规律不够，希望项目马上投产、马上运营、马上见效。如急于把瓜达尔港建成巴基斯坦的"青岛""深圳"，在基础设施条件尚不具备的情况下急于引进中国最先进的技术企业等。在安全、外交上，巴方也有过高期待。在巴中研究所举行的座谈会上，多位巴智库研究人员提出要打造中国—俄罗斯—巴基斯坦—伊朗四国联盟，以对抗美日印澳四国同盟，提出在南亚次大陆上，中巴要联手对抗美印等。反映出巴方仍更多地从自身角度和立场考虑走廊建设，未来我国应与之进行更多沟通和对表。

（四）走廊建设中安保问题突出，俾路支分离主义将成为走廊建设最大的安全隐患

在巴政府"利剑行动"等一系列暴恐打击行动下，近年巴安全形势总体好转，暴恐发生率和致死伤人数逐年下降。2018年1月至10月，巴暴恐袭击总计231起，死亡512人，受伤919人，同比分别下降33.8%，42.2%和66.4%。

目前，针对中方的恐袭案件除极个别在开普省、信德省外，大多集中在俾路支省。2016年11月，瓜达尔港中资勘探队遭到8名俾路支解放军人员袭击，2名保护中方人员的巴方安保人员遇难；2017年5月，俾路支解放军袭击我国在瓜达尔郊区工地，巴方人员10死2伤；同月，2名中国基督教传教人士在俾路支省首府奎达遇难；2018年8月，俾路支山达克项目中方人员大巴车遭遇汽车炸弹袭击，3名中方人员和3名安保人员受伤；2018年11月23日，俾路支解放军袭击了我国驻卡拉奇总领事馆，巴方保卫人员2死1伤。

中方人员多次在俾路支遭袭有其较深的政治背景。俾路支省的主体民族为俾路支人，广泛分布于巴基斯坦、伊朗、阿富汗交界地区。英国势力撤出南亚次大陆时，人为将俾路支人生活地区划归三国，以使其相互制衡。巴俾路支人实行部落制，一些部落头领为维护自身政治利益，呈较强的分离主义倾向，一直希望联络伊朗和阿富汗俾路支人，共同独立成立"俾路支斯坦"。走廊启动后，一部分俾路支人特别是少数部落高层担心俾路支省会和巴其他省份的经济联系更加紧密，而使独立变为泡影，因此公开对民众宣传中国正在和巴政府一同图谋俾路支省的自然资源，对走廊采取敌视态度。俾路支一部分部落长期与巴中央政府激烈抗衡，进而以部落力量为基础，形成俾路支解放军、俾路支解放阵线等暴力分离组织，其背后不排除美印等武器和资金的支持，美国一直拒不同意将俾路支解放军列入国际恐怖组织名单。俾路支省在走廊中的地位重要，瓜达尔港正位于此，其分离主义是一个长期的历史遗留问题，难以解决。未来俾路支恐怖主义有可能成为走廊建设尤其是瓜达尔港的最大安全威胁。

（五）巴各省在走廊建设中利益争夺激烈，央地矛盾、地区矛盾对走廊建设形成掣肘

巴是多民族国家，其四个主体省份旁遮普省、信德省、俾路支省、开伯尔—普赫图赫瓦省的主体民族分别为旁遮普人、信德人、俾路支人、开普人，由于目前巴统一的国家认知构建尚未完成，各民族对国家认同感较弱，还未形成统一的国家利益观。在走廊建设中，各民族往往从民族利益和地区利益立场上考虑问题，将走廊建设视为一块大蛋糕，在项目争夺上不甘落后。

走廊建设之初,四个省份就因选线问题各不相让,出现了"东线""西线"之争,即走廊通道是经过东部的旁遮普省和信德省,还是西部的开伯尔—普赫图赫瓦省和俾路支省。由于"东线"人口密度高、自然条件较好、经济基础也相对较好,且可途径伊斯兰堡、拉合尔、卡拉奇等巴重要城市,"东线"成为走廊建设的重点地区。但西线省份认为,东线旁遮普省为上届总理谢里夫政党所控制,政治因素干扰了走廊选线。

俾路支省认为巴政府没有将该省代表纳入走廊建设的决策层,走廊建设不透明,旁遮普省成为走廊建设受益最大的省份,包括俾路支省在内的其他省份的利益被牺牲了。本届总理伊姆兰·汗的政治基础在开伯尔省,在上台前就曾提出就任总理后就要对走廊进行重新评估,对走廊发展方向进行战略调整。预计伊姆兰·汗未来可能会提出将走廊建设向开伯尔省倾斜,以落实竞选承诺,照顾自己的政治支持力量。巴内部出现央地矛盾、地区矛盾的核心因素是认为走廊分配不均,这一矛盾经常被一些国外媒体有意放大利用,释放对走廊建设的不和谐声音,但西线省份并非反对走廊建设,恰恰相反,他们对走廊建设不但总体上高度认可,甚至采取积极争取的态度,这点应予以辨清。

(六)我国在巴能源项目收取电费难的问题一直没能解决,投资尚不能产生有效回报

在中巴经济走廊"1+4"总体布局中,能源是进展最快、成效最为明显的领域,但我国投资企业正面临着电费收取困难的问题。其主要原因在于,巴群众用电是先用电再收费,与我国先预缴电费再供电的模式不同。很多地方疏于监管,电费更是无从收起。我国能源企业在投资之初,巴政府曾承诺电费由其代为收缴,转付给我国能源企业,但目前巴政府由于种种困难尚未履约,我国企业始终亏本运营。解决收电费难问题应采取入村入户安装智能电表、先交费后用电的办法。但巴方认为,巴企业完全有能

力自己建设输配电线路、安装电表等,这部分项目利润可由巴方企业获得,不愿交给中国企业去做,致使输配电系统改造工程进度严重滞后。

(七)我国在巴工作力量不足,外宣等领域工作还有待加强

伴随着走廊建设的推进,我方工作人员大量进驻巴基斯坦,这些人员大多为企业员工,主要从事"硬联通"的工程项目建设,对走廊建设做出了重大贡献。但与此同时,在与走廊建设相关的国际交流、对外宣传、教育培训等"软联通"领域,我国在巴工作人员明显偏少,工作力量严重不足,"软联通"进展远不如"硬联通"。

据我国驻巴大使馆介绍,目前我国驻巴大使馆仅60个编制,雇员仅20人,其中还包括会计、后勤等辅助人员。走廊启动至今,工作量增加数倍,但人员编制没有增加,使馆同志每天超负荷工作。加之国内到巴的调研团、考察团、交流团越来越多,接待任务占用了使馆同志的主要精力,真正对巴各界开展沟通、交流、宣传以及搜集信息、协调项目等时间少之又少。相比之下,美国在巴大使馆有1000个编制,雇员有2000人,相当一部分人专职负责对巴宣传甚至是诋毁走廊建设工作,我国工作力量根本无法与之相比。这一情况在其他国家也普遍存在,如美在阿富汗大使馆驻有3000多人,而我国驻阿大使馆全部人员包括工勤人员在内仅有53人。

我国在巴宣传工作也明显偏弱。大使馆同志介绍,除少数央媒在巴设立记者站外,大量国内主流媒体基本没有入驻巴基斯坦。记者站的主要工作是将巴媒体上的一些信息翻译成汉语后传回国内,在国内媒体上播报,这主要还是内宣工作没有起到外宣效果,且记者站选择的都是正面信息,报道不全面。我国中央企业在巴投资项目对改善巴民生发挥了巨大作用,一些企业也做了很多社会公益项目,帮助老百姓改善生活,但因为不善于宣传,又多把其当作国内总部交代的政治任务,完成后向总部汇报了事。如我国建设的伊斯兰堡国际机场十分漂亮、质量过硬,但是满机场找不到一个中国标识和宣传语,很多巴群众也不知道机场是中国帮助修建的。

同时，我国一些民营企业家在巴做媒体、出栏目，宣传走廊和中巴友谊。如我国民营企业家汤天如女士，在巴国家电视台自己投资设立"中巴经济走廊时间（CPEC Time）"栏目，自己主持，每周一期，覆盖达1.2亿人次，在巴影响力很大。该栏目除在信息渠道等方面得到我国驻巴大使馆一些帮助支持外，得不到国内的任何资金支持，目前已出资100多万元，完全由企业家垫支运营。

（八）印度认为走廊通过领土争议地区克什米尔是对印度主权的侵犯，对走廊采取排斥甚至敌视态度

印度对走廊的态度十分消极，有几方面原因：一是由于克什米尔领土争端、民族宗教差异、多次冲突战争等，使印巴两国矛盾根深蒂固、难以化解。印度认为中国通过走廊建设站到巴基斯坦一边，是印度的对立面；二是印度认为一旦走廊建成，中国的大量投资、经济利益将会存在于克什米尔地区，在克什米尔问题上中国不会再采取中立态度，如果未来印度想武力收回巴控克什米尔，中国也一定会干预，所以收回克什米尔可能再无希望；三是印度自视为南亚地区的霸主，认为中国通过"一带一路"正在将影响力渗透到南亚和印度洋地区，中巴经济走廊、孟中印缅经济走廊、"21世纪海上丝绸之路"会从多个方向对印度形成战略合围。

印度对走廊采取了几方面的消极做法：一是不断制造不利于走廊建设的舆论。目前，国际社会上关于走廊的负面言论大多来自印度，一些西方媒体的负面报道很多也受印度影响；二是印度支持巴国内一些反对走廊的利益团体、分离主义势力等，希望给走廊建设造成掣肘；三是不断在印巴边境挑起事端，希望给国际社会树立巴内忧外患、投资营商环境差的印象；四是推进"季风计划""向东行动"、孟加拉国—不丹—印度—尼泊尔四国联通（BBIN）、环孟加拉湾多领域经济技术合作（BIMSTEC）等计划，而这些计划均将巴排除在外，并积极参与美国"印太"、日本"高质量基础设施伙伴计划"等，以平衡中巴走廊的地区影响力；五是通过与伊

朗共建恰巴哈尔港，形成与瓜达尔港的竞争，并试图与伊朗、阿塞拜疆、俄罗斯等国共建南北向欧亚大通道，与中巴陆路通道相抗衡。印度认为中巴走廊涉及其主权利益，预计对走廊态度短期内很难转变。但由于印度在国际政治、资金供给等方面的能力有限，这些动作应不会对走廊建设产生根本性影响，但我国仍需密切关注。

三、思考与建议

"一带一路"是未来我国对外开放管总的战略，是一项新的历史任务，没有现成经验可供借鉴参考，需要从实践中逐步摸索。中巴经济走廊是当前进展速度最快的一条走廊，必须看到走廊建设取得的重大成绩，但对建设中出现的一些矛盾和问题也应高度重视。我们应深入研究解决问题的对策办法，规避风险，同时提供走廊建设可资借鉴的经验做法，以推动走廊建设走深、走实、走远。

（一）加强对"一带一路"沿线重点国家的工作力度，推动工作资源向巴基斯坦等重点国家倾斜

中巴经济走廊是"一带一路"旗舰项目，事关"一带一路"建设全局，必须建成建好。我们既要做得好，取得实实在在的效果，让走廊立得住，经得起质疑和检验，也要说得好，加大舆论宣传力度，对不实言论给予及时驳斥。从一线同志普遍反映的情况看，当前亟待做好以下两项工作。

一是扩大我国驻外干部队伍。过去，我国建设重心在国内，驻外机构多是负责沟通联络、接待协调等任务，驻外干部编制较少，而今我国已有大量投资项目在"一带一路"沿线国家，仍然只凭借这些干部维护如此多的利益，实难周全，必须增强我国驻外工作力量，创新工作机制。可考虑提高我国在巴基斯坦、缅甸、老挝等"一带一路"沿线重点国家的驻外机构规格，扩大人员编制和人手，派出熟悉经济、国际战略、文化等方面的人员，在外交部驻外使馆总协调下，更加有效地开展工作，同时增加工作经费，形成较美国更强的工作能力。同时，鉴于我国驻外使领馆长期驻扎一线，对所在国国情、政治变化、项目情况十分了解，可考虑将涉及所在国的相关政策决策权、重大项目协调权和建议权向使领馆适度下放和前移，避免出现决策机构和企业总部身处国内，但不了解国外情况而盲目决策、产生误判的情况。

二是增强我国外宣工作能力。从走廊5年建设经验看，舆论媒体能力博弈是事关走廊建设成败的另一个主战场。我国可考虑和巴方建立对外宣传协同机制，如定期共同发布《中巴经济走廊白皮书》，对走廊建设进展、债务情况、未来展望、民众获益等情况进行权威发布，正面回应少数媒体不实指责。鼓励国内主流媒体在巴设立分支机构，从国内调配一些英语流利、了解伊斯兰文化的骨干人员，办报、办网站、办电视台、办节目，对巴民众宣传走廊和中巴关系。可考虑利用外宣资金收购若干有影响力的巴方媒体，对我国企业、民众在巴自办媒体、栏目予以支持。未来应有更多国内媒体走进巴基斯坦，将中国声音、理念、文化传递给巴，向巴群众传递中巴友谊，反击西方、印度及巴国内分离势力等对走廊的不实指责。

（二）务实坚定地推进走廊建设，使走廊建设由"大写意"向"工笔画"转变

目前，走廊建设已取得阶段性进展，打下较好基础，未来要进一步稳固推进。由于走廊建设进度、巴方诉求等出现一定变化，走廊的建设重心、建设任务也应做出一定调整。下一步工作应注重以下三方面调整。

一是建设重点要从大规模基础设施建设逐步向发展产业和建立园区倾斜。巴基础设施薄弱，走廊建设之初大量投资能源、交通等基础设施是十分必要的。随着基建取得重大进展，未来走廊建设的更多工作要交给企业去做。要进一步处理好政府与市场的关系，政府负责编制走廊相关规划、制定支持政策、改善营商环境、牵头开展重大基建项目建设等，企业应成为走廊建设中市场化经营领域的主体，着重吸引社会资本和民营企业赴巴投资设厂，以推动两国形成相互嵌套的产业链、价值链、供应链。

二是加强与巴方的沟通和对表，但要确保项目选择的科学性和主动权。巴新总理伊姆兰·汗上台后，提出要对走廊建设进行调整。近期巴总理访华，双方对走廊下一步建设工作进行了沟通。要加强与巴方对表，推动两国发展战略密切对接。尽管巴方对华友好特别是对走廊建设形成举国共识，但不意味着巴方所有诉求都是合理的、投资项目就是没有风险的。要注意保持主动权，处理好尽力而为和量力而行的关系，具体项目具体分析，不要被巴方牵着鼻子走。必须加强对我国在巴重大投资项目市场研究和风险评估，将我国国内重大项目投资管理体制复制出去，可引入发达国家第三方评估机构或智力服务机构，形成一套从可行性研究、项目立项、前期评估、项目开工到中期评估、后期评价的全产业链评估体系，有效管控我国在巴投资风险，保障走廊建设真正使中巴双方都能获益。

三是走廊建设工作可适度向民生项目倾斜。伊姆兰·汗胜选时重点打的是改革和民生两张牌，民生是巴新一届政府高度关注的议题。近期巴新总理访华，向我国提出了在走廊框架下增加民生项目的要求，我国应给予积极响应。援外资金是花小钱办大事，我国援外资金中用于巴基斯坦总额不高，未来我国应统筹用好援外资金，适度提高对巴援助规模，重点向巴教育、医疗、饮水等民生项目倾斜，使更多巴民众对走廊不仅有感性认识，还能有实实在在的获得感，以稳定走廊建设的群众基础。

（三）处理好走廊建设的地缘政治和地缘经济关系，最大限度地凝聚走廊建设合力

走廊建设不只是中巴两国的事，也涉及其他关联方的地缘政治、地缘经济利益。走廊建设不应搞"小圈子"、关起门来搞建设，而应打造成面向各关联方乃至世界各国的开放性合作项目，尽量使各方成为走廊建设的积极力量。但同时也要注意保持战略清醒，在走廊建设还未取得全面突破时，可暂缓向阿富汗等其他地区延伸，以避免我国掉入"责任陷阱"。

一是要处理好中印巴大三角关系。南亚地缘局势复杂，印巴矛盾是核心原因。长期以来，南亚地区一直呈现印强巴弱且两国发展差距越来越大的失衡局面。由于走廊建设的推进，两国发展差距正在缩小，失衡有向再平衡演变的趋势，印度的警惕性则可能越来越高。印度是走廊建设的关键第三方，我国如不做好与印度的沟通协调、增信释疑工作，印度很可能成为走廊建设的重大阻力和掣肘因素。我国在南亚的总体战略应是维持印巴实力均衡，随着走廊取得成效、印巴发展差距不断缩小，我国可适时调整姿态，以不站队、不拉帮、不结派的域外协调者、调解者身份处理南亚关系，最大限度地掌握外交灵活度和主动权。如果在深化中巴合作的同时，我国丧失了中印合作的机遇，是得不偿失的。对于涉及印巴之间的敏感议题，我国要推动两国以双边沟通对话解决问题。印巴都是上合组织成员，可将两国分歧问题提交上合组织沟通协商解决，既可以让更多第三方国家参与进来，避免双方都认为我国不公正、有偏袒，也要力争通过"一带一路"建设打通印巴两国经济、政治、思想联系的壁垒，形成中国与南亚全方位互联互通的大格局。

二是更多地吸引国际组织和域外国家参与走廊建设，形成"中巴+"的走廊建设格局。目前，沙特、阿联酋、阿富汗、土耳其等国已表示参与走廊建设的积极意愿，尽管大多还没有真金白银投入，但随着走廊基础设施水平的快速提升，将会有越来越多的国家认识到走廊的重大经济价值并参与进来。我国应积极推动实施"中巴+"战略，欢迎各国企业参与到走廊建设中来，既欢迎中东各国企业来巴建厂，也欢迎印度和美欧日等发达国家在巴投资，共同合作开发巴方市场。一旦这些国家在巴有资产投入，就会减少制造走廊的负面消息，中巴走廊也将成为面向全球的开放平台，这样巴才能够真正发挥连接南亚、中国、中东、中亚乃至辐射全球的枢纽作用。

三是中巴经济走廊不必急于向阿富汗延伸,中国—巴基斯坦—阿富汗合作宜先从"软联通"做起。阿富汗因见到中国在巴大量货真价实的投入,对走廊态度十分积极,希望走廊能向阿富汗延伸,带动阿经济发展。但从调研了解的各方认知来看,目前走廊向阿延伸的"硬联通"条件尚不具备。巴阿两国关系十分复杂,两国边界地区长期存在"边界黑洞",即普什图人在两国边界地区跨境而居,两国政府均无法对其有效管控,从而使该地区成为各种宗教极端势力和反政府武装的孳生地。美国在阿富汗势力较强,我国远远无法与之相比,若在阿投资过大,我国在政治上无法掌控。阿地缘政治复杂,历史上就为"大国埋骨地",英国、苏联、美国等都曾陷入阿富汗泥潭而不能自拔,我国进入阿既无安全利益诉求,经济利益也不大。当前,我们可继续对外公开宣传走廊向阿富汗延伸,以回应阿富汗的关切,对外展现我国的开放姿态,但在实际工作中宜从文化、教育、政策等"软联通"做起,待中巴走廊成效明显、阿局势更加明朗后再考虑"硬联通"问题。

(四)走廊建设要打好人民币国际化牌,将巴作为形成人民币闭环流通的重要起步区

当前,我国应主动研究推动"一带一路"建设的投资和贸易结算以人民币计价,这样既可规避未来可能出现的美元相对不足问题,又可推动人民币国际化进程。具体思路为,我国在"一带一路"沿线国家以人民币形式开展重大项目投资,沿线国家持有人民币后,采购我国具有比较优势的成套设备、工程装备、劳务服务。以开发性金融和商业化承建相结合的方式,确保我国在重大项目建设全产业链的整体盈利性。尽管上游开发性金融盈利较低,但下游项目承建和设备提供获利较高,可通过"银企"合作在开发性金融机构和承建企业间重新分配利润。同时,也要推动我国与沿线国家贸易以人民币结算,即我国从沿线国家进口以人民币支付,沿线国家获得大量人民币后也需从我国进口商品,带动我国出口产业发展,从而形成进出口平衡、对外经济发展双轮驱动的有利局面。"一带一路"建设必须打好人民币国际化牌，其核心是建立覆盖投资、贸易的人民币环流机制，使沿线国家经济发展融入我国国内外互动的经济体系中来，以摆脱对美元、美国市场及美国主导的国际经济体系的过度依赖。

巴基斯坦是与我国政治和经济合作紧密的国家，可率先在巴实行"一带一路"人民币闭环流通战略。应尽快实行中巴两国货币互换、货币直兑，直接用人民币作为结算货币和储备货币。目前，巴已批准人民币成为中巴两国贸易结算货币，我国应积极回应，提升人民币结算比例，并推动中方企业持人民币赴巴投资。当前，巴在双边贸易逆差较大，人民币获取能力有限，短期可加大双边本币互换力度，为巴金融系统注入充足人民币的流动性，中长期则应积极推动中巴 FTA 第二阶段升级谈判，推动两国在零关税时间表、优惠条件等关键问题上尽早达成共识，扩大中国从巴进口，实现中巴贸易平衡发展，形成巴通过贸易获取人民币，再用人民币购买我国产品的畅通机制，建立基于贸易投资和人民币闭环循环格局。这不仅有利于使巴摆脱长期存在的美元危机，也可使走廊建设成为我国推进人民币国际化的重要契机和手段。

（原载于中国国际经济交流中心《研究报告》2018 年第 83 期）

重新认识孟加拉国的战略价值
——赴孟加拉国调研报告

2019年12月11—13日,中国国际经济交流中心赴孟加拉国开展"一带一路"调研。调研组一行拜访了中国驻孟大使馆、孟华侨华人联合会、孟中友谊中心、达卡大学、孔子学院、孟共产党、孟共产党(马列)等机构,分别召开与孟智库专家和主要中资企业的两场座谈会,赴一些重要人士官邸登门拜访,实地调研部分合作项目现场。调研组深刻感到,孟在推进"一带一路"建设中具有特殊地位,过去孟在我国对外合作大局中存在感不强,我国在战略上对孟重视程度不够,因此应转变思维、重新认识孟战略价值和战略定位,统筹谋划中孟全方位合作,找准若干重点领域将双边合作推向深入,使孟成为"一带一路"建设在南亚地区的另一战略支点国。

一、孟在我国对外合作大局中的战略定位

长期以来,由于我国与孟经贸往来规模偏小、交通联系不便、文化差异较大、孟国际政治经济话语权较弱等原因,孟在我国对外合作和周边外交大局中并不占有突出位置,我国在南亚地区的战略重心是印巴两国,孟是边缘角色,存在感不强,国内对孟关注、了解和研究也较少。"一带一路"提出后,我国对外合作和外交战略发生了很大调整,如从"一带一路"视角来重新看待孟,孟的战略价值极大提高。地缘上,孟位于中南半岛和印度半岛两大地缘板块的交接点,连接中国、印度、东盟三大经济体,

是突出的地缘战略支点。经济上，孟是南亚乃至全球最具发展活力的经济体之一，近十年 GDP 平均增速保持在 6% 以上，加之 1.6 亿的庞大人口基数和高生育率，未来有潜力成为重要市场。政治上，中孟政治互信度高，具有深入合作的良好基础，但印美日等国正在加紧渗透，"印太"战略正在向孟延伸。综合来看，我国需重新认识并高度重视孟的战略价值，我国驻孟大使李极明将孟形容为"一只严重低估了价值的潜力股"。孟对我国的价值不是眼前的，而是长远的，其战略定位主要表现在以下几个方面。

（一）"一带一路"倡议支点国

孟地处"21世纪海上丝绸之路"和孟中印缅经济走廊交接点，历史上就是连通中南半岛和南亚次大陆的贸易要道。调研中感到，孟对"一带一路"倡议十分热情，其精英阶层基本都熟知"一带一路"，评价均较为正面。"郑和下西洋"也广为人知，孟专家学者一谈到中国必谈及郑和。孟共产党（马列）总书记、原工业部长巴鲁阿认为，西方国家主导的全球化乏力，新一轮全球化要靠"一带一路"推动，这是包括孟在内的亚洲国家发展的历史机遇。孟共产党主席塞里姆认为，到 2030 年中国会成为超级强国，孟通过"一带一路"密切与中国的联系十分必要。孟中友谊中心主席德瓦尔·侯赛因提出，2016 年习近平主席访孟影响深远。此访问后，大量中国企业、项目、商品进入孟，孟民间原本对中国没有感性认知，现在民众生活中中国元素大量增加。李极明反映，孟执政党、在野党对华都较为友好，民间对华态度更为友好，对"一带一路"总体上也较为认可，无论哪一党上台，基本格局都不会变，孟总理哈西娜本人对"一带一路"也十分认同。达卡大学总监乌丁提出，孟能够认识到一些国际媒体宣传"债务陷阱"是禁不起推敲的，背后是西方国家和印度在操纵。孟前驻华大使孟什·艾哈迈德提出，尽管孟国家领导人未出席"一带一路"国际合作高峰论坛，这主要是受印度的压力所致，中国应予以理解，但实际上孟对"一带一路"是非常认可的。

（二）大国博弈的必争之地

孟地理上三面环印，历史上与印度既水乳交融又纠缠不清，印度是对孟影响力最大的域外国家。孟现任总理哈西娜之父为孟国父拉赫曼，在哈西娜小时候拉赫曼因政变被枪杀，此后哈西娜一直受印度庇佑，在个人感情上天然亲印，哈西娜能够长期执政与印度在背后的支持也密不可分。印度对孟渗透很深，影响力很大。亚洲开发银行驻孟负责人蔡丽反映，哈西娜本人的卫队成员很多都来自印度。据孟华侨华人联合会会长庄立峰了解，孟高层每做出重要决策前都要去印度征求意见。据中国国际广播电台达卡记者站首席记者于广跃反映，孟政府各部门中的很多顾问都是印度人，印度甚至会定期给孟一些官员发"工资"。印度认为中巴经济走廊途经印巴争议地区克什米尔、侵犯其"主权"，担忧中国影响力进入印度洋地区、冲击印度在南亚的霸主地位，对"一带一路"采取消极甚至敌视的态度，这也不可避免地影响到孟，孟官方因此担忧印度不满，不敢在"一带一路"问题上表态。

美国也正在孟逐渐扩大其影响力。在东、西巴基斯坦分裂时，美站在西巴一边，导致美孟关系长期冷淡。哈西娜上台后开始调整与美国的关系，美也认识到孟的战略价值，逐步调整外交姿态。现在美已成为孟主要援助来源国之一，孟也开始寻求向美购买军事武器，而过去几十年孟的军事武器主要来自我国。据李极明反映，最近美国派来孟的代表团较多，很多是来推销"印太"战略，否定"一带一路"倡议。孟见到美国人时讲"印太"，见到中国人时讲"一带一路"，或者"印太"和"一带一路"同时讲，两不得罪。对于是否参加"印太"战略，孟从不给出肯定答复，只讲如果"印太"是经济战略，孟就会加入，但"印太"明显不只是经济战略，所以孟的说法模棱两可。

日本长期在孟深耕，在其经济领域影响力较大。日以国际协力机构（JICA）的官方发展援助（ODA）为抓手，带动日企赴孟投资。日通过ODA支持了马特巴里燃煤电站、马特巴里深水港、达卡捷运系统、达卡机场扩建等一批孟重大项目，带动了川崎重工、三菱、丸红、东芝、住友、东电等日企参与项目承建或设备服务出口。日的一些投资与我国形成竞争，如据孟中国企业协会会长林维强介绍，我国招商局集团原计划在孟东南部的索纳迪亚修建深水港，后在日印等国的背后干预下，该项目被孟取消，取而代之的是日本在距索港仅25公里外的马特巴里修建深水港。日争取该深水港项目采取"明修栈道、暗度陈仓"方式，其先是争取马特巴里燃煤电站项目，后在电站项目中加入散货码头、航道疏浚等"隐身"建设内容，实质上控制了深水港建设项目。

但综合来看，美刚开始向孟布局，还远未掌控孟；日对孟影响多为经济层面，政治影响度也不高；印孟两国虽有历史渊源，但也可能成为历史包袱，两国仍有边界地区、分水问题等纠纷，孟民间反印声音也很大，近期印国内印度教宗教主义盛行，对穆斯林采取打压态度，孟主要信仰伊斯兰教，两国民间在宗教问题上也有隔阂。我国与孟并无根本利益冲突和历史遗留问题，孟对我国信任度较高，经济诉求较大，要利用好这一形势，积极推进与孟全方位合作，以提升孟在我国周边外交中的战略地位，使孟有潜力成为继巴基斯坦之后，我国在南亚地区的另一重要合作伙伴。

（三）我国产业向外转移的重要承接地

我国低端制造业由于生产成本上升、叠加中美贸易摩擦影响，正在逐渐向东南亚、南亚等成本洼地地区转移。孟劳动力成本极低，工人每月工资仅几百元，且人口结构年轻化，15~50岁劳动力人口占比超过60%，发展纺织服装等劳动密集型产业具有竞争力。孟正在开展基础设施和城市建设，调研中感到，孟基础设施极为落后，城市拥堵不堪，群众居住条件较差，需建设改造的潜在工程量极大，我国钢铁、建材、水泥等富余产能在孟有需求市场。孟电力供应能力薄弱，不足以支撑未来工业化需要，亟待推进火电、水电及电网建设，这些均是我国优势领域。特别是孟水电极为落后，一方面大量水能资源未能开发、白白浪费；另一方面每到夏季洪水泛滥之时，无论城市乡村皆是一片汪洋，水利水电设施建设较为迫切。孟医药产业发展也独具优势，孟作为欠发达国家，已获得发达国家医药产品和临床数据专利保护的豁免（豁免期至2033年），如果我国企业到孟生产仿制药和原料药会有一定政策便利。孟环境污染较为严重，空气污染、水污染的严重程度在全球位居前列，我国环保产业可考虑将孟作为重要投资市场。欧美环保企业虽技术相对先进，但标准和成本过高，孟难以承担，而我国环保产品和服务性价比较高，具有一定竞争优势。

相比越南、印度等与我国有领土争端、政治上对我国不信任的国家，引导我国国内难以生存的产业产能向孟转移，更符合我国战略利益。孟越印大体处于相似发展阶段，我国产业转移对其工业化起步至关重要。我国应引导产业向孟等对我国友好、政治上我国可争取的国家转移，坚决避免帮助竞争对手国家提升工业能力、补基础设施短板。

（四）向外推广中国发展理念的重要国家

孟国内普遍认可中国的发展方式，认为中国从一个贫穷大国正在转变为富裕大国的发展经验值得借鉴。孟和平与安全研究所主席穆尼·鲁扎曼提出，当前孟与中国改革开放初期在很多方面有相似性：一是人口众多，且劳动力成本较低；二是近十年来政治稳定，自上而下政令较为畅通；三是开始寻求开放发展，希望利用国外的资金、技术、管理等，这些条件使孟也可以学习中国的发展经验。达卡大学发展经济学教授特米尔提出，第二次世界大战后能够实现工业化的人口大国只有中国，中国的发展给予孟信心，证明贫穷落后的人口大国也不会被永远锁定在初级阶段。孟政策对话中心执行主任哈顿博士认为，中国的出口导向模式、经济特区发展方式、招商引资政策等都值得孟借鉴。李极明反映，孟高层普遍认可中国的发展经验，哈西娜本人对《习近平谈治国理政》一书也是高度评价。

未来一个时期，我国将继续与美印等国开展博弈，团结我国周边国家并与之形成紧密的共同体，是增加我国博弈能力的重要战略选择。目前我国周边包括孟在内的一些发展中国家，对我国发展理念、发展方式高度认可，应善加利用。通过经济、科技等生产力层面的深入合作，推动经济制度、意识形态、政治文化、社会治理等生产关系层面的对接和互通互融，可对我国形成更加紧密牢固的向心力。

二、孟对我国的主要关切和诉求

（一）希望我国在罗兴亚人问题上对缅施加压力

孟国内舆论高度关注罗兴亚人问题。罗兴亚人信仰伊斯兰教，与缅甸若开邦佛教徒长期激烈冲突，相互开展过大规模的仇杀和报复行为。罗兴亚人意图独立或自治，缅政府不能接受，对其采取打压态度。罗兴亚人在东、西巴基斯坦分裂时，站在孟的对立面，亦被孟民众所厌恶，被视为"叛徒"。从缅逃至孟的罗兴亚人，占据当地较好土地资源，拉低当地民众平均工资，也不被当地民众所欢迎。孟缅两国均排挤罗兴亚人，双方各执一词，难民遣返问题已成为影响两国关系的最关键问题。西方国家拿难民人权问题做文章，对缅施加压力，使问题更加复杂化。目前，孟国内舆论单方面认为，中国只顾及在缅甸的商业利益，不愿得罪缅甸，没有在罗兴亚人问题上发挥对缅的影响力。

李极明反映，实际上中国在罗兴亚人问题上发挥了积极的协调作用，我国驻孟大使馆就多次召开协调会议，孟外交部缅甸和罗兴亚司司长、缅甸驻孟大使等参加，双方均是相互指责，在解决问题的举措方面并不积极。孟方的态度是罗兴亚难民的遣返必须是安全的、有尊严的遣返，其言外之意是如果缅甸做不到这一点，遣返工作还不急于一时，明显对于遣返的急迫性还不够。缅驻孟大使的态度是，未得到国内批准和授权，对遣返问题不表态，采取能拖则拖的态度。孟中国企业协会会长林维强介绍，现在国际上有一些援助和捐赠资金愿意帮罗兴亚难民改善生存环境，但孟不敢接受，怕难民生活条件改善后赖在孟不走了。正是孟自相矛盾的态度和缅的消极立场，导致难民遣返问题迟迟找不到解决方案，孟舆论转而将我国当作"解铃人"，其想法不切实际。

（二）希望中国企业在孟投资设厂

孟认识到，若要实现经济起飞，就需要依靠外资，外商投资可解决本国工业化初始资本匮乏问题。孟失业率很高，外商投资可以创造大量就业岗位，孟工业基础十分薄弱，连螺丝等最基本的零配件都生产不了，因此外商投资能够通过技术溢出效应，提高孟工人的生产技能，帮助孟提升产业配套能力。孟十分希望中国企业能在孟投资设厂，而且中国转移出去的产业正是孟所急需的，又是十分适合孟的。据庄立峰介绍，过去中国赴孟投资的企业很少，近几年迅速增多，以工程承包和劳动密集型企业为主，一些手机生产企业也开始在孟设厂。目前，中国企业家在孟人脉网络虽比不上印度人，但在上流精英阶层也具有一定影响力。

但中国企业在孟投资面临几个突出问题：一是孟基础教育较差，劳动力虽多，但素质不高。达卡大学副校长阿卡塔鲁扎曼表示，孟不仅欢迎中国制造业企业，更亟须中国帮助孟兴办基础教育、高等教育和职业教育。二是孟行政机构管理较为混乱，各部门打架，行政决策效率低下。蔡丽反映，孟项目审批权限高度集中，几乎所有建设项目的技术方案和财务方案都要内阁讨论，内阁成员并非专业技术人士，讨论决策进程缓慢。中国交建驻孟办事处负责人庞明表示，孟政府征地也比较困难，给当地老百姓补偿标准很低，很多地块又权属不清，一些项目不能及时完工和征地也有很大关系，如延期不仅增加费用，中资企业也很难索赔。三是贪腐问题较为严重。如中铁帕德玛大桥铁路连接线项目经理黄福波表示，因孟方主管部门官员意图索要佣金不成，该项目的规划和技术方案一直不批，项目现场1000多名中国工人、3000多名孟方工人以及大量设备只能闲置，每个月损失上千万美元，因拖延时间较长，中铁只能增加项目概算，但孟方又说中国企业增加要价把钱都赚走了。

（三）希望中国帮助孟建设基础设施

孟交通设施极为落后。城市道路狭窄、路面坑坑洼洼，也没有轨道交通，交通极为拥堵。铁路总里程还不到3000公里，且各线路轨距又不完全相同，米轨、宽轨、套轨纵横，线路连不成网，铁路承担货运量不足孟全部货运量的4%。港口条件较差，各港口吃水均不足10米，主要港口船只进出十分拥挤。孟河网密布，但桥梁缺乏，只能依赖船只摆渡。

目前，我国通过对外援助、优惠贷款、商业承建等方式已帮助孟修建了一批基础设施，孟中友谊大桥已援建了八座，特别是由我国建设的帕德玛大桥在孟广受关注，被孟誉为"梦想之桥"。孟十分希望中国能够助孟修建基础设施，解决制约经济发展的瓶颈问题，但有时会得陇望蜀，如希望中国更多以援助而非商业承建的形式参与孟基建，希望中国转让基建技术，使孟有独立建设的能力。在基建标准方面，孟也有矛盾心理，一方面对中国基建能力较为佩服，另一方面却更加相信欧美标准。如在工程监理方面，虽在施工合同上注明欧美标准和中国标准均可，但实际上孟往往倾向于高薪聘请欧美监理团队，采用欧美标准对我国项目实施监理，这对我国项目施工造成很大不便，同时孟监理机制不是项目总包干制，而是按月给监理团队发工资，因此监理方并不希望项目尽早完工，而是想方设法挑问题把工期往后延，以持续获得工资收入，但这样就影响到项目施工进度。

三、推动中孟"一带一路"合作的几点建议

（一）以孟主要港口和缅孟通道为重点推动基础设施互联互通

孟对"一带一路"态度积极，我国应抓住有利时机，大力推动中孟在"一带一路"框架下的合作，推动"一带一路"同"金色孟加拉梦想"战略对接。基础设施互联互通是"一带一路"建设的主要内容，中孟两国应共同推动"21世纪海上丝绸之路"和孟中印缅经济走廊两个重要通道建设。

一是推进吉大港、蒙格拉港、帕亚拉港等孟重要港口建设。吉大港和蒙格拉港是孟最重要的两个港口，完全有条件改造成深水良港，但目前受制于港口基础设施薄弱，发展潜力受限，我国应积极参与该港口和码头建设，使其成为"21世纪海上丝绸之路"的重要支点港。帕亚拉港是孟西南部重要港口，通过帕亚拉港—达卡铁路连接线和帕德玛大桥可直接连通达卡，形成孟"西南经济走廊"，改变目前孟过于倚重"东南经济走廊"（达卡—吉大港）的经济格局。

二是推进缅孟陆路通道建设。孟中印缅经济走廊有多条路线，但大多需经印东北部，鉴于印对"一带一路"态度不积极，中印地缘结构性矛盾可能会持续相当长时期，我国可考虑在中缅通道的基础上，推动缅甸皎漂港经孟科克斯巴扎尔至吉大港的陆路通道，绕过印度实现与孟直接联通。若使该通道沿线地区保持稳定，关键要妥善处理好罗兴亚人问题。当前我国宜保持高姿态，扮演好缅孟之间的协调者角色，但不宜在缅孟之间站队，坚决反对其他大国在其中混水摸鱼，以罗兴亚人问题为切入点，提升我国在该地区的长期影响力和话语权。未来在我国云南至皎漂陆路大通道建成后，再考虑在罗兴亚人问题中发挥更大作用，因此要立足于地区经济发展以谋求长远解决之道。在当前该地区民众生活极端贫困、生存资源十分有限的条件下，很难找到让多方都能满意的解决方案。

（二）加强对"一带一路"沿线重点国家的定位研究和统筹谋划

随着"一带一路"建设从"大写意"转向"工笔画"，对"一带一路"的研究也要从内涵、意义、愿景等宏观概念转移到具体的国别研究上来，要对重点国家在"一带一路"中的功能定位进行深入研究，对具体通道、具体项目进行通盘设计。李极明认为，目前我国国内尚未形成对孟的统一战略，处理涉孟的相关事务都是一些战术性和策略性的反应，但根本上还是我们对孟研究不够，在"一带一路"和外交大局中对孟定位不清。可由国家有关部门、智库、企业共同组织开展我国对孟的总体战略研究，并将该研究打造为一个样板课题，形成有效的、可复制的工作机制，对所有"一带一路"沿线重点国家逐一进行研究。

不仅我国对孟的战略研究不足，就连孟自身都十分缺乏对自身的发展战略研究。孟国家发展基本没有成体系的规划，各领域建设普遍呈现出杂乱无章的局面。未来孟到底是采取出口导向模式还是走进口替代道路，还未形成统一的经济发展战略。其经济资源过多集中于达卡，沿海地区经济薄弱，甚至呈现萎缩之势，沿海和内地、大城市和中小城市经济严重失衡，没有合理的经济布局规划。孟提出要发展一百个经济区，但政策体系没有统一设计，各经济区各自盲目折腾。社会管理也极为混乱，连基本的户籍和身份制度都不完善，全套的社会管理制度也有待设计和建设。因此，我国应借鉴日本JICA、亚行等主动帮孟做规划、搞设计，以带动日企"走出去"强化其在孟影响力的有益经验，在援外的框架下增加智力援外项目，帮助孟开展发展战略、空间布局、基础设施建设、重点行业领域、政策制度体系等全方位的规划和设计，这样在顶层设计阶段就将我国优势企业、优势项目、管理制度推介出去，这对后续我国在孟开展工作极为有利。目前，这类规划咨询大多掌控在日本手中，我国驻孟使馆同志认为，我国曾尝试帮孟做过交通、防洪等领域规划，效果较好，如我国能更多地开展此类国际咨询工作，孟是能够接受的。

（三）我国一些工作方式有待调整和改进

在调研中也发现我们自身的一些工作方式也暴露出问题或短板，需要调整和改进。

比如，2016年习近平主席访孟期间，中孟两国签署了27个合作协议，涉及数百亿美元投资的合作项目，目前大量项目仍未启动或者停滞。孟方对此事高度关注，各专家学者在不同场合均多次提及，媒体上也常有报道。林维强表示，产生这一现象主要是工作流程原因，这些合作项目首先是由中国企业结合孟需求，帮助孟提出清单，孟将清单提交我方后，我国有关部门机构再进行审核,因国事访问在即,这些项目只进行了初审,还未及时开展深入论证,但项目启动建设前就需重新开展全面彻底的论证,因此被耽搁。孟方对此有一些误解,一些人甚至认为中国言而无信、不遵守承诺,有意拖延。这反映出我国对外合作项目在工作流程上需要调整,在签署合作协议前应完成详细的可行性评价,未经充分论证的项目不应出现在国事访问的成果清单上。

比如,我国援外项目设计也需改进。目前我国援外偏重于搞大项目,援外管理虽省事了,但当地老百姓获得感不强,没有起到拉拢民心的作用。我国驻孟使馆同志反映,我国在孟援建的八座友谊大桥,每座桥都是几亿元人民币建设资金,但桥上既没有石碑标记,在有关部委网站上也查不到大桥的相关信息,甚至连大使馆同志都找不到大桥的位置,久而久之这些项目就都被孟老百姓遗忘了。相比之下,日本对孟援助就十分贴近民生,达卡街头垃圾较多,日就援助垃圾处理车,车身标记日本国旗,每天都在街头,花钱不多,但为老百姓所熟知。我国援外工作应注意性价比,要推动援外资金更多向民众关注的粮食、饮水、医疗、养老、教育、培训、应急救援、防灾减灾等民生领域倾斜,要加强对援外项目实施效果的评估,发挥好援外资金"花小钱、办大事"的作用。

我国还需加强对中资企业的合规性管理。孟环保管理较为薄弱,一些中资企业对环保较为忽视。孟工会组织较为发达,一些中资企业由于不太擅长同工会和工人打交道,导致出现与当地民众的冲突事件,如2018年4月,孟北部戈伊班达县村民焚烧中资太阳能电厂事件。2019年6月,帕亚拉港燃煤电站中孟双方数千工人冲突事件等。加强我国在孟投资企业和工人的教育培训、规范管理十分迫切。

(四)探索推进第三方市场合作模式

印将南亚地区视为其"势力范围",对孟掌控能力较强,内政外交均有干涉。未来我国企业、资金、商品如大量进入孟,难免冲击到印影响力，印必有抵触。尽量处理好中印孟的三角关系，是保障中孟关系平稳发展、维护好我国在孟长远利益的重要条件。印经济力量相对较弱，国内建设任务尚且十分繁重，难以拿出大量资金为孟解决经济诉求，在承接全球新一轮产业转移中，印孟属竞争对手，因此印度对孟只能打"政治牌"，难打"经济牌"。我国宜反其道而行之，对孟主打"经济牌"。我国已成为孟最大贸易伙伴和最大投资来源国，要不断扩大增量，通过经济合作来密切政治联系。

对孟经济合作要探索第三方市场合作模式，拉拢欧、日、韩等共同抗衡印度在孟影响力。出于历史原因，孟民众对欧洲国家特别是英国认可度较高，欧洲商品在孟被认为是高端产品，孟精英也以移民欧洲为荣，可将孟打造成为中欧共建"一带一路"的样板国家。我国在孟的优势为工程建设、工程机械、中低端制造业，欧的优势为现代服务、高端制造、规则标准，要推动中欧双方在孟优势互补、项目对接、标准兼容。日虽与我国在一些项目上有竞争关系，但如从细分产业链来看，仍有很多合作机会，可借鉴中日泰三方共建"泰国东部经济走廊"模式，推动中日孟三方合作。韩孟经济合作规模也在持续扩大，吉大港韩国工业园已运行近20年，近期又有大量原计划在缅投资的韩国企业转赴孟投资，我国可与之开展更多合作。此外，我国政策性、开发性、商业性金融机构还可与世行、亚行等在孟相关项目上开展合作，联合融资、放贷、授信。这些金融机构在孟经营多年，影响力大，解决项目延期、赔偿等棘手问题有其独特办法，可帮助我国化解投融资风险。

高度重视与印尼战略对接

——国经中心课题组赴印尼深度调研与建议

近期,受印尼科学院经济研究中心、印尼中华总商会等机构邀请,中国国际经济交流中心调研组赴雅加达,对印尼政治、经济、社会等各方面问题进行深入调研。调研组深切感到,对我国周边国家的深入了解和准确判断十分重要,印尼作为东盟地区的领头羊和具有极大后发优势的国家,在我国对外战略棋局中的地位和作用不可小觑,应将其作为我国外交"周边是首要"中的"首要",形成对印尼新的外交战略安排与实施步骤。

一、印尼具有独特优势和巨大发展潜力,当前和今后一个时期,必将成为世界经济发展中一颗耀眼的新星

印尼曾是"亚洲四小虎"之一,从20世纪60年代末至今,除1997年东南亚金融危机造成经济衰退外,印尼经济总体保持高速增长,近20年增长率一直保持在5%~6%。我们判断,尽管印尼经济高速增长已持续40多年,但仍具有巨大的发展潜力。据世界银行预测,未来10年印尼实际GDP增长将会继续保持在5.5%左右。主要得益于印尼以下几方面独特优势。

(一)印尼作为全球海上交通"十字路口",具有独特的区位优势

印尼地处太平洋和印度洋的连接区,东侧是世界经济中规模最大、最为繁荣的亚太经济圈,西侧是发展潜力巨大,将会成为世界经济新增长极的环印度洋经济圈,北侧是经济长期高速增长的东亚地区,南侧是经济发达的大洋洲地区,可以说,印尼是承东启西、联通南北的世界经济"十字

路口",正逐渐成为全球商流物流汇聚之地。得天独厚的区位条件赋予印尼十分重要的地缘优势,美日印等大国均将印尼作为重要的拉拢对象,印尼外交上待价而沽、游刃有余、选择空间大,因而也就具有相对较为稳定的外部发展环境。

(二)印尼具有巨大的人口红利,劳动力优势使之成为承接全球新一轮制造业转移的要地

印尼人口 2.58 亿人,是世界第四人口大国,占东盟总人口的 41%,其中工作年龄人口(15~64 岁)1.73 亿人,约占总人口的 67%,劳动力资源十分丰富。但印尼仍在鼓励人口生育,据当地人说,目前雅加达对每个新生儿每月会补助 300 元人民币,每家每户两三胎甚至更多胎的十分普遍。印尼劳动力成本十分低廉,据了解,雅加达及西爪哇地区劳动力成本约为每月 250~280 美元,其他地区每月 100~150 美元,仅相当于我国一般非技术劳动力成本的 1/5~1/4。受益于"人口红利",印尼劳动密集型产业极具竞争力。从当前看,印尼纺织服装鞋帽等产品质优价廉,中国同等次纺织品与之相比已完全不具竞争力,我国一些劳动密集型产业向印尼转移已成为不可逆转的趋势。

(三)随着经济发展和居民收入水平提高,印尼将成为最具活力的市场大国之一

2015 年印尼经济总量 8618 亿美元,排世界第 16 位,已成为市场规模较大的国家。伴随着印尼人口增长和居民收入水平提高,市场规模还将进一步扩大。目前,印尼中产阶级有 1730 万户,位居世界第四。据欧睿信息咨询公司(Euromonitor)预测,到 2030 年将会增加到约 2000 万户,将构成一个庞大稳定的中产阶级消费群体。高速推进的城镇化进程也将成为印尼市场扩张的重要驱动力,目前印尼城镇化率仅约为 50% 左右,预计到 2025 年很有可能提高 15 个百分点,这就意味着还有近 4000 万人将要从农

村迁移到城镇，必然导致印尼内需的爆发式增长。

（四）印尼资源能源储量丰富，可以长期支撑印尼经济的高速增长

印尼能矿资源十分丰富，煤炭储量约为580亿吨，石油储量约1200亿桶，天然气储量123589兆亿立方米，铜、锡、铝土矿等储量也很高，是全球重要的能源矿产富集区。与此同时，森林资源、渔业资源、耕地资源以及旅游资源也均十分丰富。随着印尼开始承接全球制造业转移，这些能矿资源将成为印尼经济增长的重要支撑。

调研中感到，印尼政治稳定，人民生活祥和，印尼经济社会发展呈现出勃勃生机、欣欣向荣的局面，印尼社会各界对于未来发展均抱有强烈信心和乐观态度。尽管印尼经济发展水平总体仍较为滞后，也存在城乡和区域发展差距过大等问题，但其发展潜力巨大、后发优势明显，未来印尼必将成为全球经济的新亮点。

二、印尼的主要发展战略及利益诉求

据印尼智库介绍，2014年，印尼新总统佐科上台后，对印尼发展战略与经济政策等进行全方位调整，我国未来发展对印尼关系可以从中找到更多利益交汇点。

（一）打造中等强国，实现由区域性大国向全球性大国的转变

印尼长期被殖民的历史赋予该国十分强烈的发展诉求，一直希望获取更加独立自主的大国强国地位。近年来，印尼进一步提出了"中等强国"战略：一方面致力于发展经济。2015年，印尼人均GDP仅3370美元，仍是一个中低收入国家，但印尼希望未来能进一步加速经济发展，提高居民生活水平，从经济规模上跻身世界十大强国之列，真正成为东南亚地区的"领头羊"和区域性大国。另一方面希望能成为和美中日等平起平坐的全球性大国，并以东盟"代言人"的身份与各大国开展平等外交。在与印

学者和企业家交流中，我们感到，"中等强国"战略在印尼具有深厚民意基础，印尼各界对于谋求经济发展和国际政治地位的渴求也十分迫切。

（二）致力于打造"全球海洋支点"，重写古印尼海洋大国之辉煌

佐科上台后，提出"全球海洋支点"战略，希望将印尼打造成为世界海洋强国。这一战略包括发展海洋文化、维护管理海洋资源、构建"海上高速公路"、发展海上外交、加强海上防卫五个方面。该战略融贯印尼历史文化、区位优势、现实需求和发展方向，已成为佐科政府的执政核心。正如佐科在竞选时所言，"大洋大海、海峡海湾是印尼文明的未来，现在我们要恢复海洋强国的称号，像祖辈那样雄心壮志、称雄四海"。从调研情况看，"全球海洋支点"战略也得到了印尼社会各界的一致认同。目前该战略推进顺利，大规模的基础设施建设已形成规划并部分开始启动，与各国海上经贸联系也更趋紧密。

（三）希望快速提升基础设施建设水平，形成东西互动、海陆相通的印尼经济大通道

佐科政府提出，要打通苏门答腊至东爪哇的东西向经济大动脉，真正形成海上"高速公路"，而基础设施薄弱是这一计划的瓶颈。根据印尼《2015—2019年"海上高速公路"建设规划》，未来印尼将建设24个大型海港、83个中型商业港口、1481个非商业港口以及约7000公里公路、3000公里铁路、15个机场。印尼科学院经济研究中心主任努格罗荷（Nugroho）提出，"海上高速公路"的关键是苏门答腊SeiMengke港和苏拉威西比通港（BiTung）两大港口，目前印尼国际贸易主要在新加坡港中转、在雅加达港进出，未来随着这两大港口功能的完善，将形成SeiMengke港、比通港及雅加达港的三角形港口体系，从而将形成绕过马六甲海峡的新运输通道，可与新加坡港相抗衡。未来，这一港口体系也将与贯穿爪哇岛的铁路相联通，形成畅通全国的物流体系。

(四)借助新一轮全球产业转移机遇,加快形成具有竞争力的产业体系

佐科政府提出,要大力实施以开发和利用海洋资源为重点的"印尼经济建设总计划"(MP3EI),提出要打造爪哇、苏门答腊、加里曼丹、苏拉威西、巴厘与努沙登加拉、巴布亚与马鲁古六大经济走廊,发展纺织、钢铁、汽车、天然气、矿业、海产品、棕榈油、石油化工、轻工服务、烟草十大产业。印尼科学院 Nugroho 主任指出,目前印尼铁矿石等资源主要分布在加里曼丹和苏门答腊岛上,而加工业主要集中在爪哇岛上从雅加达到泗水的工业走廊,但其存在物流上的大进大出,成本很高。因此,印尼特别希望提升加里曼丹、苏门答腊等岛屿的自然资源加工业和制造业发展水平,希望与中国合作发展这些落后岛屿的经济。目前,印尼经济主要集中于面积约占全国7%的爪哇岛上,60%的人口也集中在爪哇岛上,其他几个大岛开发程度还比较低,希望通过产业带动人口向其他大岛转移,以促进这些地区的进一步开发。同时,印尼科学院专家提出,印尼不希望只出口原材料,更希望发展具有一定技术水平的产业,希望中国能够理解印尼对原材料出口的限制政策,特别是希望中国能更多地向印尼转移生产技术,帮助印尼实现产业结构转型升级。

(五)对与中国合作抱有十分积极的态度,认为两国合作将为其带来巨大机遇

中国和印尼的双边关系经历了几次较大变动:在苏加诺时期,中国和印度关系友好,苏加诺访华、刘少奇访问印尼均取得了巨大成功;苏哈托执政时期,印尼全面倒向西方,意识形态也受西方影响,中国和印尼关系破裂,印尼出现长达30年的反华排华现象;1990年中国和印尼恢复外交关系,特别是1998年苏哈托下台后,两国关系迅速升温。"9·11"后,美国发动针对伊斯兰世界的反恐战争,印尼对美产生较大意见,开始与中

国逐渐走近。2008年金融危机后，得益于中国对印尼原材料的大量进口，印尼经济保持平稳。印尼学者和企业家表示非常感谢中国对印尼经济的拉动作用，希望中国与印尼能在经贸领域中进一步合作。对于"21世纪海上丝绸之路"，印尼表示高度赞同，认为"21世纪海上丝绸之路"与"全球海洋支点"都可以成为彼此的重要发展机遇。印尼对2016年举办的杭州G20峰会也高度认同，希望能在其中发挥重要作用。对于金砖合作机制，印尼也非常积极，认为"这对印尼国家利益有好处"。

（六）相比TPP，印尼更加认可RCEP

关于TPP和RCEP，印尼表示对二者都认同，但要看哪个对印尼的国家利益更加有利。目前，尽管印尼已公开表态愿意加入TPP，但一方面担心TPP的高标准协议可能会冲击印尼的弱势产业，另一方面认为TPP可能会冲击印尼在东盟的领导者地位。因此总体仍持谨慎态度。印尼科学院合作关系部部长Lestari指出，TPP越来越走向政治化，相比TPP，印尼更加偏向RCEP，并希望中国能够带头推进RCEP进程。同时，印尼科学院也坦言，之所以对TPP等各类多边机制表达积极的态度，很重要的一个原因是"希望能够让国际社会认为印尼越来越开放，这会影响到对印尼的信用评级，而目前印尼在国际金融市场上的融资利息是非常高的"。

三、重大建议

我们认为，中国和印尼具有非常广泛的共同利益诉求，一个冉冉升起的新星——印尼，应该成为我国在全方位、各领域的好朋友、好伙伴，必须要提高印尼在我国周边外交中的定位，使其成为我国"周边首要"中的"首要"。印尼各界对两国合作也充满期待。印尼科学院学者和印尼中华总商会负责人提出，希望中心课题组能够把他们对两国合作的积极看法，特别是关于"一带一路"与"全球海洋支点"对接、中国参与印尼基础设施建设、两国制造业技术合作、研究人员交流互访等方面观点向中国决策者反映。据此,课题组提出以下思考与建议。

(一)充分认识印尼的战略价值,力争将印尼建成我国在东南亚地区的全天候战略合作伙伴

印尼作为东盟"领头羊"国家、G20成员国、最大的伊斯兰国家、欧佩克成员国、77国集团重要成员国,在国际经济和政治格局中占有十分重要的地位,是我国构建区域合作体系和区域安全框架的主要合作伙伴之一。目前,两国已建成全面战略伙伴关系,考虑到印尼内政外交具有较强的独立性,且中国和印尼两国在经济合作和地区安全上具有巨大共同利益,建议进一步密切两国全天候、全方位合作,力争将印尼建成"东南亚地区的巴基斯坦",促进双方由利益共同体、责任共同体向命运共同体和情感共同体转变。

(二)推动"21世纪海上丝绸之路"与"全球海洋支点"两大战略的对接,把印尼打造成"21世纪海上丝绸之路"的重要支点国

"21世纪海上丝绸之路"在印尼国内得到积极认可,与印尼"全球海洋支点"战略高度契合,完全可以实现从战略到规划、再到项目的多层次对接。我们认为,两大战略对接的一个重要切入点可以选择印尼规划中从苏门答腊至东爪哇的"海上高速公路计划",这条路能够开启我国一条可以绕开马六甲海峡、规避风险的新通道。我国还可积极参与印尼港口、铁路、公路、机场等基础设施建设。目前,印尼基础设施建设面临资金不足难题,据印尼科学院Panky研究员介绍,"海上高速公路计划"约需2万亿人民币建设资金,希望亚投行资金和中国社会资本能够参与进来。印尼科学院Sambodo研究员提出,印尼电力也十分紧缺,目前只有爪哇岛和巴厘岛有较为充足的电力,其他各岛基本是定时供电,这方面也需要中国的帮助。中国和印尼国际产能合作是两大战略对接的另一个重要切入点,两国在纺织业、电力、建材、造船、农业、旅游等领域均有较大的合作空

间，必须推动两国政府层面的进一步沟通合作，促进两国市场进一步开放，引导企业积极参与。

（三）两国可共同合作开发巽他海峡、望加锡海峡和龙目海峡，使其成为马六甲海峡的替代通道

印尼扼守联通太平洋和印度洋的三大通道：马六甲海峡、巽他海峡和望加锡海峡。由于临近马六甲的苏门答腊岛人口稀少、经济落后，而印尼经济重心在爪哇岛上，因此印尼从马六甲的直接获益并不大，反而被马六甲分走大量货源，雅加达等港口目前都是新加坡的喂给港。印尼希望进一步开发巽他海峡和望加锡海峡，使其成为马六甲海峡的替代通道，其希望建设 SeiMengke 港和 BiTung 港的目的也在于此。对我国而言，巽他海峡路程较近，但受制于自然条件，20 万吨以上船舶不能通行，需要航道拓宽加深；从望加锡海峡向南经龙目海峡至印度洋，尽管路程偏远，但自然条件较好，可以成为马六甲的替代选择。建议可积极回应印尼之诉求，与印尼共同合作研究进一步开发两条水道的可行性方案。

（四）弱化我国与印尼在南海上的矛盾，把印尼作为解决南海问题的一个突破口

目前我国已承认纳土纳群岛主权归属印尼，但仍存在印尼所谓的纳土纳海洋经济专属区与我国九段线内部分海域重叠的问题。但相对菲、越等声索国而言，纳土纳问题相对并不那么严峻和激烈。尽管印尼担忧丧失纳土纳附近丰富的油气和渔业资源，采取了比较强势的"沉船"政策，但争议风险总体可控。当前，印尼最大的诉求是建成中等强国，必须要有安全稳定的外部环境，因此南海和平是其最核心利益，这与我国立场相一致。印尼一直希望扮演南海问题的协调人、中间人和稳定力量角色，发挥其区域性大国作用，推动中国与声索国平等对话。印尼是东盟"领头羊"国家，我国应在南海问题上加强与印尼合作，坚持"搁置争议、共同开发"

的基本原则，通过经济合作拉近与印尼的关系，发挥其在东盟范围促进解决南海问题的调解斡旋、反对域外大国势力干预等方面发挥积极作用。

（五）与印尼合力推动中国—东盟自贸区升级版、双边自贸区、RCEP建设，形成新的战略共识与合作机制

印尼经济总量占东盟的近一半，建议加快推进中国—东盟自贸区升级版建设进程，通过这一多边合作舞台进一步密切中国与印尼的经贸联系。同时，可探索启动推动中国—印尼双边自贸区谈判进程。目前，我国与新加坡同时建有中国—东盟框架下的多边自贸区和中新双边自贸区，因此中国与印尼的多边和双边自贸区并不矛盾。印尼高度认可RCEP，愿意在RCEP推进过程中发挥更加积极的作用，同时印尼又是东南亚地区有影响力的大国，两国应合作携手推进RCEP进程。

（六）用好印尼华人华商华侨资源，使其成为我国对印尼投资的"桥梁"与"纽带"

印尼有4000万华人，是我国最大的海外华人群体之一。目前，华人已基本掌握了印尼经济命脉，近年来在印尼政治、社会、文化等领域具有越来越重的分量。据印尼华商反映，目前印尼政府对华人越来越重视，华人营商环境越来越好，并已融入主流社会。同时，印尼政府更加重视华人文化，鼓励印尼学校开设汉语课程，汉文化在印尼也越来越受到青睐。华人华侨华商是我国对外开放不可多得的宝贵资源，发挥好他们的作用对于我国企业规避海外投资风险具有重要意义。有着110年历史的印尼中华总商会是印尼最大的商会组织，商会董事长张锦雄提出，很多来印尼投资的中国企业对印尼国情还很不了解，经常会出现一些投资失误，中华总商会愿意成为中国企业了解印尼的一个窗口，愿意帮助中国企业家进入印尼市场，愿意成为中国和印尼经贸合作的一个协调机构和"桥梁"。

（七）要主动做好对印尼的公共外交工作

印尼科学院经济研究中心主任Nugroho提出，印尼方面不了解也不理解中国的一些战略想法。印尼中华总商会薛天增副会长也提出，印尼华商希望参与到"21世纪海上丝绸之路"建设中来，但普遍不太了解"一带一路"的真正内涵，除了看到雅万铁路等一些大型项目外，不知道还有哪些项目、以什么方式可以参与进来。这说明我国与印尼智库、企业等各层面的沟通交流还不够。建议未来要加强对印尼的公共外交工作，鼓励智库和研究机构与印尼开展合作交流，形成中国—印尼智库之间"二轨"对话机制，特别是要进一步提高我国学者赴印尼的便利化水平。同时，应扩大印尼访问学者与交流学生来华名额，据印尼科学院Panky研究员介绍，佐科非常希望能多派学生到中国交流，学习中国的发展经验以及文化技术，我国应顺势而为。

用创新思路推动中老经济走廊建设
——赴老挝、云南调研报告

近期,中国国际经济交流中心"中老经济走廊规划"编制组赴老挝的万象、琅勃拉邦、琅南塔省和云南的昆明、西双版纳州等地开展调研,与我国驻老使领馆、中资企业和园区、老中合作委员会、云南省、西双版纳州、勐腊县有关政府部门、中老两国相关研究机构进行了深入座谈。调研组深切感到,中老经济走廊是"一带一路"目前推进的各条经济走廊中条件最好的一条,具有重大地缘、政治、经济意义。应充分借鉴和吸取我在过去几年"一带一路"建设中的经验和教训,用创新思路推进中老经济走廊建设,力争将中老经济走廊打造成"一带一路"的标杆项目,使老挝成为"一带一路"建设的示范国。

一、建设中老经济走廊要谋定而后动,必须明确战略定位和总体目标

中老经济走廊首先要找准定位。调研组经与老方反复沟通,双方一致认为,中老经济走廊建设必须立足实际、携手共建、面向未来、实现共赢,用新思路推进走廊建设,使中老经济走廊成为"一带一路"重要标杆项目。因此,建设中老经济走廊应突出以下功能定位。

(一)建设我国与中南半岛联通的交通大枢纽,使老挝由"陆锁国"变为"陆联国"

"将陆锁国变陆联国",是当前老挝经济建设的核心战略。推动中老

经济走廊建设,核心是建好中老铁路。由中老、中老泰铁路形成的泛亚铁路中通道,将使我国与中南半岛乃至整个东盟的交流方式、交流数量、交流质量、交流效率发生重大转变,其意义重大。目前,中老铁路工程进度已完成16%,预计2021年通车。调研发现,老挝各界对中老铁路极为期待,中老经济走廊老方专家委员会负责人、老挝国家经济研究院副院长Leebouapao博士的观点具有广泛代表性,他说:"中老铁路是老挝经济发展千载难逢的良机,有此铁路,老挝民众对国家发展更具信心。"老中合作委员会提出,除中老铁路外,中老经济走廊也要推动万万(万荣—万象)高速公路、昆曼(昆明—曼谷)高速公路技术等级提升,同时布局澜沧江—湄公河黄金水道等交通大项目建设,要将中老经济走廊打造成立体化的综合交通走廊。未来我国与中南半岛国家互联互通可将老挝作为主要中转枢纽,通过老挝进一步辐射泰柬缅越。

(二)建设老挝"中南半岛蓄电池",使其成为东南亚地区电力交易中心

老挝水能资源丰富,其水能占湄公河总水能资源的60%,目前老挝正在建设"中南半岛蓄电池",但仅开发了其水能资源的10%。要真正建成"中南半岛蓄电池",关键在电源、电网和售电三个环节。电源方面,据中国电建老挝总代表华楠介绍,以中国电建为代表的央企已在老挝广泛布局。目前老挝水电项目中,中资企业装机约占老挝装机总容量的70%,仅中国电建一家就占约50%,老挝电源建设能力已基本不成问题。电网方面,电网是老挝能源发展的主要瓶颈,其电网设施较为落后,发出来的电无处可输,只能就近输给泰国,遭到严重压价,每度电仅售4美分,老挝政府每度电还亏2美分。据中国电建介绍,原来老挝电网领域限制外资进入,目前正在研究对外资放开,中国电建、南方电网等中资企业正考虑进入,未来该市场较为可观。售电方面,老挝是农业国,对电力需求不大。目前老挝电力已出现阶段性过剩,未来出路在于向中国、泰国、越南、缅

甸等周边国家售电。泰国由于环保法规禁止开发水电、限制开发火电,现在只能依靠成本较高的天然气发电,老挝成本较低的水电在泰国有较大市场。越南原计划发展核电以填补供电缺口,受福岛核泄漏事件影响,越南已放弃核电,老挝水电可做替代。缅甸水电资源较为丰富,但受密松电站问题影响,短期内大规模开发难度较大,缅甸目前仅有33%的人能用上电,该国市场对老挝水电也有较大需求。我国电网企业可考虑参与老挝电网建设,未来推动中国南方电网与老挝电网及越南、缅甸、泰国等东南亚国家电网实现联网,把老挝建设成为东南亚地区电力交易中心和我国电力进入东南亚市场,或东南亚水电进入我国市场的中转站,既可通过电力出口同步解决我国南方地区水电过剩的"弃水"问题,也可在我国电力不足时回输国内市场。

(三)建设有机高效安全农业基地,使其成为我国在东南亚的农产品基地和大粮仓

老挝农业从业人口约占其总人口的90%,发展农业、帮助老挝农民脱贫是老方最大诉求。老挝农业的优势是绿色、有机、原生态,劣势是小农经营、组织能力和抗风险能力差。我国驻琅勃拉邦总领事黎宝光举了一个有代表性的例子:老方曾认为,建设中老铁路是当地农民增收的一次良机,十万筑路大军将对沿线地区农产品有巨大需求,但我国建设企业所需农产品却全部由国内采购。其原因是,我国铁路建设企业每天对农产品需求量极大,仅一个铁路标段每天就需几百斤的猪肉和青菜,老挝没有现代化的种养殖企业,分散小户经营远远不能满足如此大的供应量,因此建设企业只能高成本从国内采购农产品。目前,老挝十分希望引入中国的现代化农业企业,复制"公司+基地+农户"的生产经营方式,促进老挝农业现代化经营,既可提升老挝农民的生产技术和收入水平,也可使其成为我国在东南亚地区重要的粮食安全保障基地。

（四）建设若干重点中老合作工业园区，使其成为中老以及中国—中南半岛经济走廊的重要战略支点

多年实践证明，境外工业园是我国企业"抱团出海"的有效方式，能够成为"一带一路"的重要支点。目前，我国在老挝已投资建设万象赛色塔、琅南塔磨丁等工业园，正在逐渐形成规模经济。随着中老铁路通车，这些园区的经济效益将更加突出，将成为老挝对外开放的前沿和标杆。未来我国企业可在中老铁路沿线，选取物流便捷、市场辐射力强的地区，如万象、琅勃拉邦等地建设若干工业园区，形成由中老铁路串联而成的"珍珠链"。老中合作委员会提出，除中方建设的园区外，老挝还有金三角、甘涛、南甘等十多个经济特区和大量工业园区，遍布老挝16个省，也希望中国企业到此投资兴业。

（五）建设中老泰历史文化长廊，形成沿国际著名的中老泰黄金旅游带

老挝文化独特，旅游资源丰富。中老铁路联通西双版纳、磨丁旅游区、琅勃拉邦、万象等国际旅游区，未来还可延伸至泰国曼谷，从而将我国云南、老挝、泰国三大国际旅游圈联通起来。未来可通过加强旅游基础设施建设，提高旅游服务能力，创新中老泰三国旅游便利化、自由化、一体化机制，充分挖掘历史文化资源，将中老泰铁路沿线打造成国际知名的黄金旅游带。

二、推进中老经济走廊建设，当前必须抓紧解决一些深层次矛盾和问题

中老经济走廊建设不能照搬照抄其他走廊建设方法，必须针对实际、因地制宜，创新建设方式。当前中老经济走廊建设中存在的问题主要有以下方面。

(一) 老方对中老经济走廊认知存在误区

总体而言,老挝对中老经济走廊建设十分积极,但也存在一些疑虑声音。在调研中发现,疑虑点表现有五个方面:一是认为中老经济走廊和中老铁路都是中国人的项目,中国将获益巨大,老挝仅是过境,收益不大,因此老挝也无须在走廊建设上投入大量人力、物力、财力;二是秉持佛教中施舍思维,认为中国帮助修铁路、援建老挝,是老挝给中国人创造的积德行善的机会,中国应该感谢老挝;三是认为一旦中老经济走廊建成,中国人将沿中老铁路大量进入老挝,老挝国小民寡,中国人将挤占老挝人生存空间;四是认为中老经济走廊是中国金钱游戏,资金供给方为中国银行,项目建设为中国企业,所用设备和材料均来自中国,是中国人赚中国人的钱,老挝企业赚不到钱;五是老挝环保意识较强,认为中老经济走廊将破坏老挝的生态环境。这些认识在老挝政府、党内、民间都有一定土壤,从根本上看是没有充分理解建设中老经济走廊双方互利共赢的本质特征。

(二) 老挝政府方面承诺的一些政策没有完全落实

因行政效率低下、部分官员腐败,老挝关于中老经济走廊建设的一些承诺政策并没有完全落地。据我国驻琅勃拉邦总领事黎宝光介绍:比如,老挝承诺中老铁路建设的机械设备和物资进口免税,但由于老挝中央政府办事拖沓,一直没有列出免税清单,老挝边境海关无法执行,我国建设企业被迫缴纳大量税款。又如,老挝政府承诺负责中老铁路沿线的居民拆迁工作,我国建设企业提供拆迁补偿款,但由于该款项被层层扣截,拆迁款未按时足额发放到老百姓手中,一些地区拆迁工作难以开展。

(三) 部分领域老挝政策仍不够开放

在一些经济合作领域,老挝对开放既疑且惧。比如,《老挝外籍劳务管理办法》规定,外国投资者使用的外籍劳务中,体力劳动者不能超过本企业的10%,脑力劳动者不能超过20%,但老挝技术工人极为匮乏,远远不能满足中老铁路等大项目建设需求。又如，中老铁路需大量中国工人进入老挝工作，而老挝借机收取高额的证件费用，老挝一年期的工作签证、居留证、工作许可证分别为3000元、4000元、1万元，中老铁路仅一个工程标段三证的年花费就近1亿元，老挝将其作为雁过拔毛、赚取外快的手段。再如，按目前老挝规定，中国车辆在其停留时间不能超过1个月，即使是中老铁路建设车辆在其境内1个月后，也需开回口岸办理延期1个月的手续，且只能延期一次。延长期过后，建设车辆必须返回云南且不能再进入老挝。这些僵化保守的政策大大提高了项目建设成本，对中老铁路建设造成了很大困扰。

（四）老挝经济社会管理制度不完善

老挝规章制度不健全，行政管理乱收费现象较为普遍，对我国贸易投资企业造成较大困扰。突出表现在：一是我国企业在老投资贸易发生费用没有发票，无法在国内抵扣增值税；二是老挝各海关关口管理标准、征税方式、税率均不一样且经常变化，我国出口企业被迫经常性转关；三是老挝海关、警察随意收取过路费，一台拉水果的货车甚至可收至1000多元，大大提高商贸物流企业成本；四是老挝不认可中国驾照，我国货车进入其边境后，一般需再雇一位持有老挝驾照的本地司机，过境一段距离后再由司机换开，但如被老挝交警发现，我国司机将面临处罚；五是中老泰三国自2010年启动《中老泰关于实施〈便运协定〉三国备忘录》的谈判，但因老挝一直希望赚取陆路中转利润，不希望实现老泰边境运输便利化，该谈判迟迟难以达成共识，致使当我国商贸企业经老挝向泰国出口时，往往需在老挝边境地区换装转运，提高了物流成本。

（五）我国与老合作存在重硬轻软问题

课题组调研中感到，在走廊建设中，重视基础设施等大工程建设，轻视教育培训、文化交流、宣传推介、语言沟通等民心工程的"重硬轻软"

现象、思维仍较为普遍，老挝民众对中国援助切身感受不强。我们发现，日韩援建的项目，哪怕是花坛、集贸市场等小项目，也会建有标有两国国旗的石碑，这些石碑遍及老挝城市的大街小巷，而中国援建项目虽多且大但少有标识。在边境地区，我国对老挝民众的民心相通工作也做得不够。老挝较为贫穷落后，其民众对我国群众生活十分羡慕，以嫁到中国、来中国上学为荣。云南与老挝边境地区农村随处可见语言不通的老挝媳妇，目前正在云南学习的老挝学生有5000多人，这些人都可成为增进中老友谊、实现民心相通的重要力量，但我国对这部分人群没有重视起来，相关拉近民心的工作仍很薄弱。对已嫁入中国或在中国定居多年的老挝群众，仍很难享受落户、社保、医保等政策或福利；没有针对这部分民众开展汉语培训工作，一些老挝群众在中国居住多年仍不懂汉语；尚未建立针对老挝学生的专门学校，师资力量配备也不足。

（六）我国对人员出入境的管理制度较为僵化

"一带一路"互联互通的首要是人员往来的便利化，没有人员往来，"一带一路"建设也只能是空谈。目前我国在外事管理方面还存在较为突出的政策自捆手脚的问题。人员外事管理没有考虑到实际工作需求，出国指标有限、手续烦琐、层层审批、周期漫长，境内毗邻老挝的磨憨等地的有关工作人员因多年难以出国，对外投资、市场调研、合作交流等工作基本是纸上谈兵。据中老（磨憨—磨丁）经济合作区中方负责人介绍，尽管中方磨憨片区和老挝磨丁片区紧邻，走路都能过去，但由于出国审批程序复杂，他本人已经三年没有去过磨丁，磨丁片区建设进展如何他已基本不了解，两国园区合作更是无从谈起。据云南社科院同志介绍，该单位承担国家和云南省关于老挝国别研究的重大任务，由于出国指标短缺、层层审批周期长，尽管研究经费充足，但依然无法赴老挝开展深入调研，关起门来搞研究，研究报告不免浮于纸面。据云南能投、云南农垦、富滇银行等同志介绍，国企人员出国也要参照公务员管理，出国限制时间人数，连基本的谈判任务都无法完成。

（七）人民币在老挝认可度还有待提高

周边国家是人民币国际化的先行地区，随着中老经济走廊的推进，老挝理应成为人民币国际化的首选地。调研发现，老挝民众对人民币接受认可度并不高，人民币流通程度不但远不如美元，甚至还比不上泰铢。人民币在老挝认可度不高有三方面原因：一是老挝持有人民币数量较少，由于老挝对华贸易顺差小、中老货币互换数量不大，导致老挝银行系统内人民币存量较少，远远不能满足市场需求；二是采用人民币作为贸易结算货币成本较高，大额贸易需由美元在人民币和老挝基普间转换，两次换汇提高结算成本；三是在老挝人民币假币泛滥，据了解，这些假币多来自我国广东、福建等沿海地区，老挝民众对造假行为极为厌恶和不适应，假币鉴别能力又较低，致使老挝民众不愿持有和使用人民币。

（八）两国跨境合作区还需政策整体突破

目前，中老两国已在西双版纳州与琅南塔省交界地区共建了磨憨—磨丁跨境经济合作区，但受制于开放政策限制，迄今磨憨—磨丁合作区建设未有大的突破，两个合作区基本处于分别经营、各自为战的状态。一是没有建立两区工作人员往来的便利化机制，跨区即为跨国跨境，需报请版纳州乃至云南省批准，除少量边民外，工作人员流动基本停滞。二是目前还没有批准两国共建的综合保税区，原材料、零配件、中间产品等跨境往来均需反复通关报关，跨区加工制造合作难以发展。三是尚未形成便捷化的边境游签证制度，磨丁片区景区开发、免税购物、旅游配套设施建设等虽已完工或接近完工，但我方旅游人员出境不便，旅游设施大量空置。

三、构建两国制度性、常态化合作机制，合力推动中老经济走廊成为"一带一路"建设标杆

（一）重新认识建设中老经济走廊的战略价值，使之成为"一带一路"建设中的标杆项目

习近平主席2018年出访老挝时，与老挝国家主席本扬达成了共建中老经济走廊的重要共识。我们认为，应高度重视走廊建设，充分认识走廊建设的重要意义。中老经济走廊是"一带一路"中牵一发而动经络的战略布局，如能进展顺利，将可形成我国与周边国家的合作示范，成为"一带一路"向东南亚地区破局、深化中国与东盟合作的重大战略布局。这条走廊建成后，既可进一步向南连接泰国、柬埔寨，打通我国通过泰国湾进入太平洋的另一战略通道，又可向东、西两个方向连接越南、缅甸，使中老经济走廊成为中国—中南半岛经济走廊的轴心地带。老挝政府、社会对"一带一路"建设抱有很大期待，中国在老挝影响力较大，中老文化相通，老挝政治稳定、社会人文温和，且中老边境不存在严苛的自然阻隔。在"一带一路"六条走廊建设中，中老经济走廊是条件最好的一条，客观条件比中缅经济走廊和孟中印缅经济走廊有优势，未来建设进度可能领先于其他通道。建议国家在战略层面将中老经济走廊打造成"一带一路"的标杆项目，资金、政策向其倾斜，使之尽快取得早期收获，为周边国家参与"一带一路"建设做出样板。

（二）加强老挝与泰柬缅越等周边国家连接，将老挝打造成我国与中南半岛互联互通的立体化大枢纽

按照泛亚铁路规划，中国—中南半岛经济走廊主要有东、中、西三条铁路。目前来看，东线因越南对中国有战略疑虑，西线因缅甸民地武问题难以解决，中线短期最容易取得成效。中老铁路建成后，如东西两线进展难度大，可考虑谋划联通缅甸中南部、万象、越南沿海的横向铁路动脉，

将万象打造成中南半岛的十字形立体化交通枢纽,通过万象将缅甸中南部经济圈、泰国湾经济圈、越南沿海经济圈等中南半岛较发达地区连接在一起,既能使老挝从"陆锁国"变为"陆联国",又可增加我国经济辐射力和影响力,使我国在中南半岛立得住、放得开、走得远;也可根据我国自身利益调整泛亚铁路中线规划。目前,泛亚铁路中线规划为两段:一是中老铁路未来延伸至曼谷,二是由曼谷向南经克拉地峡至新加坡。从经济角度看,联通曼谷后我国就可获得太平洋新的出海口,无须再绕道经新加坡港出海。曼谷至新加坡段地理狭窄、距离遥远、市场容量有限,铁路经济效益不高。近期吉隆坡—新加坡高铁被马来西亚搁置,我国短期不必再纠结于曼谷—新加坡段铁路。未来中国—中南半岛经济走廊应把建设重心置于中老泰通道上来,围绕这条交通通道打造沿中老泰铁路和沿湄公河经济带,使其由通道经济转变为新经济带布局。

(三)吸取中资企业"走出去"教训,特别要规避我国企业在外恶性竞争、同质化竞争、无序竞争问题

在"一带一路"建设中,普遍存在各企业一窝蜂"走出去",在国外同质竞争、恶性杀价、两败俱伤的问题。越是国内产能过剩的行业,在国外越是恶性竞争,不仅使企业失去了盈利点,而且也使东道国对我国企业投资产生了不满情绪,甚至借机压低价格。老挝原是较为缺电的国家,随着水电企业一哄而上,现在老挝已从缺电国迅速变为电力过剩的国家,类似的情况在"一带一路"沿线国家不是个别现象。随着"一带一路"建设的推进,未来将有更多的中资企业"走出去",我国如不建立有效的协调机制,彻底解决这一问题,将使我国企业在外不打自垮,项目一投资就亏损、一上马就下马。

(四)建立完善多方沟通协调机制,形成常态化、制度化、高效务实的走廊建设制度安排

在涉及中老经济走廊的资金融通、车辆往来、人员签证、征地拆迁、

安全保卫、政策创新等具体问题上，我国可在中老经济走廊两国协调机制框架下，通过建立走廊秘书处、我国驻老使领馆、老中合作委员会等机制，及时协调和解决。调研发现，由我国驻琅勃拉邦总领事馆牵头，与老挝中央政府有关部门、琅勃拉邦政府部门及我国驻外企业共同建设的四方合作机制较为有效，值得推广。四方每月召开一次例会，就近期企业发展需协调的问题直接开展交流，共同研究解决办法，能够较好地解决各部门间相互推诿的问题。还需建立我国企业对外投资统筹协调机制，在开发东道国某重点产业或市场时，选取一家有实力的企业牵头主导，其他企业或单位配合，既可形成有序开发格局，也可团结起来增强与国外企业的竞争能力。同时，也要加强我国在外重大投资项目市场研究和风险评估，要将我国国内重大项目投资管理体制复制出去，形成一套从可行性研究、项目立项、前期评估、项目开工到中期评估、后评价的全产业链评估体系，以有效管控投资风险。

（五）加大改革力度，破除影响"一带一路"建设的各种约束和掣肘

在云南调研时发现，我国的一些政策制约"一带一路"建设，必须通过体制机制创新，抓紧破解。一是要赋予云南更大的开放政策。目前云南已有瑞丽、磨憨开发开放试验区的重大政策，未来可研究在其主要工业园区、保税区、边境合作区给予自贸区政策，在贸易、投资、人员往来等方面形成自由化、便利化的机制安排。二是要赋予云南沿边州县更大的外事管理权限，参照粤港澳大湾区人员往来管理，建立适合实际工作需要的、更加灵活的人员出入境管理制度。三是探索将磨憨—磨丁合作区建设成为我国边境自由港。磨憨片区要参照磨丁片区，关检边防撤至片区后方，片区内货物、资金、人员往来完全自由，使磨憨、磨丁两个片区真正融为一体。应给予合作区外人员进入区内的便利化政策，工作人员持工作证、当地群众持边民证、外地群众持旅游证可方便进入合作区。未来要努力将磨憨片区打造成我国沿边开放的新高地，将磨丁片区打造成老挝的"深圳特区"。

（六）"一带一路"建设要"软联通"先行，使援外资金成为"一带一路"建设的酵母和杠杆

对外援助应该是花小钱、办大事。长期以来，我国对外援助各部门不统筹、不协调，资金使用散、乱、分割，重花钱、轻效果，授人以鱼而没有授人以渔，难以发挥应有的作用。必须加强统筹力度，改革援外制度和方式：一是援外资金向汉语培训倾斜。现在包括老挝在内的很多国家都涌现出从高层至民间的学汉语热，要利用好这一潮流，多建汉语培训学校，多给外国学生来华留学名额，从援外资金中列支来华留学生奖学金和生活补贴，培养知华派和亲华派。二是援外资金要多向东道国民生项目倾斜。民心相通是"一带一路"建设的先导性力量和决定性要素，可多建与东道国民生相关的医院、学校，少建耗资巨大、民众用不上的形象工程，让老百姓有实实在在的获得感。三是援外资金要向重大项目的前期普查、调研、规划倾斜。老挝有一定矿藏资源，但由于尚未开展过精准普查，我国政策性和商业银行难以对其开展资源抵押贷款业务。如能利用援外资金掌握老挝矿藏分布、储量、质量等真实情况，开展"资源换贷款"，将有助于降低我国银行和企业的投资风险。老挝经济产业规划编制能力较弱，我国可在"一带一路"、中国—东盟合作框架内帮助老挝对其未来发展进行总体设计。日本国际协力机构（JICA）、亚洲开发银行通过帮助发展中国家制定规划，带动日本企业、资金、技术、设备、标准一条龙"走出去"的经验值得参考。四是援外资金要向外宣倾斜。要注意统筹协调好建设单位和宣传单位，援建项目不但要立碑明示，而且要多利用媒体舆论公开宣传。"一带一路"不仅要重视大项目建设的"硬联通"，还要重视民心相通的"软联通"，援外项目不但要干得好，更要说得好。

当前中德经贸关系中出现的几个问题
——赴德国调研报告

在当前中美贸易摩擦日趋激烈的背景下,中欧关系尤为重要。近期,中国国际经济交流中心赴德国就中德关系、中欧关系、"一带一路"合作等相关问题开展实地调研。调研组一行拜访了中国驻德国大使馆、德国工商大会(DIHK)、席勒研究所、德国中国商会等机构,与中国工商银行、中国银行、国家电网、海航集团等中资企业在德分支机构进行座谈。调研组认为,当前中德关系总体稳定,经贸往来密切,德国商界对"一带一路"态度积极,德资企业扩大在华投资意愿强烈,深化中德经贸合作的氛围、环境和各方意愿都是良好的。但与此同时,两国经贸合作中也出现了一些隐忧,特别是2017年以后,不和谐因素的影响在上升,消极面有所扩大,德政界和媒体对中德合作开始抱有疑虑心态,德对华态度出现一定转变。主要表现在以下方面。

一、德方认为中德经济竞争性加强

据我国驻德大使馆和德国中国商会同志反映:过去中德产业结构是互补的,在制造业领域,德国提供高端产品,中国偏向中低端,德方认为中德经济关系是合作伙伴关系。但随着中国产业升级步伐加快,两国在越来越多的领域正在开展直接竞争。目前德国政界很多人将中德关系定位为具有战略竞争的合作伙伴关系。在这种认识下,近年来德国对华表现出明显的趋利性。

这种认识集中体现在对"中国制造2025"的态度上。在技术合作方面，中德双方原本互为理想的合作伙伴，"中国制造2025"和"德国工业4.0"可以实现对接。但实际上，德国企业普遍对"中国制造2025"持担忧态度，认为中国可能通过市场准入限制、强制性技术转让、企业收购、放松知识产权保护、倾斜性产业政策等方式，使德国企业在竞争中处于不利地位。

在处理与美国、中国的关系方面，我国大使馆同志感到，德国重视美德关系远超中德关系。尽管美国在"窃听门"、美欧经贸摩擦等方面遭到德国强烈反对，但德国仍视美国为其重要盟友和伙伴，中国只是能够与之做生意的对象。德国更重视美德关系也出于经济利益考虑，美国是德国最大的出口市场，且德国保持巨额顺差。德国上市企业25%的利润来自美国，只有15%来自中国。

二、"中国威胁论"在德国舆论中有抬头趋势

我国驻德同志普遍感到，近些年德国舆论对中国关注度明显提高，前些年德国主流媒体每周能报道一两篇关于中国的文章，且普遍较为正面，但现在每天都能看到主流媒体上关于中国的文章，且大多为负面报道，自2017年后这一现象非常明显。以"德国之声"、《明镜周刊》为代表的德主流媒体，正在引导对华社会舆论走向负面，甚至达到"逢中必反"的程度。"中国威胁论"在德国大有市场，德知识界、政界对中国表现出紧张焦虑心理，在华投资德企往往在中国时表现出亲华态度，但在德国国内不敢声张，害怕被德国媒体、政客批评亲华。这一舆论氛围对我国在德企业也产生了影响，据德国中国商会调查，我国在德15%的投资企业认为德国对华不利舆论已经影响到了企业的正常经营。

产生这一现象有多方面原因：一是德国民众对中国普遍不了解。据德国商会反映，95%的德国人完全不了解中国，对中国的印象还停留在"长

城+熊猫"阶段。二是德国对中国崛起速度太快不适应、不理解,片面认为中国经济快速发展是靠不公平竞争得来的,心态上也不能接受一直较为落后的中国能够在很多领域超过德国。三是德国媒体受美国媒体影响力较大。特朗普上台后,美国媒体普遍转向右倾保守,德媒往往和美媒保持意识形态的一致性。四是2016年美的集团耗资45亿欧元收购德国库卡(KUKA)事件对德国民众和政界冲击很大,库卡是世界四大工业机器人公司中唯一的德国公司,是"德国工业4.0"的重要实施者,同年中国还在德国收购了60多家企业,德国民粹主义、保护主义情绪开始发酵,这是2017年德对华舆论态度转向的直接原因。

三、对"一带一路"抱有疑虑

"一带一路"倡议提出后,德国总体并未表现出积极态度。据德国工商大会反映,德企业界对"一带一路"有一定积极意愿,但一不知道"一带一路"具体由中国哪个部门负责,不知找谁交流;二不知道"一带一路"都有哪些项目可以参与,找不到项目清单。于是认为"一带一路"是不透明的。

德国对"一带一路"担忧的关键点在于中国和中东欧国家的"17+1"合作机制。德政界很多人认为中国与中东欧国家合作是对欧洲采取"分而治之"的策略,"一带一路"是对欧洲一体化的威胁,会削弱德国在欧洲的影响力;担心中国正在通过对中东欧的基础设施建设、产业投资等手段,对中东欧施加政治影响力,进而通过中东欧国家干预欧盟内部事务,成为继美国之后的又一个欧盟事务的"隐形玩家"。德一些政客甚至将"一欧政策"与"一中政策"相提并论,提出如果中国继续绕开欧盟与中东欧开展合作,欧盟也无须尊重"一个中国"等极端言论。

在这一态度下,德国一方面对在欧的"一带一路"项目进行干预,如推动欧委会对匈塞铁路开展调查,公开质疑中国参与比雷埃夫斯港和法兰克福哈恩机场等项目没有经过公开招标；另一方面也在舆论上公开宣传"一带一路"会造成债务陷阱、过剩产能转移、破坏生态环境等言论，甚至上升到意识形态层面，提出"一带一路"会导致中国国家资本主义对欧洲自由主义的经济模式和价值观产生冲击等。

四、不断加强对中国企业的投资审查和监管

德国长期倡导自由经济，对外来投资不设限制。2004 年，欧盟基于反恐形势，开始推出对非欧盟投资者在关键基础设施等领域投资的管理指令。德国据此提出，非欧盟企业对德企可能危害安全的收购、且收购比例超过25%股权的，要由德联邦政府进行审查。由于欧债危机后，中国企业大量开展对德企的收购活动，德方表现出抵制态度，对中国防范之心加重，我国在德企业的一些正常并购活动遭到德经济部干预。

例如，据国家电网欧洲办事处反映，2018 年国家电网计划收购德电网巨头 50 赫兹（50Hertz）公司 20% 的股权，在竞标对手比利时 ELIA 电网公司、澳大利亚 IFM 基建基金联合体由于筹资问题已明确表示弃权的情况下，德经济部介入，利用德国复兴信贷银行（KWF）政策性资金，并行使优先收购权将转让股权买下，国家电网收购失败。

德国投资审查政策有从严的趋势。2018 年 12 月，德国内阁修改相关条例，规定外商收购股比只要达到10%（从原来的25%降为10%），联邦政府就能介入投资审核。目前，德正在研究设立国家基金，为本国重要企业提供融资支持，防止其因资金链紧张而被中国企业战略收购。据我国在德企业反映，德国正在研究对外资在德收购实行"民主条款"，即按照英国经济学人的民主指数，将世界各国分成完全民主、有缺陷民主、混合政体、威权政体四类，只有完全民主或有缺陷民主国家的公司才允许在德开展收购，如为联合体投标，50%以上的成交股份必须来自完全民主或有缺陷民主国家，而中国被列入威权政体国家之类，该条款将政治问题与经济

问题捆绑，针对中国意图十分明显。

除收购审查外，德政府对我国部分企业在德日常经营也实行严格管理。据工商银行柏林分行反映，德国对我国银行在德分支机构完全按照中小银行管理，即单笔放贷金额不超过注册资金的1/4，工商银行柏林分行在德注册资本仅2亿欧元，该政策严重限制了放款规模，如果将工商银行柏林分行视为中国工商银行的一个子公司，那么按照大银行管理标准，放款规模可大幅突破。德方认为，由于中国金融市场不开放，德国对中国银行的差异化管理政策是对等的。据国家电网欧洲研究院反映，我国企业在欧研发的技术，如要转让给中国企业，必须经过德政府严格的技术评价，以确保不违反瓦森纳协定，一些在欧研发成功的技术不能出口回国，白白投入大量研发成本。据德国中国商会反映，瓦森纳协定对德国设备出口管理也十分严格，沈阳机床集团并购德国希斯公司后，一些在德生产的设备由于涉及高技术产品导致出口禁运，德经济部不批出口许可证，致使一些设备至今不能出口回国。

综上所述，德对我国的担忧、防范心态有所上升，这是国际的大气候和德国国内的小气候共同造成的。但不能因为德对我国有疑虑，就将其排除在我国朋友圈之外，恰恰相反，此时我国更应多做德工作，增信释疑。习近平主席多次强调，"国际局势越复杂，中欧关系稳定发展越具有重要意义"。德国是欧盟"双核"之一，且在欧盟影响力越来越大，如果能够争取德国、拉住德国，对我国推动中欧关系发展、增强与美博弈能力至关重要。

当前，加强中德合作、深化中德互信有四方面工作可做：一是扩大双边贸易，2018年中德贸易量已达约2000亿欧元，中国连续三年成为德国最大贸易伙伴，中德深化双边贸易已具有雄厚基础，我国正实施主动扩大进口战略，德国可成为首选国家；二是效仿中国—法国—非洲三方合作模式，推动中德共同投资开发第三方市场，可在非洲、亚洲等选择重点国家、重点项目，由中德双方大企业分别牵头，以联合投标、联合建设、联合运营的方式开展合作，打造具有示范作用的标杆项目；三是加强在WTO的合作，中德双方在反对单边贸易战方面具有共同立场，在WTO中具有共同的根本利益，双方应携手推动WTO改革进程；四是用好高访和各类双多边对话机制，向德方清楚阐述中方相关问题的主要考虑、关切立场，在舆论斗争中加强对不实言辞的驳斥，积极通过媒体影响德国企业和民众，避免德方因缺乏对华了解而形成误解、误判。

（原载于中国国际经济交流中心《研究报告》2019年第29期）

中国与波兰"一带一路"合作研究

2013年，习近平主席提出"一带一路"重大倡议，得到各国普遍响应和积极认可。新亚欧大陆桥经济走廊是"一带一路"优先建设方向之一，中东欧是"一带一路"沿线重点地区。波兰是新亚欧大陆桥经济走廊途径的重要节点国家和中东欧地区有影响力的大国，对"一带一路"总体较为认可，对深化中波双边合作态度积极，在中国—中东欧"17+1"合作中扮演关键角色，如能明确我国与波兰在"一带一路"中的合作定位，找准中波合作的切入点和重点领域，波兰可以在共建"一带一路"中发挥更加特殊而重要的作用。

一、波兰在"一带一路"中的合作定位

（一）"一带一路"沿线重要战略支点国

波兰在"一带一路"沿线国家战略地位重要，首先在于其关键的区位优势。波兰地处欧洲心脏地带，承东启西、联通南北，是欧洲的"十字路口"，其虽地处中东欧，但能直接辐射西欧、南欧和北欧，是欧洲的"东大门"。波兰自古以来就是交通要道，从中国、中亚、俄罗斯进入欧洲的"丝绸之路"，与波罗的海地区经南欧至埃及、中东、印度的"琥珀之路"都在波兰交汇。现在波兰又成为中欧班列的重要过境国，波兰同哈萨克斯坦共同构成中欧班列的两大中转站：一是轨距原因，中欧班列从新疆出境后，由中国标轨铁路换装宽轨铁路，到波兰后必须再由宽轨铁路换装欧洲标轨铁路，波兰是重要换装站；二是关税原因，中欧班列途径欧亚联盟和

欧盟两大关税区,哈萨克斯坦和波兰是分别进入两大关税区的第一站。这两方面原因决定了波兰、哈萨克斯坦两国在新亚欧大陆桥经济走廊中的战略地位是其他国家难以比拟的。

(二) 中国进入欧盟大市场的中转站

波兰于 2004 年加入欧盟,享有和欧盟同等条件的开放政策,中国企业、商品、资金可通过进入波兰进而辐射整个欧盟市场。与此同时,相较德法意等西欧主要市场,波兰劳动力成本较低、具有更加优惠的投资政策、市场竞争的激烈程度低于西欧,是中国企业进入欧盟大市场的一个较好的中转站,可以此为跳板进一步拓展西欧市场。同时,通过波兰还可辐射波罗的海地区其他国家。目前,中国企业已在波兰的机械、能源、通信、商贸、金融等领域开展了一些投资,但总量并不大。截至 2018 年底,中国对波兰的直接投资存量仅有 4.1 亿美元,未来随着"一带一路"的推进,可以进一步发挥好波兰的中转站作用,做大中国企业在波兰投资规模。

(三) 深化中国—中东欧合作的欧方主要牵头国家

中国和中东欧国家"16+1"合作机制自 2012 年启动以来,取得大量卓有成效的合作成果,中国与中东欧国家关系日益紧密。波兰是中东欧地区的龙头国家,人口、地理位置均居中东欧国家之首。自 20 世纪 90 年代经济转型后,波兰经济连续近 30 年保持较快增长,摆脱经济体制僵化的"波兰病",实现"波兰奇迹",经济总量也排在中东欧国家第一位,是中东欧地区经济增长的"火车头"和"发动机"。波兰在中东欧地区具有较强的影响力和话语权,其所依托的维谢格拉德集团(波兰、匈牙利、捷克、斯洛伐克)是中东欧地区最核心的政治集团。波兰对"16+1"合作较为认可和积极,是第一届中国—中东欧国家领导人会晤的东道国。"16+1"是一种"一对多"的合作机制,为使合作更具效率,欧方需要有几个号召力和组织力较强的国家，较好地凝聚欧方合作共识，波兰有实力、有潜力成为欧方的一个主要牵头国家。

二、波兰对"一带一路"的基本态度

（一）总体态度较为积极

"一带一路"提出后，波兰总体反应比较积极。波兰地处欧亚交通物流大通道上，一直希望通过发挥过境经济的比较优势，带动本国工业化发展水平，"一带一路"符合波兰的经济利益。波兰既是亚洲基础设施投资银行的创始成员国，也是全球最早响应亚投行的国家之一。波兰经济过度依赖欧洲市场，一直希望拓展海外发展中国家市场，以实现出口的多元化，因此波兰信息与外国投资局发起"走向中国（Go China）"计划，并成立波中经济合作中心，希望深化与中国的经贸合作，"一带一路"也符合波方诉求。2017年5月，时任波兰总理谢德沃出席在北京举行的首届"一带一路"国际合作高峰论坛，从政治层面表示了对"一带一路"的支持。波兰现已成为中欧班列的重要目的地和过境国，成都—罗兹、苏州—华沙等货运班列都是中欧班列的较早开创项目，近年来发展很快，给波兰当地带来了实实在在的利益。

（二）对"一带一路"也有担忧之处

近年来，受美欧等外部因素影响，波兰对"一带一路"也开始表现出一些疑虑和担忧，常见于美国及其他一些欧洲国家污蔑"一带一路"的"债务陷阱论""环境破坏论""资源掠夺论""暗箱操作论""地缘争霸论"等也开始见诸于波兰媒体和政界、学界。这主要有以下几方面原因。

一是受美国影响很大。东欧剧变后，波兰由亲苏转为亲美，现执政党法律与公正党是亲美政党。波兰亲美主要是出于地缘政治需要。历史上，波兰与俄罗斯冲突不断、战争频繁，波兰虽是斯拉夫民族，但信仰天主教，自认为是欧洲一员，与信仰东正教的俄罗斯人意识形态不同。第二次世界大战时，两国矛盾进一步加深。冷战时期，波兰虽同处社会主义阵营，但对苏联仍持有较深的不信任感。苏东剧变后，波兰成为"转身西方"的急先锋，出于在地缘上抗衡俄罗斯的需要，波兰转投美国怀抱，认为波美关系是保障波兰国家安全的重中之重，并积极加入北约，成为"美国在欧洲的飞地"。乌克兰事件后，波兰惧怕俄罗斯战略扩张，坚定支持乌克兰，与俄关系紧张，此时不断密切与美国的关系就更显重要。2017年特朗普出访波兰，称波兰为"欧洲的灵魂"。2019年美国副总统彭斯出访波兰，进一步加强美波战略伙伴关系，目前波兰最重要的诉求是力邀美国在波建立永久大型军事基地。在这种情况下，波兰在政治站位上与美保持一致就不足为奇了。其与美走近本意在防俄，但受美影响，在对华关系上也呈现出了两面性。美国将中国列为最大竞争对手和"修正主义国家"，对"一带一路"采取排挤和打压态度，为对美表"忠心"，波兰在"一带一路"问题上也出现了一些负面声音。2019年1月，波兰以"间谍罪"名义逮捕华为员工，其内政部长公开呼吁将华为排除在北约和欧盟市场之外，媒体也出现了对中国的批评和对"一带一路"的质疑，其背后都受到美国或明或暗的影响。

二是欧盟对"一带一路"的负面声音也影响到波兰。尽管近年来受欧债危机、难民危机、英国脱欧等事件影响，波兰出现"疑欧"情绪，但欧盟对波兰政治经济的影响力仍是巨大的。欧盟是波兰开展外交最重要的依托，若没有欧盟这一大平台，波兰仅是国际政治中无足轻重的小国，"魏玛三角"（德国、法国、波兰）则是波兰对外关系的重中之重。欧盟对波兰经济也极具影响力，欧盟是波兰主要的外部市场，波兰在欧盟结构和投资基金分配中也是受益最多的国家。因此，欧盟对"一带一路"的态度也不可避免地影响到波兰。欧盟对"一带一路"有一些担忧，其关键点在于中国和中东欧国家的"17+1"合作机制。欧盟一些人担心中国与中东欧国家合作是对欧洲采取"分而治之"的策略，弱化欧盟对中东欧地区的掌控力，"一带一路"是对欧洲一体化的威胁；担心中国正在通过对中东欧的基础设施建设、产业投资等手段，对中东欧施加政治影响力，进而通过中东欧国家干预欧盟内部事务，成为继美国之后的又一个"隐形玩家"。在这种误解下，欧盟出现了一些对"一带一路"的批评声音，波兰在"一带一路"的表态和行动上，也需要考虑欧盟的这些态度。

三是波兰自身也有一些误解或关切。波兰和中国地理遥远，各方面交流不多，对中国并不了解。出于历史和意识形态原因，波兰对社会主义国家有一些误解和疑虑，从一些民调来看，波兰是欧洲对华好感度较低的国家之一，反对中国在波兰设立孔子学院，在人权、新疆、西藏等问题上指责中国，这些均是源于波兰根深蒂固的反社会主义情绪。波兰对"一带一路"的支持原本出于经济考虑，希望开拓中国这一出口大市场，吸引中国企业来波兰投资，但"一带一路"推进后，波兰对华贸易逆差反而扩大，中国企业在波兰的投资多是并购投资而非绿地投资，从而引起一些失望情绪。同时，看到中国同捷克等国也在开展"一带一路"合作，担心中国有意挑起中东欧国家在争夺中国投资方面的竞争。此外，中国在波兰曾有个别投资失败案例，如 A2 高速公路项目等，引起了一些不好的反响，影响到了波兰对中国企业、中国项目乃至"一带一路"的直观感受。

三、推动中波"一带一路"合作的几点建议

（一）推动"一带一路"与波兰重大发展战略对接

波兰是中东欧地区较有影响力的大国，其一直有成为欧洲一流大国的"波兰梦"，这是波兰制定发展战略的重要出发点和落脚点。围绕这一目标，波兰制定了一系列发展战略，这些战略都可以和"一带一路"相互对接。2016 年，波兰出台"负责任的经济发展计划"，提出推动再工业化、企业创新、发展投融资、开拓国际市场、促进地区平衡等方面的具体举

措,这些内容都是"一带一路"的应有之义,可以和"一带一路"有机融合。波兰还提出跨喀尔巴阡山走廊战略,该走廊将穿越立陶宛、波兰、斯洛伐克、匈牙利和罗马尼亚最终抵达希腊,支线还将延伸到乌克兰和白俄罗斯,基本延续了"琥珀之路"的方向,有助于打破欧洲传统上东西走廊的经济布局,形成南北走廊的新格局。跨喀尔巴阡山走廊首要是推进沿线国家基础设施互联互通,这可以和"一带一路"有机对接,如能形成波兰至希腊的通畅的陆路通道,将和"21世纪海上丝绸之路"的重要节点希腊比雷埃夫斯港直接联通,从而形成从波罗的海至地中海、再通达全球的全新陆海大通道。

(二) 处理好与欧盟的关系

在当前美国将中国列为战略竞争对手、中美博弈将呈长期化之时,中欧关系尤为重要。中欧双方并不存在根本利益冲突和结构性矛盾,双方是战略合作伙伴而非竞争对手。中国推进"一带一路"遭遇美国全方位的打压和围堵,"一带一路"建设能否顺利、能否尽早开花结果,欧盟成为关键一方。中国在推进"一带一路"建设时,要注意多做欧盟工作,多沟通交流、增信释疑,使其明白中国并不想使欧盟分裂,恰恰相反,更加团结稳定的欧洲才符合中国的长远利益。中国与中东欧合作属南南合作性质,聚焦经济上的互利共赢,而非不远万里地去与欧盟争夺影响力。要与欧盟开展更加紧密的经贸合作,共同在第三方国家推动一批大项目,切实形成利益共同体,减轻欧盟对中东欧国家在"一带一路"问题上的压力,为中国与波兰等中东欧国家开展"一带一路"合作创造更好的外部环境。

(三) 务实开展中波经贸合作

近年来,中欧班列发展迅猛,但空车回程问题凸显,空车回程本质上是波兰等欧洲国家对中国的贸易逆差问题。波兰对贸易逆差较为关注,随着中国由出口大国向进出口平衡大国转变,进口规模不断扩大,在这一过程中，如能扩大波兰产品进口、削减波兰对华贸易逆差、使更多波兰企业和民众受益，波兰对"一带一路"态度必将更为积极。波兰机械产品、农产品及食品都具有比较优势，此类产品适合通过中欧班列运输，扩大此类商品进口，既有助于缓解贸易逆差，又可在一定程度上解决空车回程问题。波兰基础设施面临不足、陈旧等问题，基础设施密度和质量在欧盟成员国中排名靠后，中国企业可以工程总承包、PPP、BOT等方式参与到波兰公路、铁路、港口、航空等基础设施建设中去，但前提是必须遵守欧盟规则。波兰能源结构以煤炭为主，煤炭占波兰能源总量超过80%，欧盟承诺到2030年温室气体排放比1990年减少40%，波兰能源转型压力较大，中国参与波兰核电、风电、燃煤电站技术改造等具有较好前景，这些都是我国优势领域。波兰在生物技术、机械制造、页岩气开采、食品加工等方面有技术优势，中波双方可共同在这些领域开展研发合作。中波双方可共同在华沙、罗兹、格但斯克等重要海陆节点打造一些工业园区或境外合作区，引导我国企业在此投资设厂，双方深度开展国际产能合作。中波双方在金融领域合作也具有空间，由于双方目前仍没有人民币互换机制，因此宜积极推进，同时可鼓励双方金融机构到对方国家多设立分支机构，扩大中波在对方市场发债规模，共同组建投资银行或投资基金，为基础设施建设和产业合作项目提供资金支持。

（四）中国企业要注意吸取一些投资失败的经验和教训

随着"一带一路"建设的推进，越来越多的中国企业开始向沿线地区投资，这其中虽然有很多成功案例，但也不乏一些失败教训，中海外公司在波兰投资建设的A2高速公路项目就是一个值得吸取教训的案例。其以低于业主一半的预算低价中标，由于未经详细勘察设计，对项目建设成本没有合理估计，对波兰环保法规没有详细研究，项目施工后建筑材料、劳动力成本、生态保护成本大幅上升，远远超出中标金额，同时由于承包商不了解波兰法律，原本计划采取中国工程企业惯用的"低价中标+施工中逐步提高报价"的方法，但波兰《公共采购法》明确禁止承包商在中标后对合同金额进行"重大修改"，将承建费用锁死，中海外公司面临较大亏损，只能违约，最终导致该项目未能完工。该事件在波兰影响很大，甚至影响到波兰民众对中国企业的整体认知和中国形象。该案例给我国企业提供了深刻教训，即便对波兰这样投资营商环境较好的国家，在投资前也需对该国法律、社会环境进行详细研究，对项目实施方案进行详细论证，切忌主观臆断。同时，政府有关部门必须加强对企业海外投资项目的监督和合规性管理，必须建立对直接责任人的奖惩机制和海外投资企业的黑白名单制度，用制度手段规范我国企业的海外投资行为。

（原载于《海外投资与出口信贷》2020年第2期）

俄罗斯对"一带一路"的态度、原因与中俄战略对接

"一带一路"倡议提出之初,由于不了解、不理解,短期内俄罗斯对此曾抱有疑虑心理,后在两国高层推动下,战略疑虑迅速冰释,对"一带一路"态度转向积极。俄态度转变既有其长期以来受美欧战略挤压,借"一带一路"实现战略突围的战略考虑,也有乌克兰危机后,寻求借"一带一路"破解政治经济困局的权宜之计。在当前全球政治经济格局中,中俄两国战略目标相似、处境立场接近,俄罗斯提出的欧亚经济联盟、"转向东方"、大欧亚伙伴关系、开发北极、北南国际走廊等重大战略都可和"一带一路"深入对接。未来两国应在经贸投资、产能合作、自贸区谈判、走廊建设、开拓北极航道、E国际贸易等方面深入合作,携手应对重大风险和挑战,进一步巩固双方战略协作和互利互惠关系,以"一带一路"为载体推动构建中俄新型大国关系,打造更紧密的利益和命运共同体。

一、中俄开展"一带一路"合作的战略价值

(一) 中俄可通过"一带一路"合作共同增强全球战略协作

第二次世界大战结束后,中俄两国一直是美国的战略竞争对手。冷战时期,中俄同属社会主义阵营,与美国为首的西方世界长期对抗与博弈。苏联解体后,美国一度视中国为战略对手,后受"9·11"事件影响,美国战略重心被迫转向中东,中俄两国均迎来一段发展机遇期。奥巴马执政时期,美国全球战略做出两项重大转变:一是提出"亚太再平衡"战略,

本质上是在西太、东亚地区对中国进行制衡；二是借乌克兰危机事件对俄罗斯进行制裁，与欧洲共同对俄实行战略围堵。此外，企图通过TPP、TTIP将中俄排挤在全球经济体系之外，中俄两国在东西两线共同面临美国的战略压力。特朗普上台后，继续延续并深化这一战略布局，一方面将"亚太"升级为"印太"，将印度也拉进反华制华的包围圈；另一方面与俄在中东地区开展博弈。近期美国发布的《国家安全战略报告》，明确将冠以"修正主义"帽子的中俄两国列为美国的战略竞争对手。历史上，中俄两国曾共同携手对抗美国的全球霸权，当前来自美国的共同战略压力将迫使中俄再度走近，通过不断强化、深化的全面战略协作伙伴关系，抗衡美国在欧亚构建的同盟体系。"一带一路"是加强两国战略协作的重要方面，通过"一带一路"建设、"一带一路"与欧亚联盟对接，有利于进一步密切两国战略关系，并将与两国有紧密往来的上合组织国家及其他东南亚、中亚、南亚和中东国家团结起来，分化、瓦解美国岛链和封锁链，强化与美国的战略博弈能力。

（二）"一带一路"可与"欧亚联盟"等俄方重大战略有机对接和联手实现

为加强俄罗斯在苏联空间的政治经济影响力，加强与亚太地区经济联系，强化俄罗斯联通欧亚大陆的重要通道作用，俄罗斯提出了欧亚经济联盟、"转向东方""大欧亚伙伴关系"等重大战略，以求彻底摆脱乌克兰危机后的被动地位、重新恢复其全球有影响力大国的远大抱负。"一带一路"坚持共商、共建、共享，寻求互利共赢，与俄方重大战略本质相同、目标相似、路径相通，完全可以相互对接和合作。俄方通过参与"一带一路"，中国通过参与"转向东方""大欧亚伙伴关系"，使两国在双方战略合作框架下开展交通、能源、商贸、金融、人文、基础设施建设等全方位合作，有利于形成合力、互相促进，推动双方战略尽早实现。

(三)"一带一路"是两国密切经济合作的重要手段

中俄两国要素资源禀赋迥异、比较优势错位、产业互补性强,两国经贸合作前景十分广阔。当前,中俄两国政治合作较为紧密,但经济合作相对两国政治往来、潜在合作前景、人口规模、经济规模来说均不成正比。全面战略协作伙伴关系不仅仅是战略关系和政治关系,经济合作关系也是其中不可或缺的重要组成部分。通过"一带一路"特别是中蒙俄经济走廊、新亚欧大陆桥经济走廊、冰上丝绸之路的建立和连接,使中俄经济互联互通将更加通畅。同时,中俄共建"一带一路"也有助于吸引两国周边的东南亚、南亚、中亚、中东欧等地区各国进一步参与进来,中俄合作将成为"一带一路"跨国合作的标杆,"一带一路"与欧亚经济联盟的对接也将成为"一带一路"与各国发展战略对接的典范。

(四)"一带一路"是两国共同应对地区重大安全风险的重要途径

中俄两国在周边地区和国内均面临着恐怖主义、极端宗教势力、分离主义的安全风险,对两国安全稳定构成重大威胁,需携手共同面对。在"一带一路"框架下,中俄两国将与沿线各国一道,建立安全问题的对话和协调机制,创造解决安全问题的新平台和新框架。两国通过共建"一带一路",将两国安全问题突出的中国新疆地区、俄罗斯高加索地区变成互联互通的关键连接区和对外开放的前沿地区,推动这些地区发展水平提升,深化这些地区与腹地地区的经济、交通、文化的连接能力。中俄两国可通过"一带一路"加强与中亚、中东等国的经济文化联系,铲除滋生极端宗教和分离主义的经济土壤,实现沿线各国共同繁荣与安全的美好夙愿。

二、俄罗斯对"一带一路"的战略考量

(一)俄罗斯对"一带一路"的态度转变

1. "一带一路"提出之初,俄罗斯抱有疑虑心理

2013年下半年,习近平主席在访问哈萨克斯坦和印度尼西亚时提出建设"丝绸之路经济带"和"21世纪海上丝绸之路"的倡议,引发全球强烈反响,俄罗斯对"一带一路"也表现出高度关注。由于彼时俄罗斯对"一带一路"的内涵还未有准确了解,主要从猜测的角度对"一带一路"进行理解,不免对"一带一路"产生一定误解和疑虑,存在一些负面认知。

综合彼时俄国内学者和媒体看法,在"一带一路"提出之初,俄对"一带一路"的负面理解主要有以下几种:一是认为"一带一路"是扩张中国影响力的地缘战略,中国将借此加强对中亚、中东、东欧等"中间地带"的控制,特别是中国的影响力将进入苏联地区,与俄开展地缘竞争,削弱俄在苏联地区"领头羊"的战略地位;二是认为"一带一路"是中国针对其他大国战略所提出的竞争性战略,既包括美国TPP、TTIP、"新丝绸之路",也包括俄提出的欧亚联盟和欧亚一体化战略,"一带一路"和欧亚联盟将在苏联空间迎头相撞;三是认为"一带一路"是中国的经济扩张战略,随着中国经济发展水平提高,需要在国际市场上扩张,以占领越来越多的发展中国家市场,中国的商品、资金、产能、标准、规则将通过"一带一路"在欧亚和俄罗斯布局,俄罗斯的产品、产业、产能将处于竞争劣势;四是中国将借"一带一路"之机开展与俄罗斯和中亚国家的能源投资贸易,但对这些地区的制造业投资和技术转移较少,俄罗斯和中亚都将沦为中国的"能源附庸",陷入"能源诅咒"陷阱;五是"一带一路"新开辟的新亚欧大陆桥物流通道将与俄罗斯的西伯利亚铁路、贝阿(贝加尔—

阿穆尔）铁路等既有欧亚运输通道形成竞争，不利于俄西伯利亚和远东开发，通过巴基斯坦、伊朗、土耳其直达欧洲的铁路将彻底绕开俄罗斯，由中国主导形成的"一带一路"物流体系将把俄罗斯边缘化；六是中国将通过"一带一路"以投资、贸易的形式对外输出移民，俄西伯利亚和远东地区人口稀少，中国人口的涌入将成为俄罗斯的重大国家安全隐患。

除上述负面认知外，俄国内也有一些积极看法，认为俄参与"一带一路"不仅有助于吸引中国投资、与中国开展贸易，从而分享中国经济快速增长的红利；也有助于实现俄与东亚地区的联通，帮助俄进一步融入亚太，等等。此外，还有一些观点认为"一带一路"对俄影响不大，俄罗斯的主要投资来源、主要出口市场均在欧洲，战略重心也在欧洲，俄的主要外交战略应是如何处理好与欧洲的关系，对"一带一路"可不予回应。

总体来看，"一带一路"倡议提出之初，由于俄对"一带一路"的不了解、不理解，其国内各界对"一带一路"的观点多样、态度各异，积极、反对、疑虑、忽视的声音均有，俄官方没有形成对"一带一路"的明确看法和表态。

2. 在两国高层推动下，俄罗斯对"一带一路"的态度迅速转向，并成为对"一带一路"最为积极的大国之一

俄罗斯对"一带一路"的战略疑虑期较短，在双方高层领导的密切沟通下，俄对"一带一路"的态度迅速转变。

2014年2月索契冬奥会期间，俄总统普京在与习近平主席会谈后公开表示："俄方积极响应中方'丝绸之路经济带'和'21世纪海上丝绸之路'倡议，愿将俄方跨欧亚铁路与'一带一路'对接，创造出更大效益。"2014年5月，普京在上海与习近平主席会晤时又表示："俄方支持建设'丝绸之路经济带'，促进交通互联互通，欢迎中方参与俄远东地区开发"。两国元首共同签署《中俄关于全面战略协作伙伴关系新阶段的联合声明》，该声明强调俄方高度赞赏中方在落实"一带一路"概念中充分顾及俄罗斯

利益,双方要为"丝绸之路经济带"和欧亚联盟对接探索可行路径。

2014年10月,国务院总理李克强与俄罗斯总理梅德韦杰夫共同主持中俄总理第19次定期会晤,在会议中俄方与中方签署了《"莫斯科—喀山"高铁发展合作备忘录》,双方有意发展这一项目,最终将"莫斯科—喀山"高铁延伸至北京,该高铁将成为中俄"一带一路"合作的代表性项目。

2015年4月,俄对外正式宣布,决定加入亚洲基础设施投资银行,成为亚投行创始成员国。2015年5月,中俄两国元首签署了《关于深化全面战略协作伙伴关系、倡导合作共赢的联合声明》和《关于"丝绸之路经济带"建设和欧亚经济联盟建设对接合作的联合声明》两个重要文件,俄方表示支持"一带一路",愿与中方密切合作,秉持透明、相互尊重、平等、各种一体化机制相互补充、向亚洲和欧洲各有关方开放等原则,通过双边和多边机制,共同推进"一带一路"建设。目前,中俄两国已初步实现了两国若干重大发展战略的对接,一些重大工程项目也已启动,充分体现了"战略协作",俄罗斯成为对"一带一路"最为积极的大国之一。

(二)俄罗斯对"一带一路"态度转变的深层次原因

1. 俄长期受美欧战略挤压,需要借"一带一路"拓展战略空间

苏联解体后,叶利钦总统,奉行亲欧亲美的外交路线,俄希望通过自身的政治、经济改革融入欧盟这个大家庭中,俄欧关系经历了一段较短的蜜月期。但随着俄罗斯逐步走向稳定,美欧对俄的防范之心再度加重,不断通过北约东扩、欧盟东扩,在东欧布局反导系统,在中亚策动"颜色革命"等手段挤压俄战略空间。这使俄认识到,美欧对俄的敌意和防范是源自根深蒂固的地缘观念,是全球格局下大国之争的必然现象,与俄本身的政治经济制度并无太大关系,即便俄按照美欧要求实施了休克式改革,美欧也容不下这个庞然大物。在俄饱受战略挤压的同时,中国正在飞速崛

起，已成为世界第二大经济体，综合国力迅速提升，中国也被视为颠覆美国全球霸权、冲击西方世界在全球领导地位的主要力量，美国在东亚、南亚一线对中国进行战略围堵。共同的外部压力推动中俄两国关系不断走近，中俄战略处境相似，双方互为依靠和伙伴，全面战略协作伙伴关系日益紧密。中国推出"一带一路"倡议，意在团结欧亚大陆乃至非洲的众多发展中国家，共求发展，突破霸权国家战略围堵，这也符合俄罗斯的战略利益。俄可通过参与"一带一路"，与中国一道拓展在欧亚大陆上的发展空间和影响力，应对美欧战略封锁，创造战略博弈与回旋空间。同时对"一带一路"的积极响应也充分体现了中俄关系"战略协作"的内涵，有利于两国关系进一步巩固和提升。

2. 乌克兰危机后美欧对俄开展制裁，加入"一带一路"有利于俄争取中国的政治支持

2014年发生的乌克兰危机是冷战结束后俄罗斯与西方国家最严重的地缘冲突。这场危机深刻改变了国际政治环境、大国关系以及俄罗斯的外交战略，使俄罗斯积极推动多年的俄欧合作，共建政治、安全、经济空间的前景基本消失，新的铁幕在俄罗斯和欧洲之间落下。2014年3月，使克里米亚宣布成为主权国家，随即启动入俄程序，俄很快完成程序，克里米亚成为俄领土的一部分，美欧于是针对俄开展制裁。面对危机和制裁，俄急需中国的政治支持，在此背景下，俄很快表态支持"一带一路"。2014年5月，俄罗斯与我国签署《中俄关于全面战略协作伙伴关系新阶段的联合声明》，其用意是希望争取中国在乌克兰问题上的政治援助，稳固中俄关系，增强俄强硬应对美欧制裁的底气和筹码。

3. 受国际金融危机、美欧经济制裁、全球能源价格走低等因素影响，俄经济陷入困境，加入"一带一路"有助于将俄经济拉出泥潭

进入21世纪以来，俄罗斯经济总体保持较高速度增长。2008年全球

金融危机一度对俄经济产生较大冲击，尽管俄迅速走出危机，经济增速回升至5%左右的水平，但远未达到金融危机前接近10%的增速（见图1）。乌克兰危机爆发后，美欧对俄开展经济制裁，使俄外贸遭遇重创，资金大量外流，卢布大幅贬值，经济增速大幅放缓和衰退，甚至连居民生活也出现一定困难。与此同时，全球能源价格持续走低，能源是俄主导产业，原油、天然气价格的大幅下跌令俄经济雪上加霜。"一带一路"作为一项宏大的经济合作计划，覆盖广阔的市场空间，蕴藏巨大的发展潜力。俄积极参与"一带一路"，一方面有助于其在与美欧贸易受阻之时，开拓新的贸易市场，解决食品、机械、设备、技术等进口短缺问题，并增加出口，形成新的经济增长点；另一方面有助于吸引中国及其他"一带一路"沿线国家的投资，替代锐减的美欧投资及大幅外流的国内资本，缓解资金空窗压力，以确保经济运行平稳持续。

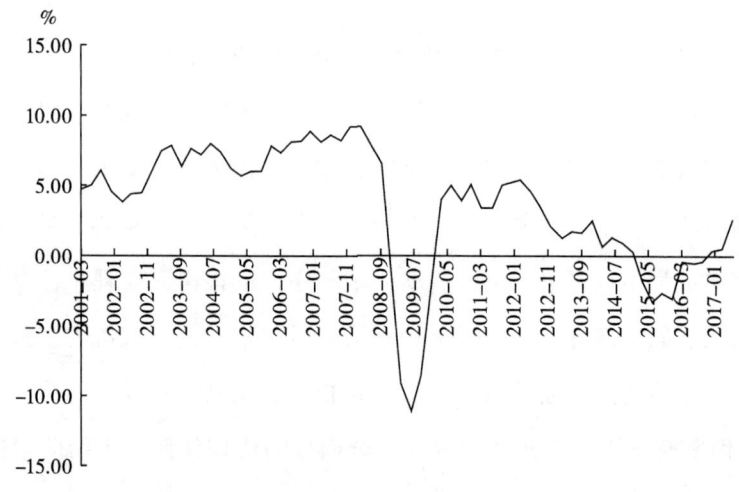

图1　近年俄罗斯经济实际增速

4. 全球经济重心已转移至亚太，俄罗斯意图通过"一带一路"加强与亚太地区的经济联系

自工业革命以来，全球大体上已经历了四轮产业转移浪潮。从工业革

命的发源地欧洲转移至北美,第二次世界大战后由北美转移至日本,后由欧美日转移至"亚洲四小龙"和中国,以中国、日本、"亚洲四小龙"为代表的东亚地区成为全球最具经济活力的地区,加之太平洋东岸的北美地区,横跨太平洋的经济圈是当今全球经济的重心。俄罗斯虽地处亚太经济圈,但与亚太主要经济体的经济联系并不十分密切,俄十分想进入亚太市场,获得更多的经济发展机会。特别是,当前新一轮的全球产业转移已经启动,中国的中低端加工制造业开始向东南亚、南亚以及非洲转移,俄罗斯不希望被排挤在新一轮全球化之外。通过"一带一路",俄罗斯可实现与东亚地区的经济联系,使俄从亚太边缘地区逐渐走向中间地带,因此,加入"一带一路"符合俄经济利益。

三、可与"一带一路"对接的俄罗斯重大战略

(一) 欧亚经济联盟

1991年苏联解体后,俄罗斯不断寻求将苏联地区重新整合起来,推动该地区经济一体化和区域一体化,恢复在苏联空间的政治经济影响力。1994年,哈萨克斯坦总统纳扎尔巴耶夫在莫斯科国立大学演讲时提出建立类似于欧盟的"欧亚联盟"的建议,但由于哈萨克斯坦国力有限,难以主导成立此联盟,后这一设想被俄罗斯采纳,成为俄推动苏联地区一体化的主要战略。欧亚联盟战略经历了"欧亚经济共同体—俄白哈关税同盟—统一经济空间—欧亚经济联盟"的演变过程。

2000年10月,俄罗斯、白俄罗斯、哈萨克斯坦、吉尔吉斯斯坦和塔吉克斯坦五国成立了欧亚经济共同体,以求抱团取暖、共谋发展。2006年乌兹别克斯坦加入欧亚经济共同体,但于两年后退出。除五个主要成员国外,欧亚经济共同体还包括乌克兰、亚美尼亚和摩尔多瓦三个观察员国。由于各国发展水平不同,欧亚经济共同体发展迟缓,经济一体化收效甚微,俄罗斯决定在欧亚经济共同体框架内推行新的一体化机制,即俄白哈

关税同盟。2007年10月，俄白哈关税同盟正式成立，三国建立了共同的关税标准和针对第三国的贸易政策，2010年1月，该同盟开始运行。俄白哈关税同盟运行1年后，三国于2011年1月共同启动统一经济空间建设。统一经济空间以欧盟《申根协定》为蓝本，除统一关税、货物自由流动外，还致力于实现资本、劳动力、技术、服务的自由流动和宏观经济政策、产业政策、财政政策协调等。2012年三国成立负责一体化工作的超国家机构——欧亚经济委员会。

在统一经济空间的基础上，2014年5月，俄罗斯、白俄罗斯和哈萨克斯坦三国在阿斯塔纳签署了《欧亚经济联盟条约》，亚美尼亚和吉尔吉斯斯坦也分别于同年1月和12月签署了加入欧亚经济联盟的协议，欧亚经济联盟成员扩围到五个。2015年1月1日，欧亚经济联盟正式启动。根据条约界定，欧亚经济联盟是区域一体化组织，拥有国际法主体地位。联盟计划到2025年，实现商品、服务、资金和劳动力的自由流动，从而形成一个面积达2000万平方公里、1.7亿人口、GDP接近3万亿美元的统一大市场。

欧亚经济联盟成立后，得到全球的广泛关注。目前，已有40多个域外国家表态正在积极寻求与欧亚经济联盟开展自由贸易合作。2015年5月，欧亚经济联盟与越南正式签署了自贸协定，这是联盟成立后对外签订的首个自贸协定。此外，印度、土耳其、新西兰、以色列、叙利亚、冰岛、挪威、瑞典、塞尔维亚、埃及、伊朗等国也正在寻求与之商谈或签署自贸协定。按照俄设想，未来欧亚经济联盟将能够与欧盟、亚太经合组织并驾齐驱，成为连接欧洲和亚太地区的重要支点。

欧亚联盟是俄罗斯寻求向中亚和波罗的海地区拓展统一市场的重大发展战略，与"一带一路"有异曲同工之处，两大战略间可以相互对接。2015年5月，中国与俄罗斯共同签署了《关于丝绸之路经济带建设和欧亚经济联盟对接合作的联合声明》，双方可以通过便利化的制度性安排，以最终建立自由贸易区实现对接。2016年6月，中国与欧亚经济联盟经贸合作协议谈判正式启动，两大战略对接工作已实质推进。

当前，欧亚经济联盟运转中也出现一些问题，由于近年俄经济不景气，联盟成员间相互贸易、投资规模不大，俄没有力量对白哈进行经济输血，联盟成员向心力有所下降。同时，各成员分歧不断，俄针对西方制裁开展"反制裁"，要求联盟其他成员国跟进，但遭到拒绝，大量西方产品自白哈入俄，俄指责白哈破坏联盟协议。在此情况下，俄更加希望中国及其他国家加入与欧亚经济联盟的合作中来，通过增强贸易往来、吸引外国投资、做大经济规模，使联盟机制进一步稳固，避免联盟合作流于形式、滞于内部分歧。

（二）"转向东方"

开发西伯利亚和远东、融入亚太地区是俄罗斯的百年战略。苏联解体后，俄罗斯遭遇经济困难，面对东亚地区经济蓬勃发展，俄就曾考虑开发西伯利亚和远东地区，打通通向东亚地区的战略通道，进而带动俄经济发展。但由于彼时俄经济实力有限，该战略一直未曾真正落地实施。普京上台后，俄经济发展进入快车道，开发西伯利亚和远东进入了政府议事日程。2007年俄成立了远东和外贝加尔地区发展委员会，并出台了《远东和外贝加尔地区2013年经济社会发展联邦专项纲要》。2009年，俄发布了《远东和贝加尔地区2025年前经济社会发展战略》，并设立了远东和贝加尔地区发展基金。在这些实践基础上，2010年前后，俄战略界逐渐形成了"转向东方"的提法，俄国内刮起"东转风"。

乌克兰危机是俄内政外交战略变化的一个重要转折点。在乌克兰危机之前，俄罗斯的外交和对外经济合作重点是欧盟和其他独联体国家，战略重心在"西"。乌克兰危机后，面对西方制裁、国内经济衰退，俄开始实质性"转向东方"。一方面通过开发西伯利亚和远东，拉动国内投资，振兴经济；另一方面希望联通中、日、韩、东盟等极具活力的东亚国家融入东亚一体化进程，顺应世界经济"由西转东"的趋势，同时也可应对美TPP战略封锁，形成针锋相对的竞争性战略。

俄"转向东方"战略有三个抓手：一是加强与中国、印度、越南的合作。印度是俄"转向东方"的重要方向，俄印关系素来紧密，加强与印度合作能确保俄在印度洋地区的战略地位。俄一直希望打造"莫斯科—北京—新德里"的铁三角，以抗衡美国的战略压力，拉拢印度是其中难度最高的一环。越南历来是俄通向东南亚的桥头堡，也是俄传统盟友，俄意图通过俄越合作拉近与整个东盟集团的关系。

二是开发西伯利亚和远东地区。这一地区能源资源丰富，俄希望以这些地区自然资源的开发、交通物流设施的建设，加之远东滨海地区的对外开放，实现该地区经济发展和人口集聚。2012年，俄设立联邦远东发展部，专门从事远东开发任务。2014年，俄政府发布《关于远东和贝加尔地区社会经济发展（2014—2025年）的国家纲要》，计划投入巨资用于改善该地区的基础设施和医疗教育条件。按照规划，到2025年，该地区的生产总值将增加40%，人口将增长到1075万人。2015年，远东和西伯利亚的9个地区被列入首批"跨越式发展地区"，给予特殊的优惠政策。同年，俄宣布符拉迪沃斯托克为自由港。

三是积极融入亚太。亚太是当今全球经济中最具活力的地区，俄一直希望融入亚太经济格局中。目前，亚太尚未形成统一的地区经济合作机制，俄参与亚太经济一体化尚有机会。2012年，APEC峰会在符拉迪沃斯托克召开，这是俄首次在境内举办APEC峰会，为此俄花费巨资对符拉迪沃斯托克进行建设，其意义是向全世界昭示，俄远东地区已正式融入亚太。2016年5月，俄设立东方经济论坛，为扩大与亚太国家合作搭建平台。

"转向东方"既是俄的长远大计，也有应对乌克兰危机不利影响的权宜考虑，标志着俄发展重心逐步从西部转向东西并重、平衡发展，"转向东方"将成为俄罗斯的未来之星、财富之源。该战略落地实施不能缺少中国的帮助。俄进入亚太地区需要中国的政治支持，参与亚太经济一体化的关键是实现与中国的一体化，如无中国的参与，其一体化也是名存实亡的。西伯利亚和远东地区基础设施条件差、开发资金短缺，而中国基建能力强、资金充裕，特别是对远东丰富的自然资源有潜在需求。俄远东滨海地区开发直接面向的对象是中国，中国企业、资本、产能将是俄远东开发开放的主要动力。2009年两国曾批准《中华人民共和国东北地区与俄罗斯远东及东西伯利亚地区合作规划纲要（2009—2018）》，中俄两国在远东开发方面已有一定合作基础。"一带一路"可和"转向东方"紧密对接，将凝聚两国在地区开发开放的共同利益，实现俄"向东"与"一带一路"向西、向北开放的全面交融，以进一步增强两国的战略协作能力。

（三）大欧亚伙伴关系

2016年，普京在圣彼得堡国际经济论坛上正式提出"大欧亚伙伴关系"倡议，这是继欧亚经济联盟和"转向东方"之后的又一项宏大的战略构想。"大欧亚伙伴关系"脱胎于纳扎尔巴耶夫于2015年提出的"大欧亚共同体"构想，该构想希望将欧亚经济联盟、"一带一路"和欧盟全部囊括进来，实现整个欧亚大陆的政治经济合作目标。在空间范围上，"大欧亚伙伴关系"较欧亚经济联盟和"转向东方"更为广泛，它意图联通整个欧亚大陆，覆盖欧亚经济联盟、独联体、上合组织、欧洲和东盟，使俄罗斯成为联通大西洋和太平洋、横跨欧亚大陆的强国和欧亚大陆的中心，是俄罗斯版的"两洋"战略，是欧亚经济联盟和"转向东方"两大战略的升级版和拓展版。俄提出，"大欧亚伙伴关系"将建立在WTO基本原则的基础上，对世界各国开放。普京提出，该倡议的实施可从简化和统一行业合作、投资、海关、知识产权保护等领域的规范标准入手，逐步降低乃至取消关税壁垒，签订若干双边和多边的一体化协议，一体化协议的签订将采取"5+1"模式，即欧亚联盟五国作为一个整体与第三方签署。

"大欧亚伙伴关系"充分体现了俄罗斯作为世界大国的战略思维,整合了俄融入欧洲和面向亚太的一贯战略。但目前"大欧亚伙伴关系"还总体处于构想阶段,以务虚为主,尚未有明确的建设路径和实施方案,更没有能够落地的标杆性项目和工程。尽管其覆盖领域和"一带一路"一样宽广,但没有"一带一路"明确和务实,在建设进度上更无法与"一带一路"相比。特别是俄罗斯与欧洲还存在严重的战略互疑、与日本还存在北方四岛纠纷,同时俄经济规模有限,与欧亚大陆各板块经济联系并不十分紧密,"大欧亚伙伴关系"推进难度极大。对俄而言,一个可行而必要的策略是实现"大欧亚伙伴关系"与"一带一路"的对接和合作。普京曾公开提出,与中国合作建立全面欧亚伙伴关系是大欧亚伙伴关系实施的第一步。中国对两大战略对接也表示出积极态度,俄"大欧亚伙伴关系"倡议提出后,立即得到中国的回应。中俄元首在2016年6月签署的《中华人民共和国和俄罗斯联邦联合声明》中提出,"中俄主张在开放、透明和考虑彼此利益的基础上建立欧亚全面伙伴关系"。两大战略的对接,既有利于"大欧亚伙伴关系"的落地和实施,也有利于在"一带一路"推进过程中进一步争取到俄罗斯及受俄罗斯影响较深的独联体地区的政治支持,实现互利共赢。

(四)北极战略

随着全球气候转暖,北冰洋海冰覆盖面积大大缩减,北极开发成为可能。据美国北极研究协会(ARCUS)数据,自1979年以来,北冰洋海冰覆盖面积一直呈下降趋势,目前约为528万平方公里,较1979年的720万平方公里下降约27%。俄罗斯是环北冰洋大国,开发北冰洋占据地利,气候变暖不仅可使俄罗斯有条件开发北极丰富的自然资源,更能使北极航道成为可能,使俄罗斯从一个游离于全球主航道之外的国家变为国际航运的重要过境国和中转国,俄发展将面临历史性机遇。

为抢占先机,形成北极开发中的先发优势,近些年俄提出并实施了北极战略。2008年,时任总统梅德韦杰夫签署了《2020年及更远的未来俄罗斯联邦在北极的国家政策原则》(即《北极原则》),系统地阐述了俄北极战略,成为当前俄罗斯北极政策的行动指南。该战略落地有四个支点:一是组织北极科考,对北极地区的气候、水文、地貌、资源情况进行系统普查;二是强化在北极的军事存在,如组建北极战略司令部,在摩尔曼斯克、阿尔汉格尔斯克等地建设北极特种旅,不断强化北方舰队作战能力等;三是开展北极航道建设,如提出在滨海边疆区开发建设运输走廊等;四是增强在北极理事会和巴伦支海欧洲北极地区理事会等国际组织中的话语权,并加强与美国、加拿大、芬兰、冰岛、丹麦、瑞典、挪威等理事会成员国的合作。

中国在北极地区也具有巨大的国家利益,但囿于地理因素,中国既非北冰洋沿岸国家,仅是北极理事会的观察员国,也非正式成员国,参与北极开发不具先天优势。一个可行的策略是通过与俄罗斯在北极开发中的合作,将影响力带入北极地区,为以后伸张权利、谋划布局打好基础。"21世纪海上丝绸之路"的北线经过北极地区,可和俄北极战略进行对接,一个最主要、最具前景的对接点是北极航道综合开发。俄罗斯开发北极航道的资金、建设能力、航运需求都严重不足,而中国基建能力突出、资金充裕,且对北极航道有巨大的潜在需求,如能建成,抵达欧洲航线将无须再绕行马六甲海峡和苏伊士运河,航程将大幅缩短,海运成本将大大降低。

俄罗斯对中国参与北极航道开发的态度十分积极。2015年,俄罗斯出台《2015—2030年俄罗斯北方海航线的综合发展规划》,将中国视为该规划的最大合作方和使用方。在2017年5月于北京举办的"一带一路"国际合作高峰论坛上,普京公开表示希望中国能够把北极航道同"一带一路"连接起来。2017年7月,习近平主席在俄罗斯进行国事访问期间,接受俄媒采访时公开表示,中方欢迎并愿积极参与俄方提出的共同开发建设滨海国际运输走廊的建议,希望双方共同开发和利用海上通道特别是北极航道，打造新的北极丝绸之路——"冰上丝绸之路"。

（五）北南国际运输走廊

在 2000 年圣彼得堡第二次国际欧亚运输会议上，印度、伊朗、俄罗斯三国签署了《北南国际运输走廊框架协议》。该走廊从芬兰开始，经莫斯科，抵达俄罗斯里海北岸的阿斯特拉罕、奥里亚、马哈奇卡拉三个港口后，经里海到达伊朗，并向南延伸至伊朗阿巴斯港，进而跨越波斯湾直抵印度孟买港。该走廊将北欧、俄罗斯与中亚、中东、南亚纵向连接起来，未来计划建成欧亚大陆的南北向交通大动脉。北南国际运输走廊是一条多种物流方式混合的战略通道，从芬兰至里海北岸、里海南岸至阿巴斯港主要依靠公路运输和铁路运输，横跨里海、阿巴斯港至孟买港主要依靠水运。相比从苏伊士运河至北欧和俄罗斯线路，北南走廊运输距离短、时间少、成本低。据估算，从孟买港发出一集装箱货物至北欧，如果经苏伊士运河，一般需 30 天，费用约为 4800 美元，如果经北南走廊，时间仅为 10～12 天，费用则可下降 20%。鉴于该走廊的经济价值，很多国家对此计划表示认可，目前，白俄罗斯、印度、伊朗、哈萨克斯坦、阿曼、塔吉克斯坦、土耳其、乌克兰、亚美尼亚、阿塞拜疆、保加利亚、立陶宛等国家均表态要参加俄罗斯提出的该走廊计划。

目前，国内对该走廊多为负面看法，主要由于伊朗阿巴斯港及未来将建成的恰巴哈尔港距离我国在巴基斯坦建设的瓜达尔港距离较近，这三个港腹地交叉，形成竞争关系，均可成为中亚、高加索地区及南俄的出海口，如果北南走廊建成，则瓜达尔港大量物流将被分流。印度在伊朗港口投资巨大，具有制衡瓜达尔港、与中巴经济走廊开展竞争的明显战略意图。当前我国"一带一路"主推东西方向，即我国经中亚、中东联通俄欧方向，北南走廊与我国"一带一路"建设方向不一致。但实际上，北南走廊与我国"一带一路"并不完全冲突，仍有利益契合点。"一带一路"六条走廊中的中国—中亚—西亚经济走廊，其中重要一段为从中亚进入伊朗,再经土耳其进入欧洲,与北南走廊有重合,目前该经济走廊建设相对较为缓慢,如能与北南走廊对接,将会大大推进该走廊建设进程。未来我国通向欧洲的陆路通道则有两条战略通道可选:一条是新亚欧大陆桥,经哈萨克斯坦和俄罗斯抵达中东欧,另一条是经中亚、伊朗、土耳其抵达南欧,欧亚大陆两端的联系将更加紧密。

(六) 2035 年俄罗斯能源发展战略

俄罗斯能源资源十分丰富,目前已探明的石油储量约占世界总储量的 6%,已探明的天然气储量约占世界总储量的 17.3%,是世界第二大原油出口国和天然气出口国。俄罗斯经济高度依赖能源,因此从历史上看,俄罗斯每次遇到重大经济危机时都会调整其能源战略,大致节奏是五年左右一调整。俄罗斯金融危机后的 2003 年,制定了《2020 年前俄罗斯联邦能源战略》;国际金融危机后的 2009 年,制定了《2030 年前俄罗斯联邦能源战略》;乌克兰危机后,俄罗斯再次调整能源战略,于 2014 年初制定了《2035 年前俄罗斯联邦能源战略》,这是目前俄罗斯最新版本的能源战略。

俄 2035 能源战略的主要内容可分为两大方面:一是对内的,要进一步改革能源管理体制,打破能源垄断,提高能源投资与运营效率,延伸能源产业链,提升产品质量与附加值,等等。二是对外的,要刺激俄罗斯能源产品出口。随着全球非常规油气资源和可再生能源的发展,俄能源出口面临较大压力。该战略提出,要继续保持俄罗斯在全球能源市场的领军地位,力争在 2010—2035 年期间能源出口实现每年 0.7% 的增速,2035 年前确保俄罗斯石油、天然气、电力价格不超过美国。乌克兰是俄欧能源贸易的重要过境国,乌克兰危机及欧盟对俄制裁使俄欧能源贸易遭受重大冲击,俄罗斯提出要降低对欧盟等单一出口市场的依赖度,推动俄能源出口多元化。亚太是未来俄罗斯能源出口的重点布局地区,该战略的提出,使俄罗斯将向亚太地区能源出口占俄罗斯总出口份额的比重提高到 28% 以上,石油和石化产品出口占比将提升到 23%,原油和天然气占比将分别提升至32%和31%。亚太市场主要面向中日韩印四国，特别是中国市场规模巨大，中国成为俄2035能源战略对外布局的最主要方向。

"能源丝绸之路"是"一带一路"建设的重要组成部分，中俄开展能源合作、共建"能源丝路"前景广阔。中国是全球最主要的能源消费市场之一，而俄罗斯是全球能源主要供给方，双方供求可直接对接，对华能源出口扩张将有助于实现俄能源出口多元化目标。同时，加大中俄能源合作也有助于强化中俄经济联系，进一步密切中俄全面战略协作伙伴关系，增强长期战略互信。

四、"五位一体"推进中俄"一带一路"建设合作

目前中俄在"一带一路"合作方面已取得显著成效和突出进展，下一阶段可考虑在以下方面聚焦合作、突出重点，"五位一体"推进立体化、多维度的"多彩丝绸之路"建设，形成早期收获和全局带动力。

（一）"陆上丝绸之路"：下一阶段着重推进中蒙俄经济走廊互联互通

中蒙俄经济走廊是"一带一路"六大走廊之一，通过横跨中蒙俄三国的交通、商贸、能源通道建设，联通三国，实现"一带一路"与俄罗斯跨欧亚大铁路、蒙古"草原之路"的对接。该走廊是习近平主席在2014年9月中蒙俄三国元首会晤时提出的，得到俄方与蒙方的一致认同和积极响应。2015年7月，习近平主席在乌法参加中蒙俄元首第二次会晤，三方批准了《中蒙俄发展三方合作中期路线图》，并签署了《关于编制建设中蒙俄经济走廊规划纲要的谅解备忘录》《关于创建便利条件促进中蒙俄三国贸易发展的合作框架协定》《关于中蒙俄边境口岸发展领域合作的框架协定》，明确了三方联合编制《建设中蒙俄经济走廊建设纲要》的总体框架和主要内容。2016年6月，编制完成的《建设中蒙俄经济走廊建设纲要》由三方共同签署。

目前中蒙俄经济走廊建设已取得一定进展，三国经贸往来日益频繁，二连浩特、满洲里等口岸运行顺畅，联通三国的货运班列规模快速增长。蒙俄两国自然资源丰富，且对中国产品需求量较大，三国开展经贸往来前景广阔，但受制于基础设施不完善、交通通道不畅通、产业合作不紧密，中蒙俄走廊建设面临瓶颈制约。未来中蒙俄经济走廊建设可着重突出以下四个方面，形成交通和产业相融合的经济合作格局。

一是打通三国交通通道，形成通畅的物流体系。可考虑打通和提升东中西三条战略通道：西线从京津地区出发，经张家口、大同、集宁、二连浩特至蒙古乌兰巴托和东西伯利亚乌兰乌德，接入西伯利亚大铁路；中线从京津地区出发，过山海关，经锦州、赤峰至蒙古乔巴山和俄赤塔地区，接入西伯利亚大铁路；东线从我国东北地区的大连、沈阳、长春、哈尔滨经满洲里口岸至俄罗斯博尔贾和赤塔，接入贝阿铁路。三条战略通道如彻底打通后，蒙俄矿产资源、农副产品等可直达京津冀地区、东北地区等我国主要需求市场，并可通过天津、大连、锦州、秦皇岛等港口实现出海，同时我国轻工产品、机械设备、现代农产品也可运达蒙俄两国，形成双向对流的商贸物流大通道。

二是农业投资与贸易。俄罗斯优质土地资源十分丰富，但多年来农业发展一直没有得到应有重视，粮食大量依靠进口。乌克兰危机后，俄从欧美进口农产品受限，为保障农产品供给安全，俄通过政策扶持大力发展农业，短短几年，农业生产规模迅速扩张，生产技术大幅跃升，目前俄已成为全球最大的小麦出口国。中国是俄农产品重要进口国，据俄媒报道，未来俄计划将远东地区的耕地面积扩大50%，以主要满足中国的需求。未来我国可适度放开俄农产品进口配额，并鼓励我国企业、资本投资俄农业生产、流通、加工、研发、农机等领域，实现两国在农产品贸易投资方面的深度合作。

三是高技术领域。俄罗斯在能源、国防、航空、航天、造船等领域具有较为突出的技术能力，双方技术互补，可以共同开展技术研发和应用转化,合力推动若干重大科技项目,力争形成突破,在相关产业共同形成全球领先优势。

四是建设境外合作园区。自 2006 年起,我国已在俄罗斯等国设立了 2 批共 19 个经贸区或工业园区,涉及农业生产、资源开发、加工制造,取得良好效果,成为我国对俄投资的一种有效模式。当前俄在若干地区设立了优先发展区、开发区、自由港,可鼓励我国企业赴这些政策优惠区以合作园区形式组团投资,降低投资风险,迅速形成投资规模和集聚能力。

(二)"能源丝绸之路":积极推进中俄能源合作

能源合作一直是中俄经贸合作的最重要组成部分,甚至可以说是中俄战略合作的"压舱石",两国能源合作已具有较好基础。能源合作、"能源丝绸之路"是"一带一路"的重要组成部分,未来中俄两国可在"一带一路"框架内,在能源贸易、能源开发、能源定价结算三方面开展密切合作。

能源贸易方面,中国日益增长的能源需求和俄罗斯扩大能源出口、出口市场多元化,特别是增加向亚太地区出口的战略目标相一致,中俄应该开展战略合作。据国际能源署预测,2030 年中国的天然气需求将达到 4200 亿~4800 亿立方米,中国将成为俄罗斯最重要的能源市场。2014 年 5 月,中俄两国已签署东线天然气供销大单,2018 年后的 30 年中,俄罗斯将向中国出口价值 4000 亿美元的天然气,输气量最终将达到每年 380 亿立方米。未来应重点加大西线天然气贸易谈判进程,力争再签一个"世纪大单"。与此同时,继续巩固做大中俄原油贸易,增大中俄 LNG 贸易规模,推进中俄在水电、核电及其他能源领域的合作,全面提升能源合作层次,做大能源贸易规模。

能源开发方面,俄罗斯能源资源丰富,中国在能源设备、基础设施建设、投融资方面具有优势,中俄两国开展能源合作优势互补。面对美国、中东与俄罗斯在亚太地区的激烈竞争,俄罗斯在亚太地区的基础设施远远不能满足其需求，俄罗斯意图实施的"西伯利亚力量"东向管道、东西伯利亚和远东油气综合体等亚太天然气基础设施项目等都需要大量外来投资，而中国资金充裕、技术深厚且有实际需求，可以成为俄罗斯的重要合作伙伴。俄罗斯2035年能源战略提出，要加强在北极海上等风险高、技术复杂项目的国际合作，2035年前将北极大陆架开采的石油份额增至5%，天然气份额增至10%，中国也可成为重要参与方。如两国正在开展的北极亚马尔LNG项目，由俄罗斯诺瓦泰克公司、中石油和丝路基金共同开发，效果良好，未来可以成为中俄"一带一路"能源合作的标杆项目。

能源定价结算方面，目前全球能源价格主要以美元结算，美元指数的涨跌会对中俄能源贸易产生较大影响，作为全面战略协作伙伴，中俄应共同推进相互之间能源贸易以人民币结算，摆脱美元结算约束。近期，中俄共同推出以人民币定价的中质含硫原油期货，并在上海国际能源交易中心上市，迈开了突破"石油美元"的第一步。未来中俄两国可逐步扩大能源贸易人民币结算规模，创新以人民币定价的能源期货品种，推动上合组织能源俱乐部合作，形成能够与WTI和布伦特并驾齐驱的全球能源定价能力。

（三）"网上丝绸之路"：中俄率先开展E国际贸易合作

近年来，俄罗斯电子商务发展较快，我国电子商务无论从产业规模上还是业态模式上，均在全球遥遥领先，未来中俄两国可在各自电子商务产业发展的基础上，共同开展E国际贸易合作。近期，中国国际经济交流中心对E国际贸易进行了深入研究，并基于跨境电商提出E国际贸易的概念框架、政策体系和国际规则。

E国际贸易是基于互联网交易平台的跨境商品贸易，它不同于一般贸易、加工贸易等传统贸易，是一种全新的贸易方式。E国际贸易能够实现传统国际贸易所难以完成的跨境零售，个人买家和中小企业通过互联网平台完成交易，通过海量、小额、分散包装的国际邮快递完成物流，代表着互联网、大数据条件下全球贸易的重要发展趋势。

当前，中俄两国应将 E 国际贸易作为重要的合作方向。一方面，中俄可选择在一些开发区、物流园区、口岸建立若干 E 国际贸易试验区，有关 E 国际贸易的物流、仓储、交易、结算、通关等服务均在区内完成，形成 E 国际贸易的集聚效应和规模效应，使 E 国际贸易成为中俄两国经贸合作的特色和亮点。另一方面，中俄两国探索在海关监管模式、通关方式、检验检疫、服务供给等方面开展制度创新，建立适合大宗批发产品和小额零售产品的便捷化通关模式。同时，由中俄两国共同推动 E 国际贸易有关制度上升至 WTO、国际海关组织等国际组织层面，形成 E 国际贸易国际新规则，与发达国家倡导的数字贸易、数字经济形成规则上的博弈。

（四）"贸易丝绸之路"：加快中俄自贸区建设进程

一是争取与欧亚经济联盟签署自贸协定。目前已有 40 多个国家表示愿与欧亚经济联盟开展自贸区谈判，我国与欧亚经济联盟自贸协定谈判也已启动，应推动其尽早达成共识、尽快形成谈判成果。

二是合力推动金砖自贸区建设。金砖五国国情差异较大，一步到位建成金砖自贸区难度很高。可分步实施，率先推动中国与欧亚经济联盟自贸区建设，这将对其他金砖国家形成示范。未来可在中国与欧亚经济联盟自贸区谈判成果的基础上，逐步吸纳金砖国家加入谈判，推动"一带一路"与金砖合作有机对接。

三是合力推动上合组织自贸区建设。中俄两国应合力推动上合组织成员国之间更紧密的经济合作，强化上合组织的经济功能，推动上合组织各成员国开展自贸区谈判。上合组织自贸区可将中国—巴基斯坦自贸区、中国和欧亚经济联盟自贸区谈判囊括进来，形成范围覆盖中国、俄罗斯、中亚、南亚地区的大型自贸区体系。

（五）"冰上丝绸之路"：中俄携手推进北极航道建设

北极航道分为东北航道、西北航道和穿极航道（中央航道）三条战略通道，其中东北航道可作为中俄双方合作的重点。目前东北航道开发已呈现出商业前景，据俄罗斯北极物流中心数据显示，2016年经由北极东北航道航行的船舶共297艘，较2015年增长35%，尽管航运规模仍然较低，但随着全球气候变暖、海冰加速消融，到2030年东北航道的通航期将由目前的3个月（7月中旬至10月中旬）增加到半年左右，届时通行规模将远超现在水平，据估计届时亚洲和欧洲总贸易量的约1/4将通过东北航道运输。

未来中俄双方可共同努力，将北极东北航道打造成联通中、俄、欧的黄金水道。主要合作内容如下：

一是共同开展北极海况、冰情、气象、洋流的研究和调查工作。目前东北航道通过的海峡多达58个，其中最主要的也有10个，这些海峡的通行条件数据目前仍不十分准确，影响航线选择和航道建设。

二是共同开展自然资源勘探开发工作。北极地区号称"世界尽头的中东"，自然资源十分丰富，应把东北航道建设与北极地区开发结合起来，将东北航道建成除印度洋—马六甲海峡航线外，我国新的能源资源"生命线"。

三是共同开展东北航道、港口及集疏运体系的基础设施建设。目前航道沿线的港口设施、物流设施、产业园区、滨海城镇建设均较为落后甚至几乎没有，工程建设量极大，需要中方的资金、技术、设备、施工队伍的大量投入。

四是共同推动北极开发相关国际法的制定。目前全球对北极开发事务的协调仅有北极理事会等国际论坛机制，没有正式的国际组织，除《联合国海洋法公约》对北极国家200海里专属经济区有所规定及《斯匹次卑尔根群岛条约》等框架较为粗糙的条约外，尚无针对北极事务专门的、完整的国际法，中俄两国应合力推动相关国际法的制定和出台，以确保北极开发有序、协调、共赢。

五是共同应对地缘格局的变化。北极航道建设将会重新改写全球地缘格局版图，当前全球经济的太平洋、大西洋双中心格局很可能演变为太平洋、大西洋、北冰洋三中心格局，俄罗斯、加拿大、北欧地区、美国阿拉斯加地区将可能崛起为全球重要的经济中心，这将导致全球利益的再分配，影响全球政治和地缘的稳定，中俄两国理应在北极开发和航道建设中继续加强战略协作，维持全球稳定。

五、几点建议

（一）巩固中俄双边关系，以"一带一路"为载体推动构建中俄新型大国关系

中俄全面战略协作伙伴关系是两国在全球大调整、大变革时期，共同应对全球政治、经济、地缘重大变化，凝聚广泛共同利益的战略选择。作为联合国两大常任理事国，中俄在反对霸权主义、维护世界公平正义、和平稳定方面肩负同样重任；作为金砖国家成员，两国是全球广大发展中国家和新兴经济体的重要代言人，在推动国际政治公正民主方面具有相同使命；作为上合组织成员国，两国在维护地区和平稳定和打击恐怖主义、分裂主义、极端宗教思想方面具有共同立场。中俄两国资源禀赋迥异、产业结构互补，开展双边经贸合作前景广阔，两国密切的经济合作对于推动亚太一体化、东亚一体化具有十分积极的作用。未来要不断巩固和提升中俄关系，在重大战略问题、重要国际事务问题上相互支持，在"一带一路"推进过程中，注意多与俄方沟通、回应俄方关切、照顾俄方诉求，增强政治互信、强化经贸往来、形成建设合力。

（二）把上合组织作为中俄协力推动"一带一路"建设的重要平台

在印度和巴基斯坦加入上合组织后，"一带一路"沿线重要国家以及欧亚联盟主要国家都已成为上合组织的重要成员国，中俄在上合组织中具有重要的领导地位，上合组织可以成为推动"一带一路"和欧亚联盟对接

的主要平台。首先要继续发挥好上合组织在地区安全稳定方面的重要作用，为"一带一路"建设营造安全环境。其次要强化上合组织的经济功能，中俄要共同推进上合组织各成员国经贸往来的便利化、自由化。最后要将上合组织建设成为各成员国间重大政治、经贸问题的交流协调平台，就"一带一路"推进过程中可能出现的意见分歧开展沟通交流。"一带一路"和欧亚经济联盟对接没有常设机构，上合组织可成为其替代性机制和平台。

（三）中俄共同推动"一带一路"与各国发展战略对接

目前"一带一路"与欧亚经济联盟已形成了初步对接，成为"一带一路"与各国发展战略对接的典范。中俄周边一些国家也提出了相似的发展战略，如印度的"季风计划"、哈萨克斯坦的"光明之路"、蒙古的"草原之路"、土耳其的"中间走廊"、波兰的"琥珀之路"、印尼的"全球海洋支点"、越南的"两廊一圈"、韩国的"新北方政策"和"新南方政策"等，未来中俄两国应共同推动这些战略与"一带一路"、欧亚经济联盟、大欧亚伙伴关系对接，向统一的、共同商定的目标"齐步走"，形成相向而行的共同战略和政策选择，进一步凝聚合力，建设"你中有我国、我国中有你"的嵌套式发展格局，结成更为巩固的"命运共同体"。

（四）制定将中俄共建"一带一路"形成的共识转化为战略对接和规划对接的具体方案

推进"一带一路"和欧亚经济联盟对接，必须制定详尽的合作规划，应抓紧启动中俄共建"一带一路"规划纲要或"一带一路"与欧亚经济联盟对接规划纲要的编制工作，通过规划把战略对接内容落至实处。在交通、能源、金融、科技、文化等重点领域，可制定专项对接规划。要推动俄"转向东方"战略、远东开发战略与我国东北老工业基地振兴战略对接，中俄已签署的《中华人民共和国东北地区与俄罗斯联邦远东及东西伯利亚地区规划纲要（2009—2018）》即将到期，双方应在对该规划落实情况评估的基础上，编制下一阶段俄远东、东西伯利亚地区与我国东北地区的合作开发和发展规划。

（五）利用好第三方评估，建立重大投资项目科学评估的长效机制

"一带一路"涉及大量基础设施建设项目，对于一些投资规模大、回收期长的投资项目，必须进行科学评估。"一带一路"倡议提出后，俄罗斯及我国各界提出了各种中俄互联互通项目，如北京至莫斯科的高铁项目、共同开发北极天然气项目、新疆地区经额尔齐斯河和鄂毕河向北冰洋出海的航道开发项目、贝加尔湖调水项目等，其中有些项目具有战略价值和经济价值，有些项目投资风险与收益不成正比，有些项目甚至根本不具有可行性。面对俄方向我方提出的重大投资项目，必须经过第三方的科学评估和决策，如确实可行、具有重要经济战略价值且风险可控的项目，可尽早合作和启动；如项目不具备可行性或投资收益比不高，可向俄方坦诚提出，既不会令我国投资遭遇损失，也不至于打击俄方参与"一带一路"积极性。

（六）中俄联手应对全球和地区重大风险和挑战

"一带一路"在呈现良好发展前景的同时，也存在一些重大风险和挑战，需要中俄共同应对。当前，中俄在远东地区开发、"冰上丝绸之路"建设方面面临着朝核问题、萨德问题的战略威胁，在东亚与日本均存在领土纠纷，在中亚中东地区共同面临着恐怖主义、极端宗教主义的安全威胁，两国国内也都存在分离主义势力，应对和处理好这些风险挑战对建成"一带一路"、大欧亚伙伴关系至关重要。未来中俄应进一步加强战略协作，在反对霸权主义、恐怖主义、分裂主义方面相互支持、共同应对。

（原载于《西伯利亚研究》2018 年第 2 期）

日本对"一带一路"的态度研究

日本对"一带一路"执有疑虑,通过拒绝加入亚投行、推动 TPP 和 CPTPP、提出"高质量基础设施伙伴计划"、开展印日"亚非增长走廊"建设、打造美日印澳四国同盟等手段,对"一带一路"进行遏制、围堵、抗衡、竞争。针对日本对"一带一路"的态度和行为,要坚持两手施策:一方面要抓住目前日本释放出的对华友好信号和《中日和平友好条约》签订 40 周年契机,创造机会深化中日合作,做好舆论引导工作,争取两国关系向好的方向转化;另一方面,努力破解美日印澳四国同盟,打碎日本抗衡"一带一路"的主要筹码,增强对日战略博弈能力,倒逼日本转变对"一带一路"的态度和做法。

一、日本对"一带一路"的主要态度

2013 年下半年,习近平主席在访问哈萨克斯坦和印度尼西亚时提出建设"丝绸之路经济带"和"21 世纪海上丝绸之路"的倡议,引发全球热烈反响,很多国家公开表示愿意积极加入。但日本对"一带一路"态度与各国截然相反,表现较为消极。

(一)"一带一路"倡议提出后,日本态度总体十分消极

"一带一路"倡议提出后,日本政界、学界及媒体基本均对"一带一路"表现出疑虑、反对、担忧甚至唱衰、诋毁的态度,对"一带一路"多有品头论足、负面质疑的消极心态,少有积极、开放、包容的正面言行。综合来看,对"一带一路"看法主要有以下几种观点。

一是认为当前中国的发展阶段与日本20世纪八九十年代比较相似，正在从出口加工的经济结构逐渐转向向外"走出去"，"一带一路"是"走出去"的一种新形式，中国"走出去"的资金、产能、企业将与日本开展海外市场的竞争，特别是将冲击日本在东南亚、南亚、非洲等地区的经济影响力。

二是认为"一带一路"是中国版的"马歇尔计划"，中国正在通过基础设施对外援助等方式在一些发展中国家和不发达国家培育需求市场，建立生产基地，通过"一带一路"建立以中国为核心的大欧亚经济圈，而日本将在这一经济圈中处于边缘地位，与中国的经济实力差距将被越拉越大。

三是认为中国将通过"一带一路"抢购全球能源，中国"两头在外"的经济结构和有限的资源能源储备，决定其在经济发展过程中，需要获取来自全球的能源供给，"一带一路"暗含全球能源的抢夺计划，日本能源供应也高度依赖海外，未来将与中国形成竞争。

四是认为中国将通过"一带一路"突破美日在亚洲构筑的安全格局。"一带一路"不仅是中国的经济扩张计划，也是一项系统的地缘战略，是为了和美国重返亚太、TPP、美日同盟相抗衡。日本认为，"一带一路"将构筑起包括欧亚大陆的发展中国家和不发达国家在内的"非民主国家大联盟"，是针对日本一直以来努力倡导的"价值观外交"的对抗性战略。

五是认为中国将通过"一带一路"重建"朝贡体系"。日本认为，中国所倡导并努力实现的"伟大复兴"实质是复兴历史上的"中华帝国"，要建立起以中国为核心、周边各国为其政治附属国的"朝贡体系"，将各发展中国家乃至日本纳入中国的政治羽翼下来，"一带一路"是实现该政治目标的重要手段。

此外，还有一些声音认为"一带一路"和日本并无关系，历史上的"丝绸之路"名义上称日本为东方起点或终点，但实际上日本参与的并不多。中国提出的"一带一路"风险巨大,沿线政治复杂、法治观点淡薄、安全环境恶劣,日本完全没有必要参与其中。

(二)自北京"一带一路"国际合作高峰论坛后,日本态度有一定转变,但诚意仍然不足

2017年5月,"一带一路"国际合作高峰论坛在北京举行。由于美国对"一带一路"开始转向积极,并派出高级别代表团参加此次峰会,日本见状也迅速调整方针,派出日本自民党干事长二阶俊博为首的代表团参加峰会,对"一带一路"态度较之前出现明显改观,显示出松动迹象。二阶俊博作为领队显示出安倍政府的"良苦用心":一方面二阶作为自民党干事长,级别较高,且一直对华友好,派其参会能够释放出对华的善意,为日后可能参与"一带一路"埋下伏笔,缓解之前安倍政府一直拒绝"一带一路"的尴尬,若出访成功,安倍作为首相和自民党总裁可分其功;另一方面,安倍和二阶分属自民党内不同派系,如日后加入"一带一路"失败或遭右翼势力批评,安倍也可将责任甩给二阶。由于日本在是否参与"一带一路"峰会上追随美国态度,看到美国决定派队参加而照样行事,并非自身积极主动,在领队人选上又有双重考虑,因此尽管安倍派出高级别代表团参会,但显示出日本参与"一带一路"的诚意仍然不足。

"一带一路"峰会后,日本对"一带一路"态度向积极方向进一步转变。2017年6月5日,在东京举行的"亚洲的未来"会议上,安倍公开表示,若条件成熟,日本将同中国开展"一带一路"合作,这是安倍首次对"一带一路"给予公开积极表态。9月28日,安倍出席中国驻日本大使馆举办的国庆招待会,在致辞中表示愿与中国改善关系和开展"一带一路"合作。11月4日在菲律宾马尼拉举行的新闻发布会上,安倍公开表示,2018年是《中日和平友好条约》缔结40周年,将深化中日交流,把中日关系提升到一个新阶段,并期待"一带一路"建设能为世界和平与繁荣作出贡献,日本希望同中方进行合作。12月4日,在中国国际经济交流中心和日本经团联共同举办的中日企业家和前高官对话会（中日"二轨"对话会）上，安倍出席并表示，"在自由开放的印度太平洋战略下，也可以与倡导'一带一路'构想的中国大力合作"。目前为止，安倍释放了对"一带一路"的一些暖场信号，但有关表态均是口头上的，未提出合作方针和领域，而且表示日本参加"一带一路"都是有条件的，如必须在"自由开放的印度太平洋战略下"等，尚未看出十足诚意。

二、日本针对"一带一路"采取的主要做法

从实际行为上看，日本对待"一带一路"态度消极。一方面拒绝参与亚投行，并提出与"一带一路"针锋相对的"亚洲基础设施伙伴计划"等战略，与"一带一路"开展竞争；另一方面与美印等其他大国开展战略合作，提升对华的博弈能力。对"一带一路"总体上以围堵、遏制、抗衡、竞争为主。

（一）拒绝加入亚投行，担忧亚投行可能冲击日本在亚洲的规则制定能力和经济影响力

2013年10月，习近平主席在出访东南亚并参加亚太经合组织（APEC）第二十一次领导人非正式会议期间，面向全球正式发出了共建亚投行的倡议。倡议一经提出，就得到世界很多国家的广泛响应和高度认可。但日本对亚投行一直明确抵制，拒不参加。原因有三：一是美国拒绝参加亚投行，并号召协调其盟友一同对亚投行进行抵制，日本政治上向美国看齐；二是亚洲基础设施建设投融资领域一直由日本主导的亚洲开发银行（ADB）主要负责，日本担心中国主导的亚投行将与亚开行开展竞争，削弱日本在该领域的主导力和话语权；三是心态失衡，日本一直认为自己是东亚地区的领头羊国家，具有地区经济规则的制定能力，但由于中国经济快速崛起，不但在经济规模上将日本远远超越，而且也开始涉足和主导国际规则和地区规则的制定，在亚投行筹建问题上就是中国主导规则的一

次尝试，日本对此难以习惯。日本原本对亚投行发展并不看好，不断批评亚投行是中国政府主导的、实现政治目的的工具，运作不透明，会出现大量腐败等，但看到亚投行已经有80多个成员国，特别是英国、法国、德国、加拿大、澳大利亚、韩国、菲律宾、新加坡等美国传统盟友均纷纷加入后，且亚投行已完全实现国际化、标准化、透明化、高标准运营，并得到穆迪、惠誉、标普三大国际评级机构的最高信用评级，日本国内各界也表现出后悔和反思的态度。目前，日本国内各界对亚投行的批评之声已大大减少，转而希望日本政府能够加入亚投行，态度出现一定变化，但日本究竟是否启动、何时启动加入亚投行程序仍不明朗。

（二）积极推动TPP和CPTPP，欲在亚太地区经济格局重构和经济规则构建上与"一带一路"相抗衡

日本国内一直认为，中国提出的"一带一路"是针对美国亚太再平衡和TPP的战略设计。在经济领域，"一带一路"瞄准的战略对手是TPP，因此抗衡"一带一路"的主要策略也就在于推动TPP谈成和落地。在奥巴马任期内，日本就是TPP的重要推动者，尽管在一些条款上与美国等国家存在争议，但总体上对TPP持积极认可态度。特朗普竞选成功后，高调表态要废除TPP，安倍政府对此十分紧张，不断通过多种方式向特朗普游说，希望改变其看法。特朗普就任总统后的第一份行政命令就是废除TPP。在此情况下，日本擎起了TPP大旗，取代美国扮演起了TPP牵头推动者的角色。日本团结除美国外的其他10个TPP成员国，重新开展CPTPP（全面先进的跨太平洋伙伴关系协定，Comprehensive Progressive Trans-Pacific Partnership）谈判。目前CPTPP已发布并通过了最终版本，该版本以原TPP协定为蓝本，除投资者—东道国争端解决机制、药品知识产权等20项条款被暂时搁置或修改外，其余基本延续原TPP方案。尽管CPTPP不包括美国，经济总量仅占全球的15%，国际影响力大大缩减，但依然是亚太地区重要的经贸合作协定。在美国退出的情况下，CPTPP未来会继续将中国排除在外，日本意欲打造一个由其主导、整合太平洋沿岸部分国家、串联起欧亚大陆国家抗衡"一带一路"的意图十分明显。

（三）提出"高质量基础设施伙伴计划"，与"一带一路"开展针锋相对的竞争

2015年5月，日本政府提出"高质量基础设施伙伴计划"，宣布在之后五年向亚洲地区各国提供1100亿美元援助，用于建设高质量的基础设施。其所谓的"基础设施"，不仅包括传统意义上的铁路、公路、能源等硬基础设施，还包括人才培养、文化交流、法治建设等软基础设施，与"一带一路"所强调的"五通"内涵接近。其所谓的"高质量"是指建设项目要重视环境保护、社会保障、债务可持续、劳工权利等方面的问题，实质上想影射中国基础设施项目"质量不高"，使各国不被中国低价竞标方案所"诱惑"。由于日本在基础设施领域的建设成本已难以与中国竞争，因此必须在该计划的名称中加入"高质量"字样，以掩饰其成本劣势。其所谓的"伙伴"，主要面向东南亚、南亚和中亚国家，但其他的亚洲国家乃至非洲、美洲国家也可包括在内，体现出该计划是一个全球性计划，与"一带一路"沿线范围有大量交叉。该计划资金来源主要是日本开发性资金、政策性资金和对外援助，亚开行、国际协力机构（JICA）和国际协力银行（JBIC）是主要实施机构。目前该计划已经参与支持了印度工业走廊、菲律宾马尼拉铁路、泰国曼谷城市铁路、越南岘港改造、印尼爪哇铁路、缅甸东西走廊、柬埔寨国道系统、老挝万象供水系统、越南胡志明市城铁和火电站等一批重要项目建设。该计划的建设内容、覆盖范围、战略目标、资金使用方式均与"一带一路"高度相似，其真实目的正是为了与"一带一路"开展竞争。

（四）与印度共同推进"亚非增长走廊"计划，对"一带一路"形成牵制和制衡

在北京"一带一路"国际合作高峰论坛结束几天后，2017年5月23

日,非洲开发银行年会在印度总理莫迪的老家古吉拉特邦举行,莫迪在会上发表演讲,对外高调提出了"亚非增长走廊"计划(AAGC),宣称该计划将让亚非国家既能形成一体化和具有全球竞争力的经济联盟,又能形成西方式的、民主的、自由的经济架构。该计划包括发展与合作项目、高质量基础设施和机构连接、能力和技能的提高、人与人的伙伴关系四个主要方面,同时还包括三个具体目标:一是以基建为动力,推动印日在非洲的经济扩张;二是在亚非合作的大框架下实现非洲与印度洋地区的融合;三是按照日本和印度在2015年提出的"印度—太平洋2025发展愿景",塑造以自由和共同价值观为基础的印度—太平洋秩序,实现非洲、印度洋、南亚、东南亚、东亚以及南太平洋的互联互通。印度在缺席北京"一带一路"峰会的几天后就提出这一计划,其用意明显是针对"一带一路",而这一计划也得到了日本的高度认可,与日本的"高质量基础设施伙伴计划"用意不谋而合。2017年9月13日,日本首相安倍访问印度,公开表示日本将和印度一道共同推进AAGC建设。据印度智库"发展中国家研究与信息系统"(RIS)发布信息称,甚至早在2016年11月时,莫迪与安倍就形成了共建AAGC的想法,RIS与日本贸易振兴机构(JETRO)共同编写了AAGC的项目可行性研究报告。其中,日本计划为AAGC投资300亿美元,投资期为3年;印度计划为AAGC投资100亿美元,投资期5年。"一带一路"涉及东南亚、南亚、东非,这些都是日本和印度的敏感地区,因此十分担忧中国影响力在该地区的加深和巩固。通过"亚非增长走廊计划",日本和印度两国将共同的担心凝聚成共同的行动,将各自应对"一带一路"的乏力凝结成共同发挥牵制作用的合力,以求针对"一带一路"发挥更强有力的制衡作用。

(五)长期坚定推进美日印澳四国同盟,意图通过"价值观外交"拼凑对"一带一路"的战略包围圈

美日同盟是日本外交的基础,日本地处中美战略博弈和交锋的前沿地带，在处理对华关系方面，日本坚定站地在美国阵营，与美国保持战略一致。对待"一带一路"，日本积极实施一直以来力推的"价值观外交"，努力构建美日印澳四国同盟，意图以四国同盟在西太平洋和印度洋地区封锁"一带一路"。

"价值观外交"的理念在日本由来已久，早在1992年日本修改《政府开发援助大纲》时就提出要对日本的对外援助战略进行重大调整，要着重援助导入民主化和市场机制的发展中国家，体现出鲜明的价值观色彩。在小泉时代，日本就有意使用所谓的"自由""民主""人权"等字眼来把中国和其他发展中国家区分开，其用意在利用这些虚构的标准把中国排挤在日本主导的东亚秩序之外，与中国争夺在东亚地区的主导权。在安倍第一任期和麻生时代，日本的"价值观外交"理念逐步演变为"自由与繁荣之弧"和"俯瞰地球仪外交"，即打造从西太平洋经欧亚大陆的东北亚、东南亚、南亚、中亚、中东欧直至西欧的"民主"国家联盟，安倍也多次向小布什建议打造"亚太民主联盟"，特别是力推美日印澳四国联盟。在安倍第二任期，由于看到"自由与繁荣之弧"涉及国家太多、战略难以落地而沦为空想之后，进一步提出了"民主安全菱形"概念，菱形的四角仍然是美日印澳四国同盟，四国同盟成为日本外交战略的基石。

特朗普上台后，提出"美国优先"，退出TPP并要求盟友肩负更多责任，在亚太问题上表现得漠不关心，这令日本十分着急。安倍利用各种机会或主动创造机会向特朗普兜售四国同盟战略，直至特朗普访日，安倍依然在与特朗普积极沟通四国同盟建设。2017年11月10日，特朗普在越南岘港APEC会议上向全球正式提出了"印太"战略，在奥巴马"亚太再平衡"战略的基础上把印度也拉拢进来，以重新构建印度洋—太平洋秩序，其核心依然是四国同盟。"印太"战略的提出和日本多年来特别是安倍政府的积极推动是分不开的。

日本推进"价值观外交"、力推四国同盟，其本质上是针对中国的，力图在西太平洋和印度洋地区拼凑一个对华包围圈,同时也会对"一带一路"特别是"21世纪海上丝绸之路"起到围堵和封锁的作用。此外,日本在力推美日印澳"大菱形包围圈"的同时,也积极鼓动菲律宾、越南、印度尼西亚与日本一道构筑制衡中国的"小菱形包围圈",希望增强在南海地区与中国博弈和抗衡的能力,强化日本在南海的势力和影响力。

三、日本抵制"一带一路"的主要原因

日本对"一带一路"采取消极态度,既可能有看到中国快速崛起的心态失衡、担忧在地缘格局和地区经济合作中被边缘化的内部因素,也有受美国影响、在对华战略上向美国看齐的外部因素。但综合来看,内因为主、外因为辅。

(一)对中国崛起的不适应和心态失衡

第二次世界大战以后,日本在经济建设上遥遥领先于中国,是东亚地区经济发展的领头羊国家,一直保持着相对中国的优越感。随着中国经济快速增长,已超越日本成为全球第二大经济体,特别是近两年中日经济差距进一步拉大,引发日本的不适应乃至战略焦虑。日本的传统优势产业如机械设备、高铁机车、家用电器等已被中国赶上和超越,在互联网经济、现代商贸、航空航天、大型基础设施建设以及其他一些关键技术领域,日本甚至已经远远落在中国后面。中国的快速发展与日本"失落的三十年"形成了鲜明反差,日本各界普遍对中国崛起表现出心态失衡,担忧日本再重蹈历史覆辙成为中国的附庸,"中国威胁论"尘嚣泛起,这种心态直接影响了日本对"一带一路"的态度和行为。

(二)日本认为"一带一路"将进一步强化中日地缘冲突

日本流行观点认为,中日两国在东亚地缘格局中存在竞争关系,中强则日弱,大陆型强国和海洋型强国难以共存。中国已成为大陆型强国,势

必要在整合陆上周边国家地缘格局的基础上，进一步走向海洋霸权，日本作为海洋型强国势必要将政治经济影响力向大陆腹地延伸，中日两国发展战略和路径将迎头相撞。近年来，不断激化的东海和南海问题就是中国的海洋扩张与日本海洋战略的正面对撞。日本在美国的支持下，长期主导东亚秩序，在东北亚、东南亚乃至南亚地区具有重要的影响力，但如今中国通过"一带一路"将影响力延伸至这些地区，势必会削弱日本的战略地位，使日本在东亚地缘格局中被边缘化。

（三）中日两国在东南亚、南亚地区将面临较为激烈的产业竞争

中国在改革开放后，长期成为日本最重要的海外投资国，由于中日两国要素禀赋差异、产业分工错位、经济互补性明显，中国成为日本重要的产业转移承接地。但随着中国产业转型升级，中日经济结构日渐由互补性向趋同性转变，产业分工日渐由垂直型分工向水平型分工转变，两国产业同质性竞争日益激烈，如高铁、机电设备、材料工业等领域。当前日本已将产业转移重点瞄准东南亚和南亚地区，而这些地区也是中国"走出去"的重点地区，是推进"一带一路"的优先和关键地区，中日两国在这些地区呈现出激烈的产业竞争，如在雅万高铁、新马高铁、泰国高铁、印度高铁等项目争夺上中日两国都展开了针锋相对的竞争，日本也认为中国主导筹建的亚投行和日本主导的亚开行也存在直接竞争，对竞争和失去市场的担忧也致使日本对"一带一路"采取消极态度。

（四）配合美国抗衡"一带一路"的需要

日本外交政策受美国影响极大，中日关系在很大程度上从属于中美关系，在日本处理"一带一路"问题上也是如此。由于中国与美国经济差距正在迅速缩小，美国主流观点认为，中国正在"坐二望一"，谋求取代美国的全球领导地位，而"一带一路"正是中国实现该战略目标的主要手段。尽管美国未公开表示对"一带一路"的反对态度，但实质上正在通过

"印太"等战略抗衡"一带一路"的影响。日本作为美国在东亚地区最重要的同盟国,需要同美国保持步调一致,成为美国抗衡"一带一路"的桥头堡。

四、几点建议

(一) 引导国际舆论正确看待"一带一路"

日本对"一带一路"的负面看法大多来源于对"一带一路"的不了解,多凭借其主观臆断、带着有色眼镜看待"一带一路",认知不免负面和偏颇。实际上,中日两国在"一带一路"沿线具有共同的经济利益。尽管两国部分产业和产品存在竞争,但一则这类竞争属于正常的商业竞争,没有涉及经济安全、地缘格局等国家的根本利益;二则中日在产业链层面的合作一直非常紧密,中日两国联手开发第三方市场极具潜力,中日"一带一路"合作前景广阔。当前我国要积极引导国际舆论正确认知"一带一路",把"一带一路"共商、共建、共享和互利共赢的本质特征向包括日本在内的各国阐述清楚,纠正其不当认知和负面看法,使其能够用正确认识来调整行为、引领行动。只有我们首先能够恰如其分、准确合理地宣传好"一带一路"、讲好中国故事,才能让日本等对"一带一路"持怀疑态度的国家接受和参与。

(二) 继续深入发展中日战略互惠关系,力争使其向好的方向转化

尽管近年来中日关系跌入低谷,但仍然有回温的可能和空间。从历史上看,中日关系曾经历过远比当前更为困难的时期,但仍然实现过峰回路转。2018年是《中日和平友好条约》签订40周年,应借此契机,利用好近期日本对改善中日关系所展现出的向好势头,通过加强政治沟通、密切经济合作、增进人文交流等方式,不断扩大两国在经贸、制造业、节能环

保、科技教育等领域的实质性合作，推动亚投行与亚开行在业务上的对接，为中日关系回温创造积极条件，推动中日战略互惠关系深入发展，力争使两国关系向好的方向转化，为推进中日"一带一路"合作营造积极氛围、创造有利条件。

（三）以 RCEP 为抓手，深化中日经济合作

由于日本国内市场狭小、内需能力有限，发展经济极为依靠外部市场，日本经济结构呈现出突出的"两头在外"特点。长期以来，日本一直积极推动东亚地区经济整合，但由于中日韩自贸区、RCEP 等重要地区经济合作协定迟迟难以推动，日本转投 TPP，在美国退出 TPP 后，日本继续推动 CPTPP 建设。但由于美国的退出，CPTPP 市场容量大大缩水，含金量也远不如 TPP，也无法与 RCEP 相比。可择机与日本共同商议推进 RCEP 建设，中国的庞大内需市场是日本经济增长所无法或缺的，日本参与并推动 RCEP 建设对其也有重大经济利益。日、印是影响 RCEP 的关键国家，如能使日本对 RCEP 转向积极，将对印也会产生重大示范影响，RCEP 建成可能性将增大。当前应积极与日本开展沟通对话，力争营造良好政治氛围，在此基础上，如日本对待"一带一路"的态度出现实质转向，可将 RCEP 建设作为推动中日"一带一路"合作的主要抓手。

（四）如短期不能推动日本参与"一带一路"，应尽量使其不要成为"一带一路"建设的重大负面因素

当前中日"一带一路"合作主要受制于政治因素影响，日本推进修宪、否认历史问题、推进钓鱼岛国有化等做法使中日关系长期陷入低谷。应该说，短期内推动日本政治风向转变、实现中日政治互信难度极大，但要确保日本不成为"一带一路"的重大阻碍力量。"21 世纪海上丝绸之路"东出太平洋的第一站就是日本，日本在东南亚和南亚都有着不可小觑的影响力，如果日本高调唱反"一带一路"，加之美国在背后支持，我国

推进"一带一路"阻力将大大增强。实际上，中日两国长期"政冷经热"，尽管当前解决"政冷"问题难度很大，但应力争恢复"经热"，使紧密的经贸联系成为牵制日本右翼政治势力、影响日本民众对华态度的重要手段，为推进"一带一路"营造良好环境。

（五）各个击破，破解四国同盟，增大对日博弈筹码

当前在全球舞台特别是亚太地区，日本政治经济影响力已远远不能和中国相比，如要和中国抗衡博弈、对冲"一带一路"影响，所能依赖的主要是四国同盟。尽管当前美国已提出"印太"战略，日本一直在台上台下为四国同盟筹划准备，但四国利益目标并不完全相同，凝聚在一个同盟下并非易事。针对四国同盟，我国可采取拆分策略。中美关系是其中的重中之重，两国关系既有竞争的一面，更有合作的一面，要抓好两国利益汇合点，推动中美关系向好的方向进一步发展。印度坚持独立外交，对四国同盟并非真心实意，其加入背后有抗衡中巴经济走廊、维持其在印度洋主导地位等地缘战略的考虑，我国如能调整南亚策略，实行中巴平衡外交，努力向印度做好沟通释疑，其对四国同盟立场很可能发生松动。澳大利亚在四国中政治经济实力相对较弱，且中澳经济往来一向密切，在四国同盟中的重要性并不突出。如能差异施策、有的放矢，拆解四国同盟，则日本对华战略博弈能力将大大下降，更无筹码抗衡阻挠"一带一路"。

（原载于《日本研究集林》2018年上半年刊）

关于中国与塞内加尔开展"一带一路"合作的几点思考

2019年9月22日至26日,中国国际经济交流中心调研组赴塞内加尔开展中塞"一带一路"合作和中法非合作开发第三方市场调研。调研组一行拜访了中国驻塞内加尔大使馆、河南国际合作集团有限公司塞内加尔公司、华为塞内加尔分公司、泛非研究院、水星咨询公司、阿特瑞斯咨询公司等有关机构。调研中感到,中国与塞内加尔在"一带一路"框架下具有较大的合作空间,塞可成为我国在西非地区的重要战略支点。由于法国在塞内加尔也具有较大影响力,可探索推动中非塞三方合作,实现三方共赢。

一、高度重视塞内加尔的战略价值,把塞打造成我国在西非"一带一路"的重要支点国

塞内加尔位于西非最西端,紧邻大西洋,是欧洲、南美、北美、非洲西部和南部远洋航运的中转站,辐射环大西洋市场,地缘位置十分重要。中塞两国恢复外交关系的十多年来,两国关系一直稳定发展,中塞已建立全面战略合作伙伴关系。塞内加尔对"一带一路"态度积极,已成为第一个同中国签署"一带一路"合作文件的西非国家。我国可考虑将塞内加尔列为"一带一路"在西非地区的重要战略支点国,加大中塞合作力度,使塞内加尔同埃及、吉布提、埃塞俄比亚、南非、尼日利亚、科特迪瓦等国家一同构成"一带一路"在非洲的战略支点体系。

一是要推动"一带一路"与"振兴塞内加尔计划"对接。在尊重塞内加尔发展意愿的前提下，帮助塞统筹谋划重大基础设施和工业化项目。充分利用塞辐射环大西洋地区和西非内陆地区的区位优势，密切中塞两国海空互联互通，研究探讨通过塞陆路通道进一步辐射西非内陆国家的可行性。

二是鼓励我国企业赴塞投资设厂。塞安全形势稳定，营商环境在非洲国家中总体较优，可成为我国企业进军西非的重要落脚点和扩大在非其他国家投资的重要跳板。

三是处理好与法国的关系。塞曾为法国殖民地，法在塞长期经营，因此在政治、经济、文化、社会等各领域均有较强影响力。法官方对"一带一路"表态中性，但民间有一些质疑之声。在中塞不断深化合作的同时，要注意与法多加沟通、增信释疑，探索通过第三方合作形式与塞、法双方共同开展合作，实现利益捆绑，避免法误认我国侵犯其"势力范围"、切割其利益蛋糕。

二、加强中塞经济合作的系统设计，力争形成可向其他非洲国家复制的合作新模式

目前我国在塞投资多以工程承建及一些规模较小的民营企业为主，在地域和领域上布局分散，总体尚未形成上下游紧密衔接的产业链和统筹考虑的总体布局。未来应在"一带一路"框架下，加强中塞合作的系统布局，引导企业向重点方向、重点领域投资，形成整体合力，将中塞经贸合作推向深化。

一是要开展"一带一路"与"振兴塞内加尔计划"对接方式的研究。可借鉴日本国际协力机构（JICA）、亚洲开发银行通过帮助发展中国家制定规划，带动日本企业、资金、技术、设备、标准一条龙"走出去"的经验，利用我国援外资金或中非合作基金，委托我国智库开展"一带一路"

与"振兴塞内加尔计划"对接规划、或中塞经济合作总体规划、或塞内加尔国家发展规划的研究工作,帮助塞形成经济发展的顶层设计。结合塞比较优势,形成若干重点投资领域,以政策引导、资金引导、示范引导等多种方式引导我国企业赴塞开展投资。

二是研究开展重大交通基础设施互联互通项目。目前我国已在塞开展了方久尼大桥、捷斯—图巴高速公路等重大交通基础设施项目建设,取得较好效果,中塞在交通基础设施领域具有较好合作基础,未来可进一步拓展合作空间。达喀尔港是大西洋地区重要中转港,也是西非地区最大海港,临港可发展食品加工、纺织服装、渔业、石油炼化、矿石加工、造船及交通物流等重要产业,达喀尔港区未来将成为塞重要经济增长极,因此我国应积极参与达喀尔港口、码头、港区及集疏运体系建设。我国可借鉴东非亚吉铁路模式,参与塞内加尔首都达喀尔至马里首都巴马科的铁路改扩建工程。一个多世纪前,达喀尔至马里就建有窄轨铁路,但由于年久失修,铁路状况不断恶化。近期塞马两国决定以世行贷款形式重启该铁路。我国工程承建运营企业可在充分评估风险收益的基础上,积极参与并推动以我国标轨铁路方式建设,形成通过达喀尔港辐射西非内陆地区的陆路新通道。

三是推动"交通基础设施+工业园区"模式。交通基础设施是我国优势领域,工业园区也是我国较为成熟的经济组织方式。目前我国已在海外建设了几十个较为成熟的境外经贸合作区、跨境经贸合作区、工业园区,总体运行良好,可在塞复制推广该模式。我国可在塞达喀尔港区、重要公路铁路节点、城市郊区选取若干地块建设工业园区,重点发展食品加工、纺织服装、水泥建材、交通物流等符合当地比较优势和当地亟须的产业,产品可通过较为便捷的交通设施通达港口或塞国内其他地区。园区管理可采取合资的形式,就土地出让、税收、厂房租金等确定分成,分散投资风险。可面向我国国内企业招商,重点吸引我国劳动密集型和富余产能企业投资，使企业实现"抱团出海"。如园区能够达到国家境外经贸合作区考核标准，可予以一定的财政补贴。

四是探索共同开发第三方市场新模式。中法共同开发塞市场是化解法对我国的疑虑、减少投资阻力、共同分摊风险的有效方式。当前中法两国已通过三方合作开展了较多项目建设，取得了一些经验。法方对三方合作的关切主要集中在招投标问题上，法方认为三方合作项目的招投标应该公开透明、一视同仁，不能偏向于中资企业。中方认为如中方出资，项目必须包括一定的"中国因素"，即在项目承建、设备采购中，中国企业提供的产品或服务必须达到一定比例。实际上，法在三方合作中对本国企业也是有倾斜的，其方式是在招标条款中，针对法国企业特点有针对性地倾斜设计。我国可借鉴法国经验，不公开提出"中国因素"，多在招标条件等细节方面做文章，隐性地帮助我国投标企业获取优势，避免西方国家批评我国"一带一路"、三方合作等项目不公开、不公平、不透明。

三、统筹用好援外资金，使其成为争取民心民意的有效工具

对外援助应该是花小钱、办大事。长期以来，我国对外援助各部门不统筹、不协调，资金使用散乱、分割，重花钱、轻效果，授人以鱼而没有授人以渔，难以发挥应有的作用。必须加强统筹力度，改革援外制度和方式。

一是援外资金向汉语培训倾斜。随着我国在塞投资越来越多，塞乃至非洲民众对中国较为关注，但由于不懂汉语，对中国了解程度很浅，极易受西方媒体影响。我国可通过援外资金在塞多建汉语培训学校，多给外国学生来华留学名额，从援外资金中列支来华留学生奖学金和生活补贴，培养知华派和亲华派。我国在外建设的大量孔子学院遭到西方国家、东道国的反感和抵制，认为是我国对外输出价值观的符号，可考虑将孔子学院转变成汉语培训中心，将中华文化、价值观以汉语培训的形式隐形输出。

二是援外资金要多向东道国民生项目倾斜。民心相通是"一带一路"建设的先导性力量和决定性要素，可多建与东道国民生相关的医院、学校，少建耗资巨大、民众用不上的形象工程，让老百姓有实实在在的获得感。调研中发现，塞民众酷爱健身，我国在达喀尔多地建有群众健身设施，投资很小，但塞民众非常喜爱，经常人满为患。我国在塞通过援外资金实施了乡村打井工程等民生项目，塞民众每天用水，时时刻刻记得中国的帮助。这类投资少、贴近民生、塞民众欢迎、影响力大的援外项目应该多加谋划。

三是援外资金要向外宣倾斜。我国一些援外设施既没有中文冠名，也没有立碑明示，塞民众甚至不知是中国援助修建。要注意统筹协调好建设单位和宣传单位，援建项目不但要立碑明示，还要多利用媒体舆论公开宣传。"一带一路"不仅要重视大项目建设的"硬联通"，还要重视民心相通的"软联通"，援外项目不但要干得好，更要宣传得好。

「一带一路」与重点建设领域

下篇

"一带一路"：百年变局下的全球治理新方案

2013年，习近平主席提出"一带一路"重大倡议。五年多来，"一带一路"从无到有、由点及面，取得了长足进展。沿线国家投资贸易增长突飞猛进，一批重大基础设施项目拔地而起，更加开放包容的政策环境、人文环境正在形成，已初步构建了陆、海、空、网、冰多位一体的多彩丝绸之路发展格局。未来，"一带一路"将从"大写意"转向"工笔画"，更加强调落地实施、精耕细作。如果说基础设施、经贸往来、相互投资等实实在在看得见、摸得着的建设内容是"一带一路"的"形"，那么其背后深层次的制度、规则、标准等全球性治理方案则是"一带一路"的"骨"。做好一张"工笔画"，不仅要"形"神具备、尽其精微，更不能少了"骨"的劲道笔力。"一带一路"之所以短短几年就能取得如此亮眼成绩并得到各方肯定，不仅在于其顺应经济发展的一般规律、回应各国发展关切，更在于"一带一路"作为一项全新的全球公共产品，能够有效弥补当今全球治理中的一些短板和不足，能够有效推动全球治理向更加公平、普惠、包容方向发展。

一、当前全球治理存在两个"缺位"

当前的全球治理体系主要形成于第二次世界大战后，经过几十年的不断发展完善，对维护世界和平、促进全球经济发展等发挥了不可替代的重要作用，但该体系仍然存在不完善之处，"治理赤字"长期存在，集中表现在两个"缺位"。

一是在维护发展中国家利益方面存在"缺位"。邓小平同志曾经讲，世界问题概括起来就是"东西南北"问题。"东西"问题是和平问题，随着冷战的结束，"东西"问题已极大地弱化了。"南北"问题是发展问题，由于"中心—边缘"的国际分工格局长期存在，多数发展中国家长期被锁定在全球产业链的中低端，发展中国家与发达国家的发展鸿沟难以弥合。但近些年来，特别是进入新世纪后，一些发展中国家经济增速明显加快，甚至出现了发展中国家对全球经济增长贡献率超过发达国家的现象，发展中国家崛起已成为趋势和历史必然发展。但当前的全球治理体系主要是由发达国家制定的，没有很好地考虑到发展中国家的利益和诉求，也不能有效应对发展中国家崛起的新情况、新局面、新问题，全球治理的公平性、普惠性明显不足。在全球治理民主化的发展道路上，发展中国家仍未深入参与其中，总体上来说仍是缺位的。

二是在一些重点领域，全球治理还存在职能"缺位"。比如交通基础设施领域，第二次世界大战后的经济全球化主要是由跨国资本、私营企业来推动的，在基础设施互联互通等公益性较强的领域，私营企业参与的积极性不高。几十年的经济全球化一直未能有效解决发展中国家基础设施建设的问题，基础设施薄弱已经成为制约发展中国家经济发展、承接产业转移的最大瓶颈。又如数字经济领域，这是伴随着全球信息技术革命出现的新议题，传统经贸规则未将其囊括，面对快速发展、不断演化、纷繁多样的新经济、新业态，现有治理方式处于无规可循、无矩可守的状态。再如减贫扶贫领域，发达国家主导建立了一套国际援助机制，对发展中国家的医疗条件、教育条件等的改善发挥了一定作用，但其根本上还只是受之以"鱼"，而非授之以"渔"，没有帮助发展中国家建立内生增长机制，因此援助是不可持续的。近些年，随着一些发达国家民粹主义抬头，对发展中国家的国际援助也在缩水，"鱼"也越来越少。

二、"一带一路"致力于完善全球治理体系

"一带一路"的提出源于中国,但属于世界,是一项致力于完善全球治理的"中国方案"。具体而言,"一带一路"正在从四个方面对当今全球治理体系进行丰富和完善。

一是为发展中国家创造公平的发展机遇。新自由主义经济学是不完全适用于发展中国家的,其倡导的同等制度条件下的完全竞争、开放竞争,必然会导致全球经济"富者愈富、贫者逾贫"的结果。"一带一路"秉承发展经济学的重要理念,尊重各国对发展的选择权,推动发展中国家的经济合作,为沿线国家发展创造更适宜的软硬件环境。"一带一路"倡导均衡普惠的发展模式,致力于推动沿线国家贸易往来、相互投资、产业转移、人员流动,为发展中国家创造更多发展机会,做大蛋糕,让不同国家、不同阶层、不同人群共享发展成果。第二次世界大战后全球化的历史上,还从未有如此大规模的发展中国家合作计划,这是对现有西方"中心化"格局的重要完善,发达国家和发展中国家将共同构成全球化进程中的两条"腿",二者都不能偏废。

二是构建更加开放的经济发展环境。当今世界正走在一个历史的拐点上,全球化进程面临停滞,经济保护主义抬头,WTO等多边机制正遭遇挑战,世界向何处去成为全球都在担忧的问题。开放与发展从来都是紧密相连的,各民族的前途和命运从未有如此休戚相关。在全球化中出现的问题要在更深入地推进全球化中解决。中国希望通过"一带一路"与沿线国家、世界各国一道跳出狭隘的经济民族主义,打破以邻为壑的贸易壁垒,推动WTO等多边经济合作机制向更加公平合理的方向改革,共同打造公平竞争、均衡普惠、开放透明的全球化新格局,让各国各方都从中获益。

三是探索在一些新领域、市场失灵领域完善现有治理体系。比如,互联网、物联网、人工智能等新技术正在融入产业发展,跨境电子商务、数

字贸易等新的经济业态不断涌现,"一带一路"致力于打造"数字丝绸之路",将这些在现有国际治理中规则缺失的新经济纳入进来,并通过基于实践的、双方或多方共同协商的方式,逐步建立起适应性强的国际治理方式。比如,在基础设施互联互通领域,中国通过开发性金融的方式,与沿线国家共建了一批基础设施大项目,实现了公益性与收益性的平衡,有效弥补了商业性金融与基础设施难以融洽的市场失灵问题。

四是倡导包容的国际政治关系。西方主导的国际政治格局,其重要特点是强调文明输出、理念输出乃至政治模式输出,核心是以"华盛顿共识"为代表的新自由主义经济理论和以多党制、三权分立为代表的民主政治理论。对于不同国家选择不同的发展道路、政治模式,西方世界往往将其简单归之为"文明的冲突"。为推动发展中国家向西方政治经济模式靠拢,西方国家在中东、非洲、中亚、东南亚等推动了一系列运动,但结果大多是不成功的。"一带一路"理念和西方的"骑士"理念、"传道士"理念截然不同。"一带一路"坚持包容发展,遵循"和而不同"的文化观、政治观。不同国家、不同民族的文明也各有各的特点,文明没有高下之分,对文明的尊重也意味着对各国发展模式、政治制度、价值观念的尊重。各国有不同的历史和国情,不能简单地用一套模板套在每个国家头上,各国有对自身发展道路的选择权。人类有实现普世价值的共同目标,但通往目标的道路是不尽相同的,千万条河流终将汇向大海。

三、"一带一路"完善全球治理的几个原则

"一带一路"致力于完善全球治理体系,但并不是颠覆式的、强制式的、基于自身利益的,而是遵循以下几个基本原则:一是尊重现有全球治理体系,尊重现有的多边经济、政治规则,不另起炉灶,不另搞一摊。二是坚持自愿原则,对于"一带一路"涉及的国际规则、制度创新,各国有选择加入的决定权、主动权,绝非中国先设立一套制度规则的框,强制其

他国家往里跳。三是坚持合作治理、多元治理的原则，更加完善的国际治理框架是各个国家共同商议、共同建设出来的，各国都可深度参与其中，发挥应有的作用。四是完善全球治理的思路、设想、建议都是基于实践的，来自各国在发展过程中遇到的实际问题及其解决方案。也就是说，"一带一路"并不是自上而下的、先由中国主观设计好的，而是自下而上的、由各国基于实践逐步推动的。

当今世界正面临"百年未有之大变局"，"变"集中体现在发展中国家的整体崛起。为了更好地适应国际变革、完善全球治理体系、推动全球治理方式创新，中国提出了"一带一路"倡议。"一带一路"建设已进入第二个五年，进入精雕细琢的"工笔画"阶段，要想在已经取得突出成绩的经贸、外交、人文等各领域再取得更大进展，则需要在完善全球治理方式等深层次的问题上取得突破，需要建设更加公平、普惠、包容的全球治理体系。然而变革之路从来都是爬坡过坎、荆棘密布的，需要沿线国家共同努力、不懈奋斗。唯有坚持共商、共建、共享，树立利益共同体、责任共同体、命运共同体的共同意识，并将之转化为切切实实的行动，才能在纷繁复杂的国际变局中，为全人类找寻到一条共同的出路。

（笔者曾参与国家白皮书《共建"一带一路"倡议：进展、贡献与展望》的撰写。本文为受国家发改委邀请撰写的白皮书解读文章。原文于2019年4月刊载于"一带一路"官网、《中国改革报》）

推动"一带一路"走深走实 行稳致远

2013年9月和10月,习近平主席在出访哈萨克斯坦和印度尼西亚时分别提出建设"丝绸之路经济带"和"21世纪海上丝绸之路"(以下简称"一带一路")。"一带一路"的提出,源自习近平主席对国际形势与变局的深刻思考。一方面,全球金融危机后,世界经济复苏缓慢、增长乏力,需要有一项全新的经济合作倡议,从而凝聚各国发展共识,以合作求发展,为世界经济增长增添新动能。另一方面,发展中国家纷纷崛起,需要有一项更加公平普惠的发展倡议,为发展中国家创造更多新机遇,弥合发展鸿沟。"一带一路"基于古丝绸之路的历史符号,面对必须共同解决的全球性经济发展的矛盾和问题,寻找经济发展新动能,回应各国发展关切,将激活更多国家的发展潜能,点燃更多人民群众追求幸福的憧憬,因而得到了越来越多国家、国际组织以及国际社会的热烈响应。

"一带一路"以构建人类命运共同体为总体目标,以共商、共建、共享为基本原则,以政策沟通、设施联通、贸易畅通、资金融通、民心相通为建设重点,是全球重要的公共产品。五年多来,"一带一路"建设进展超出预期。沿线国家贸易规模快速扩大,贸易自由化水平不断提高。相互投资势头强劲,新型国际投融资机构和相关机制发挥重要作用。一大批基础设施建设项目竣工,跨境互联互通水平逐步提升。各参与国携手共建新亚欧大陆桥经济走廊、中蒙俄经济走廊、中国—中亚—西亚经济走廊、中国—中南半岛经济走廊、中巴经济走廊、孟中印缅经济走廊。产业转移速度加快，一批境外经贸合作园区形成较强的经济聚集能力。人文交流不断取得新进展，文化、教育、旅游、卫生、防灾减灾、扶贫脱贫等领域合作取得切实成效。围绕"一带一路"的多双边合作机制和框架正在形成，截至目前，中国已与124个国家和29个国际组织签署了172份合作文件。"一带一路"正在从理念转化为行动，从愿景转化为现实，从美好希望转化为可以看得见、摸得着、实实在在的合作成果。

"一带一路"是一项系统工程，建成绝非一朝一夕之功。现在国际上对"一带一路"有不解和质疑，这是正常的，也从另一个侧面说明国际社会对"一带一路"的关切。其中一些质疑是对"一带一路"的误解，对"一带一路"不清楚、不了解，需要通过沟通交流、通过实实在在的成果呈现来逐步化解。而一些质疑反映出"一带一路"建设中还存在一些短板和不足，要通过加强合作、改善方法、创新机制等方式解决，这正是"一带一路"更好地发展、向高质量方向发展的重要方向。

当前世界发展面临百年未有之大变局，全球化遭遇逆风，经济民族主义、贸易保护主义抬头，同时各国发展任务依然严峻，"中等收入陷阱"依然困扰着发展中国家。发展是解决一切问题的总钥匙。"一带一路"将继续聚焦发展这个根本性问题，将秉承开放的合作精神，推动各国共同应对发展面临的全球性挑战，共同适应科学技术创新和产业革命浪潮，共同面对未来的不确定性，推动世界各国实现经济大融合、发展大联动、成果大共享。

未来，"一带一路"将继续坚持"以和为贵"，推动沿线各方协商解决问题，用对话代替对抗，用谈判代替战争，用加快发展根除恐怖主义的滋生土壤，将"一带一路"建设成为"和平之路"。加强沿线各国产业合作，形成更加紧密的全球产业链、价值链合作体系，将"一带一路"建设成为"繁荣之路"。推动沿线各国扩大经贸往来，建设更加自由便利的贸易投资网络，尊重WTO等多边经贸合作机制，推动其向更加公平合理的方向改革，将"一带一路"建设成为"开放之路"。与各国共同加强生态环境保护，践行绿色、低碳、循环、可持续的发展理念，坚守《巴黎协定》，将"一带一路"建设成为"绿色之路"。按照新一轮科技革命和信息化、数字化、智能化的发展趋势，加强沿线国家基础科学、前沿技术共同研究，开展高科技产业合作，将"一带一路"建设成"创新之路"。按照"和而不同、多元一体"的理念推进沿线国家文明交往、交流、交融，以文化合作推动民心相通，将"一带一路"建设成为"文明之路"。共同加强法制环境建设，深入推进反腐合作，以零容忍态度打击腐败，实现公开透明、法治规范、民众监督，将"一带一路"建设成为"廉洁之路"。与各国共同构建公开、透明的"一带一路"规则体系，推动各国法律、政策、规划、标准、制度对接，将"一带一路"建设成为"规则之路"。

中国愿在"一带一路"建设中发挥重要作用。中国将继续加大开放力度，扩大外资市场准入，增加进口，培育国际一流水平的现代营商环境，加强知识产权保护，建设更加完善的市场经济体系，中国市场向全世界朋友张开怀抱。中国将坚定支持开放、透明、包容、非歧视性的多边贸易体制，维护现有基于规则的国际治理体系，积极推进多边体制完善并更好发挥作用。中国将通过扩大对外投资、推进国际产能合作、帮助各国建设基础设施等方式，推动新一轮的全球产业转移和资源重组，为更多发展中国家创造发展红利。中国将加强与各国宏观经济政策的沟通、协调，不搞汇率竞争性贬值，维护大国信用。中国将继续加大对外援助力度，不仅授人以"鱼"，更要授人以"渔"，2020年中国将全面脱贫，中国也愿意帮助沿线国家共同摆脱贫困、饥饿、疾病的威胁。中国将继续奉行和平发展理念，始终成为维护地区和世界和平的坚定力量，不搞国强必霸，不将自己的意志强加于人，尊重各国对发展道路的自主权和选择权。

"一带一路"既是一项百年工程、千年大计，也是开放的平台、发展的舞台。华美篇章刚刚开篇,恢宏乐章正在拉开帷幕,需要各国一同书写描绘。让我们携手共同打造一个持久和平、普遍安全、共同繁荣、共享发展、开放包容、清洁美丽的新世界!

(笔者曾参与国家白皮书《共建"一带一路"倡议:进展、贡献与展望》的撰写,本文为受国家发改委邀请撰写的白皮书解读文章。原文于2019年4月刊载于"一带一路"官网、《中国改革报》)

推进"一带一路"建设的若干建议

2017年5月14—15日，我国在北京举办了首届"一带一路"国际合作高峰论坛，对四年来"一带一路"的建设进展进行系统总结，对下一步"一带一路"建设进行规划和展望。未来一个时期，"一带一路"建设重心要从形成共识转移到实施落地上来，如何务实推进"一带一路"成为社会各界高度关注的问题。本研究认为，应坚持规划先行，以重大建设项目为抓手，以自由贸易网络建设、国际产能合作、沿线地区互联互通为重点，以"一带一路"建设机制、沿线国家智库交流合作为保障，统筹协调、循序渐进，从而把"一带一路"建设推向深入。基于此，本研究提出以下六方面建议。

一、沿线各国共同启动"一带一路"建设规划和行动方案编制工作，尽早收获一批典型示范项目

为进一步凝聚合力，将"一带一路"建设分阶段、分步骤、有序稳步地推向前进，建议沿线各国共同启动建设规划和行动方案的编制工作，推动各国发展战略、发展规划、建设项目对接，尽快签署一批合作备忘录，推进重大项目储备库建设，形成重大项目滚动实施机制，尽早收获一批建设成果。

一是推动"一带一路"沿线及相关国家发展战略和发展规划对接。"一带一路"沿线各国对经济合作发展有共同的诉求和期盼，除中国提出的"一带一路"倡议外，沿线一些国家及域外相关国家也提出了各自版本

的区域经济合作计划，如欧盟的"容克计划"、俄罗斯的"欧亚联盟"、英国的"北方动力"、印度的"季风计划"、巴基斯坦的"愿景2025"、蒙古的"草原之路"、哈萨克斯坦的"光明大道"、土耳其的"中间走廊"、波兰的"琥珀之路"、印尼的"全球海洋支点"、沙特的"2030愿景"、越南的"两廊一圈"、澳大利亚的"北部大开发"，等等。这些计划与"一带一路"异曲同工、相互支撑、相互补充。未来，相关国家应共同努力推动这些计划之间及其与"一带一路"之间的充分对接，大家朝着一个统一的、共同商定的目标"齐步走"，形成相向而行的共同战略和政策选择，进一步凝聚合力，建设"你中有我国、我国中有你"的嵌套式发展格局，结成更为巩固的"命运共同体"。

二是沿线各国应共同启动"一带一路"建设规划和行动方案编制工作。"一带一路"是一项庞大而复杂的系统工程，为推动"一带一路"建设合理有序推进，必须规划先行，因此沿线各国应尽快启动"一带一路"建设总体规划的合作编制工作。规划编制要坚持求同存异，充分尊重沿线每个国家的意见和建议，通过沟通协调解决意见分歧；要坚持权责明确，明确各国任务分工，重大投资建设项目要明确建设任务、建设主体、建设工期、投资方式；要坚持有序推进，率先推进一批关键通道、关键节点、关键领域的重大项目，形成示范效应和全局带动力。根据"一带一路"建设总体规划，沿线各国应在交通、能源、金融、科技、文化等领域共同制定专项规划，丰富规划层级，细化规划内容。根据"一带一路"总体规划和专项规划，沿线各国应共同开展行动方案编制工作，明确落实规划的时间表和路线图。要建立对"一带一路"总体规划、专项规划、行动方案的动态评估机制，每隔两至三年，对上一阶段的规划执行情况、建设进展进行科学评估，及时总结经验、发现问题，并对规划和实施方案进行一定程度的修编和调整。

三是沿线各国共建"一带一路"重大项目储备库。沿线各国应共建

"一带一路"重大项目储备库,将涉及"一带一路"的重大交通、能源、通信、文化、民生、国际援助及国际产能合作等各领域的重大项目囊括其中,使其成为"一带一路"项目选择的主菜单。项目入库可采取提案制,沿线各国可单独提出或多国共同提出重大项目入库申请,经专业机构前期论证和科学评估后可进入项目库。库中项目应成为"一带一路"建设的优先扶持项目和重点推介项目,项目库可向亚洲基础设施投资银行、丝路基金及各国政策性金融机构开放,政策性资金优先向入库项目倾斜。重大项目储备库将采取滚动实施机制,项目开工一批、谋划一批、储备一批,逐年进行调整,并要定期对重大项目建设进展、经济效益、社会效益等情况进行评估,对多次未通过评估的项目要从项目库中剔除。

四是签署一批共建"一带一路"合作协议或备忘录。为务实推进"一带一路"建设,沿线各国应进一步加强双多边合作,开展多层次、多渠道沟通磋商。合作意愿较强的国家和国际组织之间,应积极签署合作协议或备忘录,围绕编制对接规划、共建重大项目、开展国际交流等方面形成文件并推动落地,对各方认可、条件成熟、前期工作扎实的重大项目和合作议题应抓紧启动实施,尽快形成一批标杆性工程和典型合作示范项目。与沿线各国、各国际组织围绕"一带一路"倡议积极进行磋商并签署"一带一路"合作相关协议或备忘录。中国应率先投资建设若干"一带一路"重大示范工程,为各国开路搭桥、摸索经验,推动"一带一路"建设早日开花结果。

二、沿线各国共同推动建设"一带一路"自由贸易网络体系,进一步推进经济全球化和区域一体化进程

2008爆发的全球金融危机至今已十余年,世界经济尚未走出阴霾,传统增长模式难以为继,新的增长动能尚未形成,世界经济增长疲软乏力。与此同时,全球贸易保护主义抬头,贸易摩擦日益激烈,封闭保守、以邻

为壑的经济政策时有推出,这为原本就脆弱的全球经济增添了巨大的不确定性。"一带一路"沿线国家是全球经济合作的重要参与方,沿线各国应顺应历史发展潮流,共同推动建设"一带一路"自由贸易体系,积极推进经济全球化和区域一体化进程,为世界经济增长提供新动能。

一是加快推进沿线国家双多边自贸区建设。目前在"一带一路"沿线已启动了欧盟、东盟、中国—东盟、中国—瑞士、中国—新加坡、中国—巴基斯坦等一批多双边自由贸易区,对于推动沿线各国经济合作与发展发挥了重要作用。与此同时,区域全面伙伴关系(RCEP)、中国—东盟自贸区升级版、中欧BIT(双边投资协定)、中国—海合会自贸区、中国—巴基斯坦自贸区第二阶段、中国—斯里兰卡、中国—以色列等一批自贸区谈判也正在积极推进。当前,沿线各国应积极推进各类双多边自贸区建设,已签署协定并启动的双多边自贸区可结合各国国情努力打造升级版,进一步提升开放程度;正在谈判的自贸区协定应积极加快谈判进程,必要时可考虑创新谈判规则,推动各国尽早达成关键共识和落实早期收获;共同开展一批新的双多边自贸区谈判,推动各国与主要经贸合作伙伴自贸区建设;沿线各国也应积极推进同域外国家的自贸区建设,如推进沿线各国与域外国家的双边自贸区建设,域内外国家共同推进亚太自贸区(FTAAP)建设等。

二是欢迎沿线各国在国内选择部分地区建设自由贸易开发特区。目前中国已在上海、广东、福建、天津等地开展了一批自由贸易区建设试点,实际成效明显,在开放型经济管理方面取得了丰富经验。欢迎沿线各国结合自身国情在国内选取一些园区、开发区或专门划定一片地区,开展自由贸易开发特区试点,先行先试高标准自由贸易规则和负面清单投资管理方式,搭建新的开放平台,使各国自由贸易开发特区之间实行对等开放、制度对接,这对于各国逐步探索适合自己的开放模式、提升开放型经济管理水平具有重要意义。中国应将自由贸易开发特区建设的试点经验与沿线国家分享，欢迎各国派人到中国自由贸易区试点调研考察。

三是沿线各国共同开展"一带一路"自贸区建设。沿线各国应在已建成和未来将逐步建成的双多边自贸区基础上，进一步推动各种机制整合，探索建立基于WTO框架，但标准更高、合作程度更紧密，沿线各国均参与其中的"一带一路"自贸区。考虑到沿线各国的发展阶段不同、对高标准经济规则的接受程度不同，该自贸区可从标准规则相对较低的1.0版开始做起，未来可再逐步提高标准、升级版本，力争早日建成全球最大的高标准自由贸易区。同时也欢迎有意愿的域外国家加入"一带一路"自贸区的谈判和建设中来，深入推进更大范围、更宽领域、更深层次的区域经济一体化进程。

三、沿线各国顺应新一轮全球产业转移浪潮，共同推进"一带一路"国际产能合作

工业革命后，世界经济先后经历了多轮产业转移浪潮，全球制造业从工业革命的发源地欧洲转移到北美，第二次世界大战后又进一步转移至东亚特别是中国，使中国成为世界第一制造业大国和"全球工厂"。随着中国发展水平提升、需求结构变化、产业结构升级，目前中国的一些产业也正在沿"一带一路"向东南亚、南亚、非洲等地区"走出去"，新一轮的全球产业转移大幕正在拉开。"一带一路"沿线国家应顺应这一经济规律和发展趋势，共同开展国际产能合作。基于各自比较优势构建新型产业分工体系，重构"一带一路"沿线产业链、价值链、供应链、服务链。

一是构建沿线国家资源整合、优势互补的新型产业体系。"一带一路"沿线国家的要素禀赋各不相同、比较优势差异较大。当前这一差异主要以沿线国家之间的最终产品贸易形式体现，各国产业链的深度融合总体来说尚未实现。各国应进一步加强产业链上各环节的整合，积极承接来自沿线其他国家的产业转移，推动不适应本地比较优势的产业或生产流程向沿线

其他国家转移，以提高中间品贸易在贸易总额中的比重。基于各自比较优势构建新型产业分工体系，重构"一带一路"产业链、价值链、供应链、服务链，形成共建、共赢、共享的包容性经济发展模式。

二是沿线国家共同建设跨境经贸合作区。目前中国已与"一带一路"沿线国家共建了56个跨境经贸合作区，合作领域涉及加工制造、资源能源、商贸物流、科技文化等各个领域，实践证明跨境经贸合作区模式对于推动企业跨境投资具有重要作用。中国愿与"一带一路"沿线国家合作共建更多跨境经贸合作区，通过专业化园区运营，整合各类生产要素，搭建产业合作平台，吸引全球企业入区投资，打造一批具有国际竞争力的产业集群，从而"以点带面、聚点成片"，进一步推动沿线国家和地区的互利合作。

三是沿线国家合作共同开发第三方市场。沿线国家合作开发第三方市场，不仅有助于开发国优势互补、进一步拓展经贸市场，也有助于帮助第三方市场提升发展水平，是一件各得其所、互利共赢的好事。"一带一路"两端的东亚和欧洲地区经济较为发达，中间广大腹地地区经济发展相对滞后，中国愿与欧洲国家一道率先开展对中亚、南亚、中东、非洲腹地等地区的第三方市场开发，推动中国与欧洲的资金、技术、人才、装备等要素流向腹地地区，帮助"一带一路"腹地国家提升经济发展水平。

四是沿线国家共同适应、参与、引领信息经济条件下的新经济革命。伴随着互联网、物联网、大数据、云计算、区块链等新技术的涌现与成熟，围绕信息这一经济要素出现了一些新的经济业态，信息要素融入传统产业，彻底颠覆了一些传统经济模式，第四次工业革命正在孕育而生。"一带一路"沿线各国应共同开展对新技术、新经济、新业态的系统研究，共同探索建立新经济的监管模式和引导性政策，创造新的经济规则和标准，建设"网上丝绸之路""信息丝绸之路""数据丝绸之路"，共同适应、参与、引领信息经济条件下的新经济革命。

四、提升"一带一路"沿线地区互联互通水平,形成立体化、多维度的互联互通网络

"一带一路"建设的关键是实现沿线所有国家和地区的互联互通,因此沿线各国应共同努力提升"一带一路"在交通、金融、能源、信息、文化等领域中的互联互通水平,打造全方位、多层次、复合型的互联互通网络,以互联互通代替逆全球化的"孤岛经济",塑造全球互联互通的超级版图。

一是共同打造通达互联的"一带一路"交通网络体系。交通基础设施是"一带一路"建设的优先领域,沿线国家应共同推动建设"陆上丝绸之路",以内陆港建设为重点,拓展高铁和铁路国际运输通道,继续打造"中欧班列"品牌,推动建设泛亚高铁、中亚高铁、欧亚高铁;共同推动建设"海上丝绸之路",开辟拓展联通沿线国家的重要海上航线,以重点港口群建设为重点,建设国际海洋运输大通道。沿线国家应共同推动建设"空中丝绸之路",推动沿线国家"第五航权"开放,进一步密集中欧、中国—东南亚航线网络,加强中国与南亚地区城市间的空中联系。通过落实"中非区域航空合作计划",形成覆盖亚非欧大陆的航空网络体系。

二是共同打造自由互联的"一带一路"金融网络体系。金融是"一带一路"建设的重要支撑,沿线各国必须深入开展金融合作,盘活存量资金、优化支持结构、创新运作方式,为"一带一路"长期建设提供资金支持。要进一步发挥好亚洲基础设施投资银行、金砖国家开发银行、中国—东盟银行联合体、上合组织银行联合体、各国开发性银行、政策性银行及商业银行等投融资机构和丝路基金、中国—东盟海上合作基金、亚洲区域合作转向资金、中国—阿联酋共同投资基金、中国—中东欧投资合作基金、中国—欧亚经济合作基金、中非基金等多双边基金的重要作用。要加大沿线国家与世界银行、国际货币基金组织、亚洲开发银行、欧洲复兴银

行等国际金融机构合作。要推动沿线国家债券市场开放和发展，支持沿线国家政府和信用等级较高的企业及金融机构在他国发行债券，支持沿线国家面向全球发行"丝路债券"，为"一带一路"项目建设提供资金支持。要扩大沿线国家双边本币互换、结算的范围和规模，中国应在沿线建立更多人民币离岸中心，推出更多人民币投资产品，与更多沿线国家签署双边本币互换协议和结算协议。沿线国家应积极构建跨区域的信用体系，加强征信管理部门、征信机构和评级机构之间的跨境交流与合作，积极推动各国现有信用评级体系的改进与完善，研究建立符合地区特点的信用评级体系与标准，逐步建立客观、公正、合理、平衡的"一带一路"信用体系。

三是共同打造稳定互联的"一带一路"能源网络体系。"一带一路"沿线地区能源储量极为丰富，同时也是世界能源消费的主要市场，全球最主要的能源供需国大部分集中在"一带一路"沿线，因此沿线国家应密切加强在能源领域的合作。沿线国家可成立"一带一路"能源俱乐部，共同建设"一带一路"大宗能源产品交易平台，建立稳定的供求关系，掌握全球能源产品定价权，避免能源价格大涨大落对供需双方造成损失。沿线国家应共同推进能源资源勘探开发，建设一批以油气为核心的能源资源勘探开发及加工转化合作带和示范区。沿线国家应加强能源互联网建设，可考虑共建一批火电、水电、核电、太阳能、风能基地，推进中国与中亚、西亚、东南亚能源通道建设合作，加快中俄天然气管道建设，提升中俄油气管道运输能力，推进中国与俄罗斯、东南亚、中亚跨境电力通道建设，加快联网步伐，将"一带一路"建设成为"油气丝绸之路""电力丝绸之路""绿色能源丝绸之路"。

四是共同打造安全互联的"一带一路"信息网络体系。信息是经济活动中重要的生产要素，"一带一路"建设要把信息互联放在突出位置。沿线各国要顺应信息化的发展趋势，加快推动沿线各国信息基础设施建设，推进中国与中亚、东盟地区的跨境光缆建设和改造升级，提高国际通信互联互通水平。要在沿线选取适宜地区建设若干大型国际数据中心、信息平台、信息港，形成强大的信息数据交换能力、路由能力、计算能力和存储能力，面向沿线国家提供高速、低价的国际通信和互联网服务。要共同构建和完善沿线国家信息安全管理体系，加强网络空间法制建设，建立多边、民主、透明、安全的信息治理体系。

五是共同打造多彩互联的"一带一路"文化网络体系。"一带一路"沿线国家在历史上创造出了形态不同、风格各异的文明形态，并通过交流形成了多彩绚烂的丝路文化。当今世界是一个多元化、多极化的世界，不同国家基于不同的历史传统、文化基因、宗教信仰选择了不同的社会制度和发展道路，形成了多彩多样的现代文明，沿线各国要在传承古丝绸之路交往精神的基础上，进一步加强各国文化间的交流合作，创造新的文明。各国应共同精心打造一批"一带一路"文化交流品牌项目，深入开展沿线国家在文化艺术、科学教育、宗教历史、体育旅游、卫生健康等领域交流的合作，共同举办形式多样、丰富多彩的文化论坛、展览、演出活动，共同举行文化年、艺术节、电影周和旅游推介活动，联合译介、出版相关书籍，拍摄、播放有关影视片，支持各国青年往来、学术往来、志愿者派遣、非政府组织交流，广泛开展教育医疗、扶贫开发、生态环保等各类公益慈善活动，通过文化交流推进民心相通。

五、进一步完善"一带一路"建设的机制性安排，为推进"一带一路"建设提供坚实保障

"一带一路"沿线国家共同推进"一带一路"建设，必须逐渐突破各国体制机制割裂的藩篱，逐步推进相互对接的制度性安排，并做出重大制度创新，形成一些新体制、新规则、新办法，为"一带一路"建设提供坚实保障。

一是建立域外国家参与"一带一路"建设的开放机制。世界各国、国

际和地区组织,只要有意愿就都可以参与进来,成为"一带一路"的支持者、建设者和受益者。"一带一路"沿线国家应共同致力于允许新成员国、新成员组织加入的开放机制建设。中国应与世界上有志于推动"一带一路"建设的国家一道,共谋盛举、共享盛宴,携手推动更大范围、更高水平、更深层次的大开放、大交流、大融合。

二是建立推进"一带一路"建设的组织协调机构。为更好地推动"一带一路"建设,沿线各国可共同成立专门的"一带一路"组织协调机构,该机构由沿线各国政府派出代表组成,主要负责"一带一路"规划和实施方案制定、建设进展评估、重大项目选择、相关信息统计发布及相关重大问题协商等工作,并制定"一带一路"年度建设工作安排。该机构可在北京设立秘书处,形成常态化的联合工作机制。

三是建立"一带一路"沿线国家的安全对话与合作机制。"一带一路"沿线部分地区地缘政治军事冲突激烈、恐怖主义问题严峻、分离分裂主义势力猖獗,对安全稳定建设"一带一路"构成威胁。沿线各国应共同建立安全对话与合作机制,形成制度化的共同对话框架,围绕影响"一带一路"建设的关键安全问题沟通协商,在充分尊重各方利益的前提下,凝聚相关方最大共识,逐步拓展利益契合点。沿线各国应共同建立常态化的安全合作机制,通过定期或不定期的联合反恐演习、海上合作巡逻、重大灾害救援演习、地区维和演习、网络安全应急演习等,进一步深化各国安全互信,不断强化安全合作水平,建立保障"一带一路"建设的有效安全力量。

四是建立沿线国家宏观经济政策协调机制。"一带一路"建设为加强参与国的宏观经济政策的协调与沟通,形成趋同化、协同化和有利于世界经济发展的政策取向提供了新的平台和渠道。各国应藉此推动全球宏观经济政策协调与沟通,统筹兼顾财政、货币、就业、产业和结构性改革政策,减少相关国家政策的不确定性、不连续性和不均衡性,将政策负面外溢效应降至最低,以支持全球经济可持续增长和应对潜在风险。

五是建立"一带一路"高峰论坛的常态机制。以 2017 年北京"一带一路"国际合作高峰论坛成功召开为契机,建议将"一带一路"国际合作高峰论坛以每两年一次的形式持续办下去,沿线各国齐聚一堂共同围绕"一带一路"建设的有关问题进行深入交流,使其成为"一带一路"建设的最高级别官方论坛。除北京外,未来"一带一路"高峰论坛还可考虑在"一带一路"的主要起点城市中国西安和厦门举办,长期可考虑在"一带一路"沿线的其他主要国家、重要城市举办。

六、深化"一带一路"沿线各国智库交流合作,为推进"一带一路"建设提供智力支持

推动"一带一路"建设,需要沿线各国政府、企业和民众的共同认可和支持。智库在政府决策、企业发展、引导社会舆论等方面具有重要作用,沿线各国智库应围绕"一带一路"进行密切合作,为"一带一路"建设提供真知灼见,用智慧、理性和深邃的思想构筑更具引领性的共识、议题和方案,进一步凝聚沿线各国的共信、共识和共知,面向未来,创新、扬弃、联通、协同,让站在人类道德和道义制高点上的思想光芒普照大地。

一是共建"一带一路"全球智库交流网络。智库是一国软实力和话语权的重要组成部分,对政府决策、企业发展、社会舆论与公共知识传播具有深刻影响,"一带一路"建设应特别注重智库的交流与合作。建议共同成立"一带一路"全球智库交流网络,智库和相关机构可通过这一网络开展围绕"一带一路"的双边或多边联合研究,共同举办有关研讨活动,相互交流"一带一路"研究成果,共同发布研究报告,促进各国智库在"一带一路"问题上的交流与合作,为推进"一带一路"建设建言献策。

二是共建"一带一路"智库合作联盟。依托"一带一路"全球智库交流网络，沿线国家智库可合作建立"一带一路"智库合作联盟，组织开展"一带一路"顶层设计谋划和"一带一路"建设规划的制定，组织策划"一带一路"全球智库论坛，组织围绕"一带一路"进行相关理论研究及应用研究，组织跟踪沿线国家社情民意，对苗头性、动向性问题进行疏导，对公众关切的重点问题主动回应，对舆论曲解的热点问题有效引导，为"一带一路"建设提供智力支持、决策咨询、可行性论证、社会调查、风险评估等服务。

三是共同发布沿线智库"一带一路"大数据报告。随着"一带一路"建设的深入推进，大数据对于"一带一路"的重要性日益凸显。要充分发挥沿线各国智库的资源优势和专业能力，整合利用各国数据平台的信息资源，打造面向政府和社会的"一带一路"大数据库，让大数据和科学之光普照"一带一路"的现在和将来。"一带一路"大数据库可由国别库、区域库、理论库、实践库、项目库、资讯库等若干部分组成，囊括沿线国家基本概况、经济产业、政策法规、规划计划、项目工程、文化交流、社会舆情等多种信息，为沿线国家和地区提供多元化、常态化、可视化的大数据产品，全方位、多角度地呈现"一带一路"建设进展和未来建设需求。中国智库应与沿线各国智库一道，链接沿线各国政府、智库、研究机构和媒体等的数据信息，进一步丰富完善大数据库的内容和功能，使大数据库更好的发挥作用。

四是共同发布沿线智库"一带一路"年度研究报告和年度贸易投资报告。"一带一路"沿线各国智库应围绕"一带一路"开展合作研究，共同组建联合研究团队，对"一带一路"沿线国家和地区的政治、经济、文化、社会、安全、舆论等问题进行跟踪研究。每年定期发布"一带一路"年度报告，对"一带一路"建设进展与问题进行年度总结，为各国政府把握"一带一路"建设的宏观情况、制定相关政策提供依据。每年定期发布

"一带一路"贸易投资报告,通过对沿线国别、重点领域、重大项目的跟踪研究,形成对沿线国家投资营商环境变化的动态跟踪,为企业投资、项目落地提供指导。

(本文为首届"一带一路"国际合作高峰论坛发布的重要报告《"一带一路":文明交流互鉴的连心路,共同美好生活的圆梦路》的主要组成部分,后经《经济纵横》2017年第9期刊发。)

积极构建"一带一路"国际规则体系

当前,"一带一路"正在从顶层设计转向落地实施,在务实推进过程中,遇到了构建"一带一路"国际规则体系的问题。无规矩不成方圆,"一带一路"是一项愿景宏大的发展倡议,蕴含着全新的发展理念,既有的国际规则不能完全适应"一带一路"建设需求,需要突破扬弃、推陈出新。在推动各国由形成"一带一路"共识转向共建的过程中,也需要一套国际规则使之成为凝聚各国行动的纲领,成为各国合作交往、解决分歧的准则。可以说,构建"一带一路"国际规则体系既是"一带一路"由理念转化为实践的一个关键环节,也是由中国独立推动转化为世界各国共同行动的必要条件,更是对现有国际治理体系的补充、完善和创新。

一、构建"一带一路"国际规则体系的基本原则

"一带一路"不是空谈,是一项发展倡议和行动纲领,这就要求"一带一路"国际规则体系的构建必须以实践为导向,以引导合作、促进交往、规范行动、解决分歧为基本目的和方向。在这一要求下,"一带一路"国际规则体系的构建应遵循以下基本原则。

(一)不另起炉灶,在现有国际规则上寻求突破创新

当前的国际治理体系主要是第二次世界大战后,由美国等发达国家主导设计和制定的,这一体系固然有很多问题,诸如霸权国家主导国际政治制度和格局,国际贸易规则设计主要体现发达国家利益,全球化条件下贫富差距、国别差距无法解决,等等。但不可否认的是,第二次世界大战后

的国际政治经济秩序总体上运行良好，且当前并无其他可替代的公共制度供给，中国也是当前国际规则体系的重要获益者，世界各国也基本适应了这套规则体系。国际规则体系的建立并非一朝一夕，全球现代国家体系的形成经历了几百年时间，自由开放的全球化经济秩序的成熟稳定也经历了战后的几十年时间。但当前"一带一路"建设工作已经有序开展，不可能等待"一带一路"规则体系完全建立后再进行建设，当前仍然需要依赖现有国际制度和规则。未来随着"一带一路"建设在实践中的需要，会逐步对现有国际规则进行补充完善，逐渐形成制度上的突破，因此"一带一路"国际规则体系的构建会是一个由点及面、循序渐进的过程。

（二）不能仅考虑自己的利益，更要考虑与各国的互利共赢

"一带一路"秉承人类命运共同体的重要理念，坚持互利共赢的基本原则，致力于打造你中有我国、我国中有你的融合式、嵌套式发展格局，因此，"一带一路"国际规则体系的构建也必须坚持互利共赢的基本原则。"一带一路"国际规则体系与当前西方主导构建的国际规则体系最大的不同点在于："一带一路"国际规则体系强调发达国家、发展中国家和不发达国家等所有国家的共同发展，为各国发展创造公平的发展机会，打造向各方开放的共同平台，为全世界创造公共产品。而西方主导的国际规则体系更多强调的是发达国家的利益，维护发达国家在全球政治经济格局中的领导地位，确保其发展不被其他发展中国家超越，维持其在国际社会第一梯队的位置。二者具有本质的区别。"一带一路"国际规则体系构建要充分体现共商、共建、共享：共商意味着相关规则的设计、制定要由各国共同商议并形成共识；共建意味着发挥各国各方的优势和潜能，携手合作、形成合力，推动规则落地落实；共享意味着各国各方能够公平、平等地分享"一带一路"建设成果和收益。

（三）不搞强加于人，使各国各方自愿参与建设

从历史上看，全球化体系的形成是西方国家依靠武力、霸权强行推动

的过程，通过船坚炮利、殖民体系、不平等条约、门户开放、黑奴贸易等各种不光彩手段将世界各国推入全球化进程中来，通过剥削和殖民统治收获了超额利润和资本的原始积累，使广大发展中国家和不发达国家陷于贫困而难以自拔。现在，美国等发达国家仍在通过贸易壁垒、经济制裁、政治霸权、颜色革命、武装干涉等各类单边手段对很多国家进行打击，使其难以挑战美国的全球和地区霸权，一直锁定在全球产业链分工低端。中国推进"一带一路"国际规则体系建设不能走西方国家的老路，不搞强加于人、不搞武力推动、不搞霸权主义、不搞殖民主义，要坚持多边主义原则，在各国自愿参加的前提下，平等协商，拟定出能够凝聚最大公约数和利益汇合点的原则、规范、标准、程序，形成人类利益共同体、责任共同体和命运共同体。

（四）建立国际规则要先把自己的事情做好，选择一些有优势、实践较为成熟的领域率先探索形成国际规则

中国是"一带一路"倡议的提出者、践行者和推动者，也应该成为"一带一路"国际规则体系构建的探索者、开路人和示范标杆。"一带一路"国际规则体系是软性的、非直观的，如果要让世界各国有意愿加入进来，就必须让其看到"一带一路"国际规则体系在实践中的巨大优越性、先进性，让各国目睹该规则体系对经济发展的重要促进作用。中国从改革开放初期"摸着石头过河"到如今大手笔的顶层设计、战略谋划，四十年来积累了丰富的实践经验，所创造的中国模式、中国方案、中国道路不仅适用于中国，使中国由一个经济基础薄弱的国家迅速发展成为紧追美国的全球第二大经济体，同时其所蕴藏的经济规律、生产关系、制度设计也适用于"一带一路"沿线很多其他国家。全球很多国家对中国如何摆脱贫困、如何建立现代工业体系、如何推动改革开放、如何实现高新技术产业发展赶超、如何确保经济长期中高速增长等问题十分感兴趣，希望将这些成绩背后的经验模式复制到自己的国家。中国应选取这些有优势、实践成熟、受到广泛认可、取得突出进展的领域，率先尝试建立一些国际新规则，并身体力行打造示范标杆，向沿线其他国家推广，从而凝聚共识，团结各国共同参与到"一带一路"国际规则体系建设中来。

（五）"一带一路"国际规则体系从研究、设计到建立、运行，全程都要公开透明

"一带一路"倡议提出至今，曾遭到一些国家的质疑甚至批评，如一些西方国家认为"一带一路"是中国为了抢占沿线国家市场、控制能源资源、通过债务控制他国政治，"一带一路"项目质量不高、效益较低、破坏环境、滋生腐败，是新殖民主义等。这些质疑固然是由于部分西方国家带着有色眼镜看待中国，但"一带一路"建设如能公开透明，并随着建设逐步取得进展，是完全可以回应这些质疑和批评的。这就要求"一带一路"国际规则体系的建立坚持公开透明原则。新规则既可由中国提出，也可由沿线其他国家提出，允许沿线各国及关联方参与到规则的研究和设立中来，规则的建立和运行也要透明化，以便最大限度地减少规则构建中的阻力。

二、"一带一路"国际规则体系的主要内容

"一带一路"国际规则体系可在现有国际规则的基础上，在国际贸易、国际投资、国际金融制度建设方面进一步完善、突破、创新，使之能够满足"一带一路"建设需要。同时，中国具有丰富经验、先发优势和实践基础的设施建设、E 国际贸易等领域，积极推动形成各国认可的国际新规则。

（一）更加自由化、便利化的"一带一路"贸易规则

贸易畅通是"一带一路""五通"的重要建设目标之一。"一带一路"贸易大市场的建立要着眼长远，面向经济自由化、一体化的发展大势，一方面以现有 WTO 体系为依托，积极推进多哈回合进程，针对现有 WTO 制

度的一些关键缺陷推动改革；另一方面也要推动整合各类碎片化的区域贸易协定，打破"意大利面碗"效应。同时，在推动"一带一路"自贸区建设、降低或取消贸易壁垒、建设"一带一路"大通关机制等方面有所创新，力争形成规则突破，使"一带一路"沿线国家间相互贸易形成规模，使"一带一路"成为全球经济自由化、贸易便利化的重要平台和手段。

一是继续推动 WTO 多哈回合进程。WTO 是当前全球贸易领域最为重要的国际规则，是世界各国开展国际贸易最主要的平台，是当前推动"一带一路"贸易畅通的基础性机制。当前 WTO 多边贸易谈判停滞于多哈回合，突出表现为发达国家集团和发展中国家集团、工业国集团与农业国集团的矛盾，涉及农产品贸易、服务贸易、知识产权、环境保护等诸多议题。"一带一路"沿线国家大多为发展中国家和不发达国家，这些国家在多哈回合谈判中往往具有很多利益共同点和相似的发展诉求，可通过结成联盟、捆绑利益，形成步调一致的战略和策略取向，携手推进多哈回合进程。中国应与沿线国家一道，支持 WTO 在多边贸易体制中的核心和基石作用，坚决抵制保护主义、封闭主义，推动世界各国在尊重发展授权原则、锁定多哈已有谈判成果、采取"一揽子"谈判方式的基础上结束多哈回合，彻底解决以往谈判遗留的发展赤字和利益诉求无法弥合的问题，增强"一带一路"沿线国家在 WTO 中的影响力和话语权。

二是推动对现有 WTO 体制机制进行改革。毋庸置疑，当前 WTO 体制机制还存在一些缺陷，为各成员国所诟病和指责。如对个别霸权国家缺乏有效的制裁能力，致使其无视 WTO 机制、无视多边规则，按国内法处理国际贸易争端，使其国内法凌驾于 WTO 规则之上；如争端解决机制效率较低、诉讼期限较长，贸易救济与受到损害不对等，对违反规则的国家缺乏及时有效的制裁能力；WTO 规则越来越由"绿屋会议"决定（"绿屋会议"作为重要正式会议之前的闭门会议，参与者主要为发达国家），少数发达国家主导 WTO 规则制定，不公开、不透明，等等。为使 WTO 机制能更好地发挥作用，中国应与"一带一路"沿线国家一道，共同推进WTO规则向更加公正合理、公开透明方向改革，使WTO能够适应新型全球化的需要。

三是整合各类区域性多边贸易规则。近些年来，全球经济治理结构从多边主导转向区域主导的特征越来越清晰明显，随着WTO谈判难度增大、谈判进程缓慢，一些国家开始转向各类区域自贸协定，TPP（跨太平洋伙伴关系协定）、TTIP（跨大西洋伙伴关系协议）、RCEP（区域全面经济伙伴关系）、欧盟、北美自贸协定、中国—东盟自贸区等超大型自贸协定发展迅速，呈现出复杂的"意大利面碗"效应。"一带一路"国际贸易规则的构建要在WTO规则蓝本的基础上，整合这些分散化、碎片化的区域贸易规则，打造高标准的规则体系。甚至可以考虑建设标准更高、合作程度更紧密、力争使沿线各国全部参与其中的"一带一路"自贸区。考虑到沿线各国发展阶段不同、对高标准经济规则的接受程度不同，所以该自贸区可从标准规则相对较低的1.0版开始做起，未来再逐步提高标准、升级版本，力争早日建成全球最大的高标准自由贸易区。同时，也欢迎有意愿的区域外国家加入"一带一路"自贸区的谈判和建设中来，深入推进更大范围、更宽领域、更深层次的区域经济一体化进程。

四是进一步降低或取消贸易壁垒。"一带一路"沿线很多国家贸易保护思维较强，对货物进口还存在较多贸易壁垒。推动沿线国家互相开放国内市场，打造统一的、要素自由流动的区域大市场，是"一带一路"的重要建设目标。要推动沿线国家在WTO基础上进一步削减贸易关税，取消各种不合理的贸易保护和贸易壁垒，取消对外资企业的各种歧视性和限制性政策，取消各国国内各种可能影响公平竞争的倾斜性补贴，提升金融流通的便利化程度，等等。

五是将自由贸易试验区模式推广至"一带一路"沿线各国。"一带一路"沿线一些国家由于发展阶段滞后，对建立自由开放的贸易秩序存在一定疑虑，这是难免的，我国在扩大开放的过程中也曾遇到这一问题。目前中国已在上海、广东、福建、天津等地开展了一批自由贸易区建设试点，实际成效明显，并在开放型经济管理方面取得了丰富经验，中国可将该经验与沿线国家分享。同时，可向沿线国家推介自由贸易试验区模式，沿线各国结合自身国情在国内选取一些园区、开发区或专门划定一片地区，开展自由贸易区试点，先行先试高标准自由贸易规则和负面清单投资管理方式，搭建新的开放平台，在各国自由贸易区之间实行对等开放、制度对接，这对于各国逐步探索适合自己的开放模式、提升开放型经济管理水平具有重要意义。

六是推动"一带一路"通关便利化。"一带一路"沿线国家应以一体化通关为重点，改革海关监管体制，优化作业流程，合作建立沿线国家大通关机制。沿线国家海关应加强信息互换、监管互认、执法互助合作及检验检疫、认证许可、标准计量、统计信息互认；推进建立统一的全程运输协调机制，推动口岸操作、国际通关、换装、多式联运的有机衔接，形成统一的运输规则，达到"一次通关、一次查验、一次放行"的便捷通关目标；加强沿线国家出入境管理和边防检查领域合作，积极开展扩大双向免签范围谈判。积极与世界海关组织、万国邮政联盟、国际铁路联盟、国际道路运输联盟等国际组织开展合作，在通关方式、单一窗口、信息系统、数据共享、单证设计、查验制度、作业流程等方面形成统一的国际规则。

（二）标准统一、自由便利的"一带一路"投资规则

"一带一路"是一项规模巨大的系统性建设工程，将涉及大量投资，客观上要求必须形成一套"一带一路"投资规则体系。目前，由于全球各类双多边投资机制众多，相互交叉、标准不一，所以需要在此基础上，进一步整合，形成一套统一的投资规则体系。"一带一路"投资规则的建立要坚持两个原则：一是保护性原则，要兼顾投资国和东道国的双重利益，争取大多数国家的支持认可；二是自由化原则，推广准入前国民待遇和负

面清单管理模式，打破各种投资壁垒，放松投资限制，推动形成一体化的"一带一路"投资大市场。

一是形成以各类双多边投资协定为基础的"一带一路"投资制度框架。同贸易规则相似，包括"一带一路"沿线国家在内的世界各国参与签订了各种双多边投资协议，全球投资领域也呈现出错综复杂的"意大利面碗"效应。据估计，目前全球约有3000多种国际投资协定，这些协定有的年久失修，远不能适应当前各种形式、快速流动的全球跨国投资需要；有的相互矛盾、标准不一，分别体现出东道国和投资国不同的关切和诉求。"一带一路"涉及大量基础设施和商业项目投资，需要有一套较为统一、标准一致的投资规则体系。可在当前"一带一路"沿线各国双多边投资协定、WTO《与贸易有关的投资措施协定》（TRIMs）的基础上，整合各类规则。而且分两步走，先是由中国推动，将整合后的规则加入中国参加的中国—东盟自贸区、RCEP等大型经贸协定谈判和中国与沿线各国的BIT（双边投资协定）谈判中，然后再寻求机会构建沿线统一、各方认可的投资规则体系。

二是构建兼顾东道国和投资者利益的国际投资规则。目前，中国已与53个国家签订了双边投资保护协定，但这些协定大多是在20世纪90年代签订的，签订时间较早。由于彼时的中国处于吸引外资、发展本国经济阶段，"走出去"规模很小，因此这些投资协定均强调对东道国的保护。当前，中国已经到了"走出去"与"引进来"并重的阶段，随着"一带一路"建设的推进，还会有越来越多的中国企业到沿线国家投资，这些投资协定已经远远不能满足企业维护投资安全的需求。美国等发达国家曾在TPP、TTIP中力推投资者—政府争端解决机制（ISDS），投资者可以起诉东道国政府并可能获得胜诉，实质上这是完全代表投资者的利益。这一机制在"一带一路"沿线国家很难行得通，因为沿线国家经济发展普遍较为落后，在吸引外资的同时十分注重对本国利益的保护，不可能以自由经济为名完全让渡本国利益。所以，中国在推动"一带一路"投资规则的构建中，要注意该规则必须兼顾投资者和东道国的双重利益，唯有如此方能得到大多数国家的接受和认可。

三是推广准入前国民待遇和负面清单模式。在发达国家，准入前国民待遇和负面清单是较为普遍的外资管理方式，这也是国际投资规则的发展趋势。中国已通过各自贸区试验探索了该模式的管理经验，一方面正在进一步缩减负面清单长度，另一方面也在努力推动该模式向全国推广。但在"一带一路"沿线国家，很多尚未形成这种管理方式，投资管理较为僵化滞后，可借鉴西方国家在外资管理方面的先进做法和我国实践经验，将该模式向"一带一路"沿线国家推广，推动沿线国家的投资开放。

四是推动各国打破各类投资壁垒。整体而言，"一带一路"沿线国家对外资的开放程度低于发达国家，部分国家还存在一些对投资歧视的规定和行为，安全审查、投资壁垒、市场保护、劳工本地化、技术本地化、采购本地化等投资限制随处可见。特别是还有极少数国家因为意识形态差异，持有色眼镜看待中国企业，对中国投资采取更严格的管理方式。建立公开透明且非歧视的投资制度是"一带一路"投资建设的前提，沿线国家应放弃针对其他国家的歧视性政策，以开放的心态、积极的态度、主动的作为把多边投资合作推向深入。

（三）更加公平、高效、开放、安全的国际金融规则

"一带一路"建设需要巨大的资金支持，为弥补资金缺口，需要创新各类投融资机制，需要在新型金融机构设计组建、开发性金融、本币互换、人民币结算、信用评级、金融监管等方面形成能够突破当前国际金融霸权、服务"一带一路"建设的国际金融规则体系。

一是成立若干新型国际金融机构。推进"一带一路"建设面临的最大瓶颈是资金限制，为弥补其投资缺口，需要成立若干个专业化的新型国际金融机构，为"一带一路"提供融资支持。目前，虽然已经成立的亚洲基

础设施投资银行、丝路基金、金砖国家新开发银行等金融机构运行较为良好，为一些重大项目落地提供了资金支持，但总体信贷规模仍远远不能满足实际需求。未来可考虑针对前景广阔的国际产能合作需要，协同各国共同组建若干专业化、国际化、规模化的产业合作基金，为重大项目落地提供支撑、为社会资金流入发挥引导作用。可考虑针对具有一定收益的基建项目，协同各国共同组建若干PPP基金，采用国际化、社会化方式运营，引导国际资本流向"一带一路"基建领域。可考虑针对"一带一路"贸易风险，协同各国共同组建"一带一路"出口信用保险公司，由各国政策性出口信用保险公司代表各国政府入股，提高"一带一路"沿线国家内部贸易的风险防控能力。

二是推动各开发性金融机构和各国援外资金协调合作。在"一带一路"建设领域，涉及亚洲基础设施投资银行、亚洲开发银行、世界银行等多边开发性金融机构、各国政策性银行及援外机构，这些资金源自多口，使用分散零碎，不能形成合力，各机构仅凭自身实力均难以支撑起"一带一路"建设，所以必须推动整合协调。短期，可由亚投行牵头，联合各多边开发性金融机构、各国对外援助机构，就涉及"一带一路"重大投资项目的合作计划、利率安排、担保方式等沟通协调，为大项目建设提供充足有效的资金支持。中长期，可探索建立"一带一路"投融资联盟，就"一带一路"相关项目的信息沟通机制、联合融资机制、风险分摊机制、利益共享机制等形成全球普遍认可的国际融资规则。

三是推动沿线国家本币互换和人民币结算。目前"一带一路"沿线国家间贸易仍主要采取美元结算，美元流动性、利率、汇率的变化极易对"一带一路"沿线国家间贸易产生冲击，为规避该风险，部分沿线国家之间已开展了货币互换和本币结算。"一带一路"沿线国家内部贸易规模较大且增速较快，应大力推动沿线国家本币互换，共同研究推动内部贸易本币结算，改变美元结算现状，这样既有助于削弱美元汇率变化对沿线国家造成的经济波动风险，也有助于将铸币税留在沿线地区。中国是"一带一路"沿线贸易规模最大的国家，可推动沿线贸易使用人民币结算，将"一带一路"贸易本币结算和人民币国际化挂起钩来。中国应在沿线国家建立更多的人民币离岸中心，推出更多的人民币投资产品，与更多沿线国家签署双边本币互换协议和结算协议，增强人民币在"一带一路"沿线地区的流动性，鼓励各国增大人民币纳入储备篮子的比重，推动"一带一路"沿线国家摆脱对霸权美元的依赖。

四是共同组建"一带一路"信用评级机构。目前国际信用评级话语权基本掌握在发达国家手中，评级机构通过不透明的评级过程和简单结论就能控制其他国家的融资成本和资金流向，这实际上反映出发达国家在金融领域的霸权。由于"一带一路"沿线国家整体的市场规模和国际影响力，因此可以考虑共同研究建设能够与发达国家相抗衡的国际评级体系。此外，还应积极构建跨区域的信用体系，加强征信管理部门、征信机构和评级机构之间的跨境交流与合作，积极推动各国现有信用评级体系的改进与完善，研究与"一带一路"国家国情相适应的评级标准和方法，提高投融资机构和证券信用评级水平，降低投融资成本，逐步建立客观、公正、合理、平衡的"一带一路"信用体系。

五是加强金融监管合作。当前国际金融监管领域的制度缺失较为严重，"一带一路"国家必须在金融监管领域加强合作，共同提高金融监管水平。要努力推动"一带一路"国家金融监管体系对接，推进各国金融监管机构的合作，共同应对可能出现的不良风险。合作建立宏观经济与金融市场监测机制，加强资本流动监测力度，进一步巩固国际金融安全网，谋求共建货币政策、财政政策对话平台，扩展各国货币政策合作空间。建立金融监管联席会议制度，完善监管手段，提高市场与产品透明度。"一带一路"沿线国家在巴塞尔委员会也应以一个声音说话，以提高在国际规则制定领域的话语权。

六是共同推动国际金融组织改革。"一带一路"沿线国家应联合推动构建一个更加高效、反映当前世界经济版图的全球金融治理架构，以增加新兴市场和发展中国家的发言权和代表性。应共同致力于推动国际货币基金组织完成新一轮份额总检查，形成一个能够考虑到发展中国家利益的新的份额公式。应共同推动落实世界银行股权审议，提高"一带一路"沿线国家及全球广大发展中国家在世界银行的股权份额、表决权和话语权。

（四）"一带一路"重大项目建设管理规则

"一带一路"沿线国家大多基础设施落后、产业基础薄弱，中国在基础设施、工业园区、能源资源等重大项目建设管理方面有较丰富的实践经验，形成了一套规范完整的全产业链管理方式，可将其向"一带一路"沿线国家推广，形成"一带一路"重大项目投资规则体系，从而提高沿线国家重大项目管理能力。

一是基础设施项目全产业链工程管理规则。"要想富、先修路"，基础设施先行是我国经济建设的一条重要经验，在几十年的重大工程项目建设过程中，我国形成了一套体系完整的全产业链工程管理方式，覆盖可行性研究、项目规划、项目评估、项目立项、招投标、工程建设、工程监理、中期评估、项目验收、后评价等重大基础设施项目建设全流程，涉及资质管理、项目管理、财务管理、安全管理、环境评价、绩效考核等项目建设的各个关键环节。实践证明，这种全产业链的工程管理方式是十分科学高效的，我国基建能力水平能够领先全球也与这套管理方式密不可分。我国可以把这套管理方式向沿线国家复制推广，帮助沿线国家培养相应的基础设施大项目管理能力，使"一带一路"重大基建项目能够成功落地。

二是园区建设、运营、管理规则。中国改革开放始于沿海若干个经济特区，近四十年的经济快速发展在很大程度上也得益于分布全国各地的开发区、工业园区、保税区，中国在特殊经济功能区的建设和管理方面具有独到经验。目前中国企业已在境外与东道国合作建立了几十个经贸合作区且运行良好,成为"一带一路"建设的重要支点和标杆项目。未来可将中国园区建设、运营、管理的经验以规则形式向沿线国家推广。沿线一些发展中国家对自身短期内的全面开放还心存疑虑,可以率先选取一片地区划为试验区,复制中国经验、模式和规则,先行先试开放建设。

三是环境评价管理规则。"一带一路"沿线国家普遍对环保要求较高,重大投资项目建设必须符合当地环保法律、法规要求。近些年,随着中国经济发展水平的提高,人民群众的环保意识越来越强,在重大项目环保管理方面,中国已形成了一套较为有效的环境评价管理规则。中国的环保管理不同于欧美国家,欧美国家走过了先污染再治理的老路,而现在已经进入了后工业社会,环保标准较高,该标准不适用于"一带一路"沿线大多尚处于工业化初期的发展中国家。中国的环保管理是一套能够兼顾工业化和绿色环保的逐渐成熟的规则体系,这套管理方式能够在一定程度上解决经济发展与环境保护的二元悖论,对沿线国家适用性强。

四是能源合作机制。全球最主要的能源供求市场集中在"一带一路"沿线国家和地区,其中中国是全球最大的能源消费国,中东海湾地区、俄罗斯、中亚地区是全球最主要的能源供应地,但目前"一带一路"沿线地区尚未形成密切的能源合作机制。当前全球能源合作机制主要有石油输出国组织(OPEC)和国际能源署(IEA),这两大组织分别代表能源输出国集团和能源输入国集团的利益,但中国并未加入这两大组织。2013 年,中国正式提出合作建设"上海合作组织俱乐部"的意见,为加强中国与中亚、俄罗斯的能源合作创造新机制。未来中国可考虑在上合组织能源俱乐部的基础上,牵头印度、日韩、欧洲等主要能源需求市场和俄罗斯、中亚、中东等主要能源供给市场,建立"一带一路"能源俱乐部合作机制,并在该合作机制下开展能源重大项目、能源贸易、能源定价等方面的合作。

（五）下一代贸易方式——E 国际贸易的规则体系

建立"一带一路"国际规则要着眼于我国在实践方面已取得重大先发优势和成熟经验的领域，E 国际贸易就是其中之一，这也是短期内我国最有可能在国际规则方面形成突破的领域。E 国际贸易是指基于跨境电子商务，将互联网、大数据、云计算等现代信息数据技术应用于国际贸易中的新型经济业态，是我国蓬勃发展的电子商务产业向全球复制的国际版。E 国际贸易不仅包括跨境商品流通，还包括与之相关联的物流、金融、信息、技术、报关、报检、支付、结算、征信等配套服务，以及不同于传统国际贸易的信息化、数据化、智能化的新型监管方式和新的国际规则体系。

一是在 WTO 体系中创造 E 国际贸易规则。当前，世界各国开展国际贸易主要基于 WTO 的规则和框架，但 WTO 规则主要适用于一般性的国际贸易和服务贸易，对于 E 国际贸易、跨境电子商务、数字经济等新经济、新业态尚没有完善的适用性规则，在全球开展 E 国际贸易尚处于无规可循、无矩可守的状态。为使 E 国际贸易有序规范地发展，必须在现行 WTO 体系的基础上，抓紧建立适应 E 国际贸易业态特点、发展规律、未来趋势的新规则体系，以解决 E 国际贸易在全球发展的制度供给不足问题。E 国际贸易规则是以 WTO 现有制度框架为基础，在规则中融入互联网、大数据、云计算、平台经济、跨境电商、数据流动、信息监管、智能通关等 E 元素，再结合 E 国际贸易发展的现实需求与长远趋势，一方面对不适用于 E 国际贸易这一新经济、新业态的制度进行 E 化改造，另一方面创造当前 WTO 框架中没有的、能适应 E 国际贸易发展的新规则。E 国际贸易新规则的责任是推动 E 国际贸易关税协定、关务规则、准入协定、质量管理、贸易服务等的监督、管理和执行，规范 eWTP（世界电子贸易平台）运营，并为其发展提供良好的贸易环境和政策支持。其宗旨是在公平、自由、共享、包容的原则下，引导 E 国际贸易健康、持续发展，促进全球经济繁荣并使全球化的成果惠及各国民众。E 国际贸易并非要彻底颠覆现行的 WTO 框架，它尊重 WTO 的组织结构和运行方式，但要在经济规则、监管规则等方面做出突破和创新，形成在 WTO 框架下不同于传统国际贸易的新型规则体系。由于 E 国际贸易也融入了大量传统国际贸易的服务、业态、内容，因此 E 国际贸易新规则与 WTO 规则有一定交叉，依然遵循非歧视性、公平贸易、透明度三大规则，在最惠国待遇、国民待遇、市场准入、贸易自由化等方面延续 WTO 中已较为成熟完备的规则，但在 E 国际贸易范围、数据自由流动、数据安全、知识产权保护、E 国际贸易平台运行、通关制度、监管制度、税收制度、结算体系等方面需要有更多创新性的规定和安排。

二是 E 国际贸易运行模式向全球复制推广。目前国外开展 E 国际贸易进口普遍采取国际邮快递形式，该模式具有限额以下免税、免通关查验等特点，但如果贸易规模扩大，则税源流失、海关监管缺失等问题将会凸显。我国可通过谈判向"一带一路"沿线各国推介保税备货、保税集货等实践已较为成熟的模式，将我国在 E 国际贸易进口中形成的经验介绍给沿线各国，使其认可 B2B2C 的 E 国际贸易方式，并争取将 B2B2C 所涉及的保税区、大通关制度、前置备案、后置监管、平台责任等一系列制度上升至 WTO 规则层面。

三是"秒通关"式海关监管制度。E 国际贸易小单、多批次的特点，要求国际海关必须建立更加便利化的大通关体系。要在现有海关通关规则的基础上，进一步推进电子化、无纸化通关，简化海关通关手续，推动监管标准互认，促进国际间海关通关的电子化、统一化和标准化，实现一站式便利通关。同时，要把中国在 E 国际贸易海关监管的创新做法和制度向 WTO 各成员国推介，以争取将在 B2B2C 中形成的"一般贸易报关 + 保税监管区 + 国际邮快递清关 + 智能化秒通关"的海关监管模式上升至各国认可的新型海关监管规则。

四是各国检验检疫标准的对接。检验检疫是 E 国际贸易中监管难度最高的一个环节,其根本原因是各国产品生产标准、质量安全标准、检验检疫标准差异很大,且 E 国际贸易交易批次多、单笔交易规模小,抽检难度大。长期来看,提高检验检疫效率的最根本方式仍然是各国检验检疫标准的对接和统一。出口国产品若符合该国生产标准,进口国则可给予免检放行,或出口国按照进口国标准进行生产,出口国政府代为行使质量安全检查职能,如能实现该目标,将大幅提升 E 国际贸易检验检疫效率。

五是 eWTP 的建设标准。在 E 国际贸易中,由于监管部门众多、监管流程复杂,因此政府各监管系统与 eWTP 接口众多,既要保证接口准确,又要保证信息传输安全高效,这就要求各国 eWTP 平台建设必须有一套公认的基本标准。当前 WTO 中,各国已对电子认证形成了早期共识,还需要抓紧推动各国对电子签名、电子合同、数字证书的法律效力进行认可,在此基础上才能开展"无纸贸易"。未来各国需要在 eWTP 的建设标准、技术标准、eWTP 与各国政府监管系统对接标准等方面进行磋商。中国在 eWTP 建设方面较为领先,可总结相关经验,将中国 eWTP 建设标准以提案形式交由 WTO,供各国讨论,形成 eWTP 标准起草蓝本。对于一些发展中国家和不发达国家,我国可通过技术援助的形式帮助其建立能够与 eWTP 无缝链接的政府服务平台和监管平台,以推动更多国家接受中国 eWTP 标准。

六是数据自由流动和数据安全。E 国际贸易涉及交易、金融、结算等数据的跨国跨境流动,客观上要求数据能够自由流动,为商品自由交易、平台企业管理、各国政府监管创造便利。但数据自由流动的同时也涉及数据安全问题,数据安全是一国国家安全的重要方面。在现行 WTO 规则中,各国对数据跨境自由流动有一定共识,但在具体操作层面,尚未形成统一的规则和标准。各国需要在平衡必要的跨境数据流动与保护各方数据权利之间的关系上形成更多具体共识,对服务器本地化、源代码开放、保持技术中立、数据主权归属、数据分级分类、数据流动标准、个人隐私保护等方面制定更加详细的规则。

七是数据化知识产品的产权保护规则。E 国际贸易的生产制造商较传统国际贸易更加分散，中小企业甚至个人都可通过 eWTP 参与到 E 国际贸易中，不可避免地会出现更多侵犯知识产权的案件，对知识产权的监管难度将比传统国际贸易更高。E 国际贸易尊重 WTO《与贸易有关的知识产权协定》（TRIPs）的精神和规则，但在具体执行层面可能涉及新的问题。TRIPs 所涉及的版权、商标、品牌、技术、广告、地理标志等知识产权信息都将以数据化的形式出现，代码、程序、电子著作等数据知识产品将极大量地流通。因此，各国必须在 E 国际贸易中，针对知识产品的新形态、适应 eWTP 的知识产权监管机制、数据化侵权的惩戒措施等方面作出详细规定。

八是电子支付结算规则。在 E 国际贸易中，订货和付款手续都必须在网上完成，这就需要在传统金融支付规则之外建立完善的电子支付规则，包括支付单设计标准、支付平台资质管理、电子结算方式、跨国资金流动监管等各个方面。此外，E 国际贸易结算时涉及结算货币选择，我国可借推广 E 国际贸易模式、帮助其他国家建立 E 国际贸易制度体系、与他国开展 E 国际贸易进口谈判之机，提出将人民币作为主要结算货币的建议，这也可成为推进人民币国际化的一条重要路径。

九是 E 国际贸易税收协定。目前各国已明确了对于 E 国际贸易中的跨境数据产品和服务流动免征关税，但对基于 eWTP 的货物贸易，尚未明确税收规则。在 WTO 框架下，各国已签署了大量传统贸易下的避免双重征税协定和防止偷漏税的协定，但由于 E 国际贸易的征税方式与传统国际贸易有很大不同，因此各国政府需要就 E 国际贸易中避免双重征税和防止偷漏税进行再沟通和协商。E 国际贸易征税方式为 eWTP 代征代缴，各国政府利用 eWTP 可以较为清楚地掌握贸易流向、资金流向及应缴税额情况，税收管理较传统贸易更加便利，但需要在税务信息互换和共享方面进行协商。

十是争端解决机制。在一般国际贸易中，若出现买方双方纠纷，可按照国际法和通行规则，以国际仲裁或国际诉讼等方式解决。但在 E 国际贸易中，单纯依靠国际法或一国国内法已不能处理纠纷问题，因此 E 国际贸易纠纷处理尚无明确的法律依据。未来各国需要在国际商法框架内，共同研究制定 E 国际贸易法律体系，以此为基础构建适应 E 国际贸易的争端解决机制。E 国际贸易争端解决也不能完全沿用 WTO 争端解决机制，因为现行机制主要为国家间协调机制，E 国际贸易的参与者主要是跨国企业、中小企业甚至个人，国家间争端解决机制对期并不适用，并且传统国际贸易争端解决机制流程烦琐、耗时漫长，不能适应 E 国际贸易快速周转、纠纷快速处理的要求，所以需要建立公平、高效的纠纷快速处理机制。

（原载于《宏观经济管理》2018 年 9 月）

"一带一路"民心相通高质量建设的思路研究

2013年下半年,习近平主席在访问哈萨克斯坦和印度尼西亚时分别提出建设"丝绸之路经济带"和"21世纪海上丝绸之路"的重大倡议,引发全球强烈反响。"一带一路"包括政策沟通、设施联通、贸易畅通、资金融通、民心相通"五通",其中民心相通是"一带一路"的重要组成部分。它既是"一带一路"建设的关键基础,也是"一带一路"建设的主要目标。随着"一带一路"由谋篇布局的"大写意"转入精耕细作的"工笔画","一带一路"建设也正在进入高质量发展阶段,这必然要求民心相通方面也要实现高质量建设。

一、"一带一路"民心相通中存在的主要问题和困难

"一带一路"提出六年多来,民心相通建设取得突出进展。沿线各国在教育、科技、文化、卫生、体育、传媒、旅游、扶贫等各领域开展广泛合作,使各国政府、政党、议会、地方、企业、高校、智库、媒体、协会等各类组织紧密互动,各国民众往来更加频繁、人文交流更加深入,初步形成了和而不同、多元一体的文明共荣发展态势。但由于"一带一路"作为一项前所未有的历史性工程,尚处于开拓和探索阶段,不可避免地会遇到一些矛盾和问题,因此在民心相通建设中也遇到了一些困难,主要表现在以下几个方面。

(一)受不实宣传影响，一些国家民众对"一带一路"存在不解、曲解和误解

"一带一路"倡议提出后，部分外国媒体有意对"一带一路"进行负面宣传。如"债务陷阱论"，认为中国将通过大量借贷加重东道国债务负担，并通过债务对东道国进行控制；如"过剩产能输出论"，认为中国建设"一带一路"的目的是要把国内过剩的钢铁、水泥等过剩产能转移至沿线国家；如"资源掠夺论"，认为中国将通过"一带一路"掌控沿线国家的能源资源；如"地缘冲突论"，按照国强必霸的陈旧逻辑，认为"一带一路"是中国争夺全球霸权、对竞争对手国家实施战略围堵的手段；如"经济竞争论"，认为中国企业、资本、人员将随"一带一路"走出去，挤垮东道国企业，挤占东道国市场和就业；如"暗箱操作论"，认为"一带一路"不公开、不透明，全部由中国主导设计；如"新殖民主义论"，认为"一带一路"是隐藏在经济合作外衣下的经济剥削，沿线国家将成为中国的经济附庸；等等。

这些对"一带一路"的不解、曲解和误解不是偶然的，其背后有着现实原因。一是一些西方媒体习惯带着有色眼镜看待"一带一路"，担心中国在沿线国家影响力的上升会冲击西方国家在这些地区的既有利益和秩序主导权；二是沿线地区政治形势复杂，一些国家间存在政治分歧，担心"一带一路"可能打破地区政治平衡，影响到本国的战略利益；三是受一些国家内部政治斗争影响，在野党可能借批评"一带一路"攻击执政党，不同政治团体与中国的关系亲疏远近不同，对"一带一路"立场也不一样，容易产生分歧和争议；四是一些国家存在分离主义、极端宗教势力等，或是担心加入"一带一路"后分离分裂目标难以实现，或是在意识形态上对开放合作呈敌视态度；五是一些国家产业集团因害怕中国产业、投资、商品进入，使其经济利益受损，也散播一些负面消息。总之，质疑"一带一路"的原因十分多元，抹黑"一带一路"的背后势力也十分复杂，

这些不实宣传均影响到一些民众对"一带一路"的看法和态度，表现出对"一带一路"的不了解、不理解甚至不认可。国际社会在对"一带一路"正面评价不断增加的同时，负面认知也在增加，这是推进民心相通建设时遇到的最大障碍。

（二）中国与沿线国家历史文化、宗教文明、意识形态差异较大，相互了解认知不够

"一带一路"沿线国家众多、民族各异、宗教多元，同时各国国情差异较大、处于不同发展阶段、制度迥异，各种历史矛盾、民族矛盾、宗教矛盾、政治矛盾、经济矛盾交织。中华文化在"一带一路"沿线地区也具有独特性。历史上由于与很多国家距离遥远，文化交流不密切，加之语言不通，至今中国与一些国家的相互了解和认知仍然不够。

一方面，一些沿线国家民众对中国认知层次较浅，对中国的历史文化、基本理念、发展方式等均不了解。这些不了解为一些抹黑中国、抹黑"一带一路"的不实言论提供了土壤。

另一方面，中国对一些沿线国家的了解和研究也不够。长期以来，我国对外研究主要集中在欧美日等发达国家以及少数地区大国，对沿线一些小国的研究不多、不深。针对这些国别开展系统性研究和实地调查研究较为稀缺，对一些国别的研究甚至在全国都找不出几位专家来，精通偏僻小语种的专家更是少之又少。过去我国与沿线国家的经济合作以相互贸易为主，相互投资较少，对沿线国家的了解无须太深，现在我国正在从贸易大国向投资大国转变，对沿线国家要有更大资金的实地投入，更多资产要放在沿线国家保存增值，因此需要对各国的法律法规、政治制度、经济运行、政府政策、社会结构、历史文化、风俗习惯等有全方位的研究，这样才能对投资风险和项目风险作出更加准确的判断。

（三）有关组织机构普遍较为重视重大项目的"硬联通"，在一定程度上忽视了人文交往的"软联通"

"一带一路"强调互联互通，互联互通大体上可分为交通、能源、信息等基础设施项目的"硬联通"和文化、制度、政策等沟通衔接的"软联通"。"硬联通"和"软联通"共同构成"一带一路"建设的两个轮子，只有两个轮子齐头并进，"一带一路"建设才能走得快、走得稳。

但从目前"一带一路"推进情况看，我国仍较为重视"硬联通"，而在一定程度上忽视了"软联通"。从资金使用看，由于基础设施项目耗资巨大，且我国对外投资、对外援助资金主要集中于"硬联通"，因此对"软联通"投入资金相对较少；从建设力量看，"硬联通"基本为政府主导、中央企业和大型民企参与，建设力量强，"软联通"除一部分为政府部门组织的活动、机制外，主要参与者为企业、公共团体、高校、研究机构等社会部门，力量相对偏小且分散。

这种"一头热、一头凉"的现象既有客观原因，也有主观原因。从客观上讲，"硬联通"项目投资大、关联方多，因此自然社会影响大、媒体曝光率高；"软联通"项目普遍规模较小、品牌效应不显著，因此社会关注度相对低一些。从主观上讲，"硬联通"项目往往能带来直接或间接的经济效益，且项目建设立竿见影，便于突出"一带一路"建设成绩，因此东道国政府、我国有关部门、建设企业等的积极性较高；"软联通"项目强调社会效益，经济效益不直接、不显著，且见效时间长，短期效果不凸显，因此相关主体的积极性低一些。

（四）我国外宣工作跟不上"一带一路"建设需要，外宣方式需要推陈出新

在外宣领域，我国相比美欧发达国家处于弱势地位，发达国家通过外宣掌控国际话语权，掌握全球意识形态制高点，其宣传产品在"一带一

路"沿线国家拥有不小市场。中国外宣的弱势地位虽然形成的主要原因是由于我国大规模"走出去"的时间还较短，在海外的话语体系尚未有效建立起来。

主要问题有：一是我国驻外机构在外宣方面的工作力量配置仍然较为薄弱。目前我国从事"一带一路"的驻外工作人员以重大项目的工程技术人员为主，从事教育培训、文化交流、宣传推介等民心工程的人员偏少，我国驻外使领馆一般只有几十人的编制，主要从事经济工作和与国内对接工作，专门负责对东道国进行宣传工作的人员偏少。

二是我国企业在境外重建设轻宣传。我国企业在沿线国家开展了大量工程项目建设，极大地提升了当地经济发展水平，一些企业也实施了很多援外项目和社会公益项目，以帮助老百姓改善生活，但我国企业普遍不善于宣传，项目现场基本找不到中国标识和宣传语，很多当地民众也不知道这些项目是中国帮助修建的。企业大多把这些援建项目当作国内总部交代的政治任务，所以完成后向总部汇报了事。

三是驻外媒体机构的工作重点并未在东道国。目前我国国内主流媒体在"一带一路"沿线国家普遍设立了记者站，其主要工作是将东道国媒体上的一些信息翻译成汉语后传回国内，以便在国内媒体上播报，这在根本上还是属于内宣工作，没有起到外宣效果，且记者站选择的大多是正面信息，报道不全面。

四是外宣方式仍比较僵化死板。外宣工作有其特殊性，形式单一、内容枯燥、叙事空洞、不接地气的宣传，不能引起国外的认同，且容易引起国外疑虑，对一些国外较为普及的信息交流平台、社交媒体利用程度不高。总体来看，我国外宣领域还应推进改革，需要用外国人的语言、外国人的思维习惯、外国人能够接受的方式，把"一带一路"和"中国故事"讲好。

（五）我国少数企业和驻外人员不尊重当地法律法规和风俗习惯，降低了当地民众对中国的印象分

随着我国"走出去"的规模逐渐扩大，在外经营的企业和驻外员工越来越多，少数企业和员工在外表现不佳，影响了当地民众对我国企业乃至国家的整体印象，对中国企业甚至表现出排斥态度。主要表现在以下几个方面。

一是少数企业不尊重东道国法律、法规。一些企业在国内长期不注意遵守相关法律、法规，并已形成习惯。到海外投资后，仍延续在国内的作风，但沿线一些国家法治严格，民众守法意识较强，所以我国企业的一些违法违规行为容易导致当地民众不满。

二是少数企业环保意识较差。沿线国家普遍重视环境保护，即便是一些经济较为落后的亚非国家，其环保意识也较强。我国部分企业在东道国乱采乱伐乱挖、偷猎野生动物、大量排放废水废气等破坏环境行为时有发生，导致当地民众不但不认为中国企业是"建设者"，反而认为是"破坏者"。

三是开展恶性竞争。沿线一些国家经济体量有限、市场规模狭小，在"一带一路"建设中，我国企业一窝蜂"走出去"，在国外进行同质竞争、恶性杀价，不仅使我国企业自身失去盈利优势，也对东道国同业企业产生较大冲击，滋生当地民众不满情绪。

四是一些驻外人员个人文明素质有待提高。一些驻外人员破坏当地风俗、不遵守当地规则、侮辱当地民众等现象较为普遍。这些问题看似是小问题，但和普通民众切身利益相关，如被一些国外媒体利用，有意扩大宣传，很容易引发国外对中国的整体性不利认知。

（六）我国一些对外管理制度制约民心相通建设，有待进一步突破和完善

民心相通建设的首要是人员往来的便利化，目前我国在跨境人员流动、外籍人员管理等方面还存在一些体制机制问题。

一是外事管理还存在较为突出的政策自捆手脚现象，人员外事管理没有考虑到实际工作需求。目前我国从事"一带一路"建设、研究和交流的主要为国有企业、国有金融机构、国家科研院所，这些机构人员出国按照因公出国管理，出国指标受限、境外时间受限、出国人数受限，且准备手续烦琐，不仅需层层审批，而且审批周期漫长，甚至连基本的商贸谈判都无法完成，更遑论开展长周期的实地调查研究和持续性的民心工程建设。

二是外籍人员在跨境婚姻、跨境劳务、在华教育、在华医保、高端人才引进等方面仍存在较多的制度性障碍，导致外籍人员在华工作生活上还有一些不便。

三是针对邻国边民没有制定差异化政策。受历史文化条件影响，我国边疆群众与毗邻国家边民长期保持友好往来，存在大量亲戚往来、跨境通婚、来华求学、来华就业等现象，对这些邻国边民我国仍采取一刀切式的外籍人员管理政策，不能满足实际需求。很多邻国边民虽然没有签证但常年在华务工，对其缺乏有效管理；很多邻国边民虽然几十年居住在中国，但不能享受医保、社保；两国边民虽然跨境通婚但难领结婚证，其婚姻不被两国法律认可；很多邻国边民子女在华偷着上学，但因违反九年义务教育及财政有关规定，边境地区学校不敢上报；也没有专门针对邻国边民的汉语培训政策，很多人在华很多年仍不会说汉语；等等。这些问题已成为我国边疆地区遇到的普遍性问题，需制定更加细化具体、因地制宜，能够满足实际需求的政策。

二、推进"一带一路"民心相通高质量发展的总体思路

"一带一路"建设六年多来，已取得突出进展，世界各国民众对"一带一路"认可度不断提高，民心相通建设逐渐形成良好局面，要利用好这一势头，不断努力，力争推动"一带一路"民心相通向高质量方向发展。

要坚持问题导向,聚焦工作中存在的突出问题,创新思维、调整思路、明确重点、理顺机制。当前需着力处理好以下八大关系。

(一) 要处理好政府和社会的关系

民心相通的关键在"民"字,因此要着重发挥好民间、社会的力量。政府在民心相通中要扮演好"引路人"角色,要善于用"看不见的手"来引导建设方向、舆论走向,协调沿线国家政府通过"一带一路"建设解决一些民众关心的问题。社会要更多地承担"民心相通"建设中的具体工作,这样可以缓解沿线国家的疑虑,使期发挥出更好的建设效果。

(二) 要处理好"软联通"和"硬联通"的关系

"一带一路"建设要坚持"软硬兼施",推动"软联通"和"硬联通"双轮驱动,二者不可偏废。"硬联通"是能够看得见、摸得着的项目,但需要通过"软联通"把这些项目都给东道国带来了哪些好处、如何让沿线国家民众获益清楚地表现出来,以更好地拉近民心。"软联通"也不能空口说白话、口惠而实不至,需要有"硬联通"实实在在的项目作为支撑。既要干得好,也要说得好,还要让沿线国家民众理解得好。

(三) 要处理好全局和重点的关系

民心相通高质量建设是一项系统工程,需要持久发力、久久为功。当前民心相通建设工作尚处于起步阶段,不应铺开面、撒芝麻,而是需要聚焦重点、找准发力点、形成突破口。一方面,应聚焦重点国家。沿线一些国家与我国政治互信度高,地缘相近、文缘相通、血缘相亲,相对较为容易形成高质量的民心相通,有些国家与我国在宗教文化、意识形态方面的差异很大,需要逐步做工作。另一方面,高质量的民心相通也需要聚焦重点领域,可着重在教育、文化、艺术、旅游、体育、科技、传媒、影视、卫生、民生等与各国民众日常生活紧密相关的领域中增进交流合作,增强民众实实在在的获得感。

(四)要处理好"引进来"和"走出去"的关系

高质量的民心相通是中国与沿线国家双向交往、交流、交融的过程,既不能一味地强调以"洋"为师、以"洋"为重,忽视我国民众的利益关切、情感关切,也不能一味地强调中华文化输出,因我国的经济水平超过沿线发展中国家就自认为文明更优越。文化文明没有高下、从属之分,因此民心相通是相互平等的。既要注意引进沿线国家优秀的文化艺术作品,让中国了解世界,也要推动我国优质文化产品向国外传播,让世界认识中国,从而形成双向对流的信息流、文化流、情感流,发掘各国民众在文化情感方面的共同点、结合点,找寻民心领域的最大公约数。

(五)要处理好精英和民众的关系

在一个有效治理的国家,精英阶层都是决定国家发展方向、政策制定、经济建设、舆论走向的关键阶层,做好沿线国家精英阶层的工作,推进与精英阶层的相互了解和理解,对于推动民心相通建设至关重要,能够起到"四两拨千斤"的效果。但是在加强与精英阶层密切交流的同时,也不能忽视沿线国家中下层民众的作用。当今世界民粹主义正呈蔓延之势,中下层民众成为越来越重要的政治力量。过去我们在"走出去"过程中,较为重视与精英阶层的接触,在一定程度上忽视了民众的影响力,得到了一些深刻的教训。在推动民心相通的高质量发展过程中,要注意与沿线国家精英和民众的全方位交流,不能顾此失彼,特别要多注意倾听中下层民众的声音,引导资源项目向民生倾斜,既要走"上层路线",更要走"群众路线"。

(六)要处理好投入和产出的关系

民心相通并非经济项目,因此具有完全不同的投入和产出特点。其投入并非越大越好,形象工程、面子工程、政绩工程难以争取民心,反倒是贴近民生的"小而精""小而美"项目更容易收获较好的效果。其产出也不是体现为投产即见效的直接经济效益，而是更多地体现为长期的社会效益、间接效益，因此不能简单地用经济评价方法来评估民心相通的建设工作。推进民心相通高质量建设要着眼长远、立足基层，不片面追求投入规模，应更多地研究如何用好小规模、分散化资金，精心设计和组织好能够贴近沿线民众需求、对方关注度高、社会影响力大的民心项目。

（七）要处理好内宣和外宣的关系

我国基于历史传统、文化习惯、政治特点，在内宣中较为强调统一的宣传口径，这对于像中国这样一个大国来说实现统一思想、凝聚共识、汇聚合力是能够发挥重要作用的，但"一带一路"沿线国家的意识形态、文化特点与我国大不相同，简单地把内宣方式复制到国外，难免让沿线国家民众觉得"一带一路"的宣传格式化、脸谱化，难以打动人心。外宣与内宣工作特点不同，要注意宣传方式的灵活多样，要内外有别。我们还面临着与一些发达国家在意识形态领域的激烈博弈，必须创造更加为沿线民众所喜闻乐见的、更具活力和生命力的外宣方式方法。

（八）要处理好与主要西方大国的关系

"一带一路"提出后，美国等一些西方国家提出质疑，并对此表现出焦虑态度，这在根本上是担心中国推动的"一带一路"可能会改变世界政治经济格局，影响美国等西方国家的主导权和既得利益。在意识形态领域，相当长一个时期内美强我弱、美攻我守是基本态势，因此推动民心相通的高质量发展必须要妥善处理好与美国等西方国家的关系。一方面，对沿线国家开展外宣时要强调开放、包容、普惠、融合，不要强调斗争、革命、站队、排外，注意不要把中国与美国、西方对立起来，要多拉上西方国家参与到与沿线国家的民心相通建设中来。另一方面，也要积极推进与美欧等西方国家的民心相通建设，多沟通交流、增信释疑。如果能够提升互信程度，美欧等西方国家也可能成为"一带一路"建设的重要积极力量。

综上所述,"一带一路"从"形"到"势",重在民心相通。推进"一带一路"民心相通高质量建设,要坚持以人为本、以诚相待,坚持因地制宜、灵活施策,坚持全局谋划、重点突破,坚持政府引导、社会参与,坚持贴近民生、弘义融利,坚持包容分歧、寻求共识,坚持一以贯之、久久为功。在教育、文化、艺术、旅游、体育、科技、传媒、影视、卫生、民生等领域整体发力,不断推动组织方式和工作机制创新,推动沿线各国民众实现目标相通、理念相通、情感相通、文明相通,为共建人类命运共同体夯实民意基础。

三、推进"一带一路"民心相通高质量发展的重点任务

(一) 援外资金要向民生倾斜

"一带一路"沿线大多是发展中国家,甚至是不发达国家,各国对改善民生需求迫切。我国过去在援外过程中,较为重视标志性大项目、基础设施工程,虽然投资大,但沿线国家民众接受援助的切身感受不强。要借鉴国际主要发展援助机构经验,推动国际援助更多地向民众关注的粮食、饮水、医疗、养老、教育、培训、应急救援、防灾减灾等民生领域倾斜,增加沿线民众对中国的直观感知度,以争取民心。援外项目要注意性价比,因为我国仍为发展中国家,国内建设任务繁重,不可能拿出巨额资金大规模投入援外项目中去,沿线国家对外援资金的需求量又十分巨大,在这种情况下就更需要提升援外项目的投入产出效率,更多地投入沿线国家民众需求急迫或"授人以渔"的项目中去,发挥好援外资金"花小钱、办大事"的作用。我国援外民生项目要注意加强与有关国际组织、其他国家发展援助机构的合作,从"单边作战"更多地转化为"联合作战",发挥"杠杆效应",力争撬动更多国际援助加入由我国设计推动的项目,并进一步扩大我国援外影响力。所有援外项目必须要做到立碑明示,力争项目冠

名权，加大宣传力度，以便让更多民众了解和熟知。

（二）创新外宣工作方式

随着我国经济发展层次和对外开放水平的提升，我国在全球的要素配置需求和能力也不断提高，经济发展从单纯依靠国内到更加强调国际合作，更加强调统筹利用好国际国内两个市场、两种资源。为适应这一新形势、新背景、新任务，我国的宣传工作也需进行调整，要从过去重点关注内宣转变为内宣外宣并重，要采取更加灵活的、社会化的办法，用"润物细无声"的方式，让更多沿线民众能够接纳"一带一路"，从心底认可中国。可考虑往驻外使领馆多派驻熟悉当地语言、文化等方面的人才，扩大一线外宣工作队伍。要巩固和抢占国际道德道义制高点。我们一直以来积极倡导的和平发展、减贫脱贫、环境保护、气候变化、人道主义、文化多元、自由贸易、互利共赢、多边主义等理念，在全球有很高的认可度，这些大旗要继续高举高打。要研究和沿线国家建立对外宣传的协同机制，以共同发布白皮书、共同召开记者招待会、共同开辟新节目和新栏目等形式，对"一带一路"建设的进展、债务情况、未来展望、民众获益等情况进行权威发布，正面回应少数媒体的不实指责。社会媒体的叙事风格天然多样化，国家媒体叙事风格天然统一化，要积极吸引社会机构参与到外宣中来，更多地让民众、企业、社会媒体去讲"中国故事"。要更多地使用推特（twitter）、脸书（facebook）、微信、微博等新兴互联网媒体。中国有8亿多网民，在信息时代就是8亿多个"自媒体""外交官"，要改变范式化、刻板化、脸谱化的传播方式，使宣传内容更易为沿线民众所接受。

（三）推动汉语向海外传播

民相亲首要在于语言相通，为使沿线国家更好地了解和认可中华文化、中国理念，就需要积极推动汉语向外传播，让更多外国民众会讲汉语。随着中国与沿线国家投资贸易规模的扩大，经贸往来更加频繁，一些国家涌现出从高层至民间的学汉语热，因此要利用好这一潮流。要吸引更多外国人来华学习汉语，高校、社会多组织汉语教学和培训工作。政府机构不要在汉语传播中大包大揽，容易引起国外抵制的反弹，要注意发挥引导作用，可通过政府购买服务形式支持一些社会机构在海外建立汉语培训机构，不统一命名、不统一挂牌，追求形式和内容的多元化，努力形成一些示范项目，以带动国内外更多社会组织参与到汉语传播中来。

（四）加大面向国外的教育培训力度

推动民心相通就要做好"教育外交"，努力培养熟悉中国、认可中国的知华派、友华派、亲华派。要扩大沿线国家赴华留学规模，增加对沿线落后国家在华留学的奖学金和生活补贴，以吸引更多留学生、交换生、访问学者来华学习。加强对沿线国家政府官员、高校教师、媒体人士、技术人员的专业培训力度，以帮助沿线国家培养友华的高级人才。鼓励国外著名大学在华设立分支机构，也鼓励我国有实力的高校在外新办分支机构，鼓励中国与沿线国家学者相互到对方国家任教。同时，要注意在我国培养一大批既懂小语种又懂沿线国家经济、法律、文化等的复合型高级人才。

（五）加强对我国在外企业和员工的管理

我国在海外的投资企业、驻外员工是与东道国社会密切联系的重要媒介和纽带，是我国国家形象的重要代表，必须规范我国在外企业的经营，促使企业和员工遵守当地法律、法规和风俗习惯。有关部门可根据企业赴外国别的不同，定期组织义务培训活动，为投资者、经理人、员工系统讲解东道国投资从业注意事项，培育企业合规意识。由中央企业带头，打造一批遵守当地法律法规和风俗习惯、与当地政商关系清楚透明、与当地民众关系融洽的标杆典范，并在舆论上加强对这些标杆企业的宣传力度。建立海外信用黑名单制度，对凡是违反当地法律、法规的企业和个人纳入黑名单，并与国家企业信用信息公示系统和失信人名单联网。加强与东道国政府的沟通协调，对我国在当地的投资企业和驻外员工进行协同管理，并推进信息互通和数据共享。

（六）推进外事管理体制机制创新

推进民心相通还要创造更加有利于交流的制度环境，为国际交流松绑解套。要积极推动制度对更多国家实行免签和落地签制度，推广数字签证，为更多沿线国家民众来华创造便利。赋予我国国有企业、基层政府、科研机构更大的外事管理权限和更加灵活的外事管理制度，对在沿线国家开展交流、调查、谈判等活动给予更加宽松的条件，放松国家企事业单位组织开展公共外事活动的审批限制。完善对跨境婚姻、跨境劳务、在华留学的管理办法，探索对外籍人士加入医保、社保等制度予以突破。推动教育、医疗等公共服务领域对外开放，放开国际教育、国际医疗等领域的外商准入限制和投资股比限制，为外籍在华人士工作生活创造更好的配套服务和条件。

（七）创造更加丰富多样的文体产品

文体产品既是增进民心相通的载体，也是推进民心相通建设的重要抓手。我国应与沿线国家共同推动艺术、旅游、体育、科技、传媒、影视、历史、考古等文体领域的合作，更多地组织艺术节、旅游节、博览会、影视展、重大体育赛事等文体活动，形成丰富多样的文体产品，将更多优秀的中国文化产品翻译成当地语言分享给沿线民众，也将沿线各国优秀的文化产品引进回国，增进民众的相互了解。

（八）加强国别研究

民心相通涉及国家广泛、关联领域众多，为更好地明确建设思路、找准发力点，以实现更好的效果，需持续深入开展研究。要针对不同国别、不同民族、不同党派、不同阶层、不同习俗、不同年龄段、不同文化群体等因素制定差异化的民心沟通政策，要研究不同群体的关注点、利益诉求以及我们应采取的措施和宣传方式。了解对方是民心相通的前提，因此要加强对沿线国家的国别研究，组织专门力量对各国政治、经济、社会、历史、文化开展全方位研究，开展对沿线国家各行业投资机会、投资风险的研究，开展长期持续性的实地调查研究。要建立智库和研究机构的国际合作网络体系，加强国内外研究机构间的交流，着力引进一批了解沿线国家国情、熟悉当地法律法规、通晓国际经济运行规则、具有国际视野的外国专家，以使国外智力资源能够为我国所用。

（原文刊发于《公共外交季刊》2020年夏季号）

"一带一路"倡议下的物流系统设计

一、"一带一路"为全球物流业发展带来新机遇

(一)"一带一路"将推进全球经济总量增长和结构调整,相伴而生的全球物流业也会迎来重要发展机遇期

全球金融危机后,世界经济发生了复杂而深刻的变化,危机转嫁、后发崛起、国际竞争愈演愈烈,国际经济的结构、分布、规则快速调整,全球资源、要素、财富重新分配,国际政治经济领域呈现出大开大阖的竞争、合作与博弈的局面。主要表现为:

一是全球经济增速下滑、复苏缓慢。危机发生前,2003—2007年世界经济的平均增长率为4.76%,金融危机后,2008年世界经济增长率迅速降至1.5%,2009年甚至降至-2.1%,出现大幅衰退。2010—2014年,受各国经济刺激政策及周期性因素影响,全球经济有所复苏,但复苏进程较为缓慢,经济增长率低于危机发生前水平。据联合国近期报告预测,2015年全球经济增长2.4%,2016—2017年尽管增速有所上升,但仍在3%左右徘徊,世界经济增长动力仍然不足。

二是发达经济体与新兴经济体的发展差距进一步缩小,经济力量此消彼长。在危机爆发前的2004—2008年,发达国家对全球经济增长的贡献率就已经低于发展中国家(44%:56%),在危机爆发后的2008—2012年,二者的差距扩大至13%:87%。相应地,发达国家和发展中国家经济总量之比,已从20世纪80年代的约4:1变为目前的约2:1。金砖五国、新钻

11国等新兴国家开始成为世界经济发展的新引擎，成为引领全球经济复苏的中流砥柱。世界经济格局开始向新兴国家和发展中国家倾斜。

三是区域一体化发展快于全球一体化。当前多边国际合作步伐缓慢，WTO持续多年的多哈回合贸易谈判至今仍处于困境，区域经济合作成为各国减缓经济冲击、实现稳定增长的必然选择。到目前为止，WTO已有158个成员国参与到一个或多个区域经济一体化组织中。北美、欧盟区域一体化已较为成熟，拉美、非洲、东盟一体化进程也在推进，但欧亚大陆的大多数国家尚未被纳入统一的一体化进程中去。近年来，美国积极倡导TPP和TTIP建设，意图建立一个更高标准的、排他性的新型区域一体化组织，以继续主导未来的全球经济贸易。在这一趋势下，国与国之间的竞争日益演变成地区与地区间的竞争、各地区规则与规则间的竞争。

全球金融危机后，世界经济出现的以上新情况、新特点集中反映了既有的全球经济治理结构已经不能反映出当前的新要求，适应未来发展的新趋势，全球经济呼唤治理结构转型、治理规则重构和治理模式创新。在这一背景下，我国提出了建设"一带一路"的重要构想。2013年9月，习近平主席在哈萨克斯坦出访时提出，为使欧亚各国经济联系更加紧密、相互合作更加深入、发展空间更加广阔，我们可以用创新的合作模式，共同建设"丝绸之路经济带"。同年10月，习近平主席在出访印度尼西亚时提出，中国愿同东盟国家加强海上合作，发展好海洋合作伙伴关系，共同建设21世纪"海上丝绸之路"。这是我国根据全球形势深刻变化提出的重大战略倡议，是完善全球治理结构的一次重大理论和实践创新。

"一带一路"倡议的提出将会深刻改变全球经济格局，将会有力地促进全球经济增长和结构调整。"一带一路"一头连着活跃的东亚经济圈，一头连着发达的欧洲经济圈，中间贯通资源丰富但经济发展相对滞后的广大腹地国家，沿线涵盖了中亚、西亚、中东、东南亚、南亚、北非、东非、中东欧等区域的65个国家和地区，总人口44亿人，GDP规模达到21

万亿美元，分别占世界的63%和29%，是世界跨度最长的经济走廊，也覆盖了世界经济最具活力和最具发展潜力的国家和地区。一方面，"一带一路"顺应了区域经济一体化的发展潮流，打破了长期以来陆权和海权分立的格局，实现了陆海连接双向平衡，以点带面、从线到片，逐步形成区域大合作，推动欧亚大陆与太平洋、印度洋和大西洋完全连接的陆海一体化，形成陆海统筹的经济循环，使欧亚大陆经济联系更加紧密，从而有力推动区域经济增长，并为全球经济增长提供了新引擎。如图1所示，"一带一路"沿线国家经济规模占全球经济总量的比重不断上升，在全球经济中的话语权越来越大，沿线国家经济的繁荣发展将为世界经济增添新动能。另一方面，"一带一路"顺应了经济多极化的发展潮流，其沿线普遍是发展中国家，形成了发展中国家集团的经济联合体，这将会有力提升发展中国家在世界经济中的地位，实现世界经济更平衡、更开放地发展。

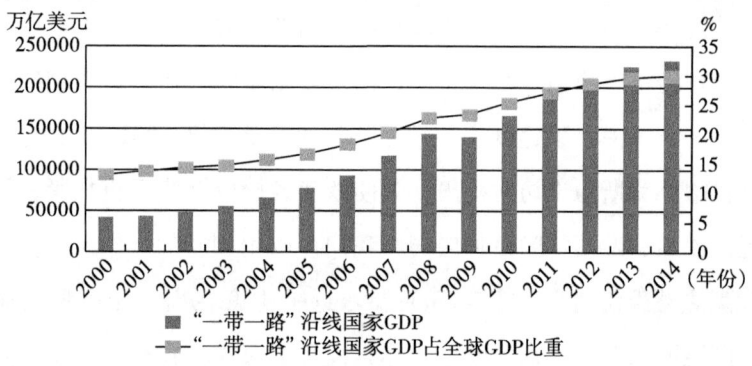

图1　2000—2014年"一带一路"沿线国家经济总量及在全球经济占比情况

物流是经济发展的引致需求，"一带一路"所带来的全球经济新发展，必然会为全球物流业带来发展的新机遇。从总量上来看，"一带一路"通过纵贯欧亚大陆的贸易大通道和产业大通道，把碎片化的地区经济串联起来，通过沿线国家相互贸易与投资的增加、产业转移的加速和更加频繁的人员往来，将会显著增加沿线物流流量，进而形成物流、人流、金流、信息流大通道。现代物流业的畅通和规模的扩大也能使各地区更好地融入

"一带一路",并促进欧亚大陆要素市场、产业链、产业集群的进一步整合,参与全球分工并发挥自身优势,从而以点带线、以线带面,形成更加统一、紧密联系的经济空间,这反过来又进一步促进物流通道的畅通和规模的扩大,从而形成沿线区域一体化与物流一体化良性互动的循环格局。从结构上来看,"一带一路"将会改变发达国家主导的传统经济格局,使发展中国家在世界经济中的参与度不断提高,全球物流格局也将向发展中国家倾斜,物流的结构、流向都将发生深刻变化,围绕发展中国家的物流需求也将蓬勃增长,这其中孕育着大量的商机,是吸引全球物流业发展的重要洼地。

(二)"一带一路"已经成为全球重要的贸易带,进而依托贸易形成了全球重要的物流带

长期以来,全球贸易主要表现出两大贸易带:一是大西洋贸易带,主要是美国和欧洲等发达国家间横跨大西洋的商品货物贸易;二是太平洋贸易带,主要是美国等发达国家与东亚出口导向型经济体横跨太平洋的商品货物贸易。"一带一路"倡议实施后,将形成除以上两大贸易带之外的第三大贸易带,即是一条覆盖并贯穿欧亚大陆的商品、能源、原材料、服务的贸易通道;既包括东亚出口导向型经济体与欧洲、南亚、俄罗斯的商品货物贸易,也包括东亚、南亚与中东、中亚、非洲、俄罗斯等国家和地区的能源资源贸易;既包括欧亚大陆的陆路贸易,也包括经中国南海、马六甲、印度洋、波斯湾至地中海的海上贸易。

当前,"一带一路"贸易带在全球经贸格局中占据越来越重要的地位。据世界银行统计,1990—2013年全球贸易年均增速为7.8%,而"一带一路"沿线65个国家贸易总量同期年均增速达到13.1%,尤其是国际金融危机后的2010—2013年,"一带一路"沿线国家对外贸易年均增速达到13.9%,比全球平均水平高出4.6个百分点,成为带动全球贸易复苏的重要引擎。随着"一带一路"沿线国家经济互动程度的加深,贸易规模将会快速增长,全球贸易重心正在向欧亚大陆发生转移,"一带一路"贸易带正在逐步取代太平洋和大西洋贸易带,从而成为全球最繁忙的贸易带。

物流流向与贸易流向紧密相关,目前依托"一带一路"贸易带,正在逐步形成"一带一路"物流带。当前全球物流格局主要表现为欧美发达国家之间、发达国家与东亚国家之间的商品物流。广大欧亚内陆发展中国家由于物流基础设施不完善、商贸联系不紧密,因此物流量相对较低。随着"一带一路"建设的推进,欧亚大陆边缘与内陆的贸易联系将会更加紧密,发达地区向发展中地区的产业转移也更加频繁,这将会创造大量物流需求,并将改变主要依靠海运的传统物流方式,欧亚大陆的陆路运输在物流体系中的重要性也会因此日益提升。此外,从价值量角度看,目前"一带一路"的物流主要表现为发展中地区向较发达地区的进口物流,发展中地区仅有一些原材料、初级产品出口,出口物流的货运量和价值量都相对较低。随着"一带一路"对发展中地区经济的拉动,发展中地区向发达地区的出口物流也将显著提高,从而形成进口和出口的双向物流体系,实现从贸易平衡向物流平衡的转变。

我国是"一带一路"沿线最大的贸易国,正在"一带一路"贸易带中发挥越来越重要的作用。2001年以来,我国与"一带一路"沿线国家贸易增长迅速,尤其是2008年金融危机爆发后,我国与沿线国家间的贸易步入快速发展时期,对沿线国家的贸易总额从2001年的840亿美元增长到2014年的11200亿美元,占我国对外贸易总额的比例从2001年的16.5%增长到2014年的26.0%。其中出口比例从2001年的14.5%增长到2014年的27.2%,增长近一倍。尽管近年受经济危机影响,我国与"一带一路"沿线国家的双边贸易额增速有所下滑,但与"一带一路"沿线国家贸易占我国对外贸易比重一直稳定维持在1/4左右。与此同时,"一带一路"沿线国家和地区的对外贸易也更加依赖中国。如表1所示,"一带一路"沿线主要地区对我国的贸易依赖度要显著高于世界平均水平,我国成为

"一带一路"沿线国家最大的或主要的贸易伙伴。贸易地位决定物流地位，我国也成为"一带一路"沿线地区中主要的物流策源地，未来从我国至东南亚、南亚、欧洲的商品贸易物流量和至波斯湾的能源贸易物流量将会继续保持增长。同时，随着我国西部地区经中亚至欧洲贸易往来更加密切，横跨欧亚大陆的陆上物流通道的重要性将会凸显，甚至可能分流一部分海上物流，从而形成"一带一路"陆海并重的两大物流通道（见图2）。

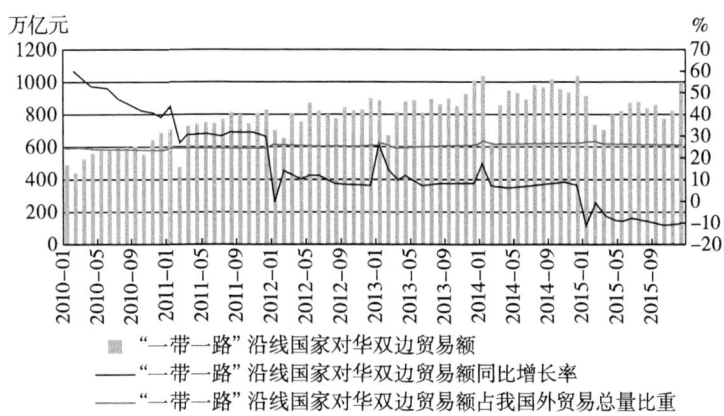

图2 "一带一路"沿线国家与我国双边贸易情况

表1 "一带一路"沿线主要地区与我国及世界贸易情况　　　　单位:%

地区	占中国对外贸易的比重	占全球贸易总额的比重
南亚与东南亚	12.8	7.6
中亚	1.3	0.4
西亚与北非	7.4	5.4
东欧	2.4	2.2

（三）"一带一路"能够发掘巨大的投资空间，各国大量对外投资将会刺激物流业的繁荣

根据邓宁的投资发展周期理论，一国经济发展水平与国际直接投资地位密切相关：当一国人均GDP低于400美元时，经济发展非常落后，既很难对外直接投资，又难以吸收国外投资；当一国人均GDP处于400～2000

美元时，外国投资将会迅速增加，对外投资处于起步水平；当一国人均GDP处于2000~5000美元时，吸收外国投资和对外直接投资均处于较大规模；当一国人均GDP处于5000美元以上时，成为较为发达国家，对外直接投资将达到相当大规模。目前"一带一路"国家多为发展中国家和新兴经济体，多处于第二和第三阶段，一方面需要大量外国投资推动本国经济发展，另一方面也会产生一定对外投资需求。据世界银行统计，1990—2013年，全球外国直接投资（FDI）年均增速为9.7%，而"一带一路"沿线65个国家同期年均增速达到16.5%，显著高于全球平均水平。随着"一带一路"建设的进一步推进，沿线国家吸收投资与对外投资将更加顺畅，更多投资洼地和潜在投资领域将进一步被挖掘，欧亚大陆将成为全球投资的重点和热点地区。

从"一带一路"沿线国家的基础条件、投资收益、投资风险等因素综合来看，基础设施和产业发展领域是吸纳资金能力最强、投资风险收益最好的领域。"一带一路"沿线地区交通基础设施较为薄弱，互联互通能力差，具有非常广阔的投资空间。一般来说，交通基础设施投资与效益的比值一般在1:5~1:10，该领域的投资能够为各国经济发展与合作奠定良好的基础。同时，各国资源要素禀赋各有不同，结合比较优势的产业投资空间也较为广阔，能够为资本保值增值创造更多机会。可以预计，随着"一带一路"建设的推进，未来会有大量资本流入以上两个领域，形成大规模、稳定的资金流，从而改变现有资金流动格局。

资金流与物流往往是互动互生、不可分割的，"一带一路"沿线各国对外投资将会激发大量潜在的物流需求。如对基础设施的投资建设会产生大量钢铁、水泥、能源等原材料的物流需求，对产业发展领域的投资将会刺激跨国、跨地区供应链物流的发展，原材料、中间品和产成品通过物流被整合进全球链生产体系中。从地区来看，东南亚、中东、中亚及我国中西部地区是未来吸引全球投资的重要洼地，资金流将会引领物流、人流、信息流向这些地区汇聚,并将显著提升这些地区物流要素的供应能力和物流业的整体发展水平。

(四)"一带一路"将助推第四次全球产业转移,全球分工格局的调整会促进沿线物流结构优化

产业转移是世界经济发展的一般规律,第二次世界大战后,全球经历了三次大的产业转移浪潮:第一次以马歇尔计划为代表,美国将钢铁、纺织等传统产业向欧洲和日本转移;第二次是欧美和日本将轻工、纺织、家电组装等劳动密集型产业向"亚洲四小龙"和部分拉美国家转移;第三次是欧美日等发达国家及"亚洲四小龙"等新兴工业化国家,把劳动密集型产业和低技术型产业向发展中国家,特别是中国大陆地区转移。从日本到"亚洲四小龙"、再到中国大陆,通过产业梯度转移大力发展外向型经济,东亚实现了整个地区经济腾飞的"雁阵模式",出口导向也成为后发国家经济崛起的一条重要道路。当前,随着中国大陆劳动力、土地等要素成本的上升,部分产业向外转移也是一种必然,"一带一路"倡议提出后,将为中国的产业转移提供巨大空间。产业转移的本质既是投资与合作,也是市场趋利的微观活动,"一带一路"上有很多价值洼地和产业洼地,可以通过产业转移获得产业资本增值。未来将很有可能出现中国及其他一些国家的劳动密集、资源密集、土地密集型产业向东南亚、南亚、中亚地区大规模转移,形成以中国为"雁首"的"新雁阵模式",以带动沿线国家产业升级和工业化水平提升。

第四次产业转移的大方向是将我国不再具有比较优势的产业沿"一带一路"转移。具体而言,有四大路径:一是我国过剩产能向中亚、东南亚、南亚、中东、非洲等地区的发展中国家转移,这些过剩产能在一些国家可能是先进产能或亟须产能,仍将具有较大的发展空间;二是我国劳动密集型产业向东南亚、南亚等劳动力资源丰富的国家或地区转移,重新获得比较优势;三是我国能源、资源密集型产业向中东、中亚地区转移,既包括投资获取权益资源,也包括依托当地丰富的能矿资源开展下游加工;四是我国东部一些制造加工业、服务业、能源资源产业沿"一带一路"国内段、长江经济带向广大中西部地区转移,实现我国经济发展的东西均衡。"一带一路"建设最终将使我国和沿线国家结成经济上紧密互联、互利共赢的共同体,形成覆盖全球60%以上人口、近30%经济产值的产业价值链。

国际产能合作将成为第四次产业转移的主要形式。国际产能合作,即产业与投资合作,就是在一国发展建设过程中,根据需要引入别国有竞争力的装备和生产线、先进技术、管理经验等,充分发挥各方比较优势,推动基础设施共建与产业结构升级相结合,提升工业化和现代化水平。"一带一路"建设形成了对国际产能合作的巨大需求。一方面,我国总体上已进入工业化中后期,制造业普遍出现产能富余,钢铁、水泥、造船、平板玻璃等产能严重过剩,劳动密集型产业成本上升,盈利能力大幅下降,急需向国际市场输出,为产业转型升级腾出空间。另一方面,"一带一路"沿线国家特别是一些发展中国家拥有丰富的土地、资源、劳动力等生产要素,但缺少能够组织起这些要素的产业、项目,亟须产能输入。中国和"一带一路"沿线国家具有较强的经济互补性和产业关联性,可以分别成为具有产能合作共同意愿的供需双方,通过产能合作带动产业转移,催生"一带一路"沿线地区的经济繁荣。

在第四次产业转移的大背景下,"一带一路"的物流类别将由传统的大宗产品物流、产成品物流日益向中间品物流方向发展,将由粗放低效物流日益向精益物流、即时物流、柔性物流方向发展。近年来,受全球经济下行因素影响,以石油、铁矿石为代表的全球大宗产品需求不振,能源、资源等大宗产品价格大幅下跌,能矿物流规模显著缩减,波罗的海综合运费指数呈下降趋势,并不断创下历史新低。从短期来看,能矿物流总量仍将保持低位态势。从长期来看,随着"一带一路"建设的推进,发达国家、新兴经济体的能源资源密集型产业都将向中东、中亚、俄罗斯、非洲等能源资源丰裕地区转移，资源大进大出的格局将显著缓解。同时，随着区域一体化深化，"一带一路"沿线国家产业联系将更加紧密，产业分工更加细化，即从产业间分工日益向产业内分工转变，产业链整合能力会显著提升，最终产品物流会逐渐让位于中间品物流。为提升产业加工效率，物流的时效性和灵活性将会更加凸显，精益物流、即时物流、柔性物流等先进生产组织方式将会更加普及，从而实现"一带一路"沿线物流产业的升级、更新和换代。

二、我国推进"一带一路"物流体系建设面临的重要挑战

"一带一路"物流格局正在发生剧烈而深远的变化，我国作为"一带一路"沿线物流规模最大的国家及沿线主要的物流策源地，必须主动谋划"一带一路"物流体系的总体设计。一方面这是我国对外开放不断深化的必然要求，体现出我国顺应贸易、投资、产业、物流变化的大趋势和大规律；另一方面也可以通过"一带一路"物流体系的设计，化解"走出去"的关键瓶颈制约，为企业"走出去"、产业"走出去"引导方向，体现出我国主动谋划、稳步推进的积极态度。当前，我国推进"一带一路"物流体系建设还面临着一些挑战，必须统筹把握。

（一）一些大国对"一带一路"物流通道建设存在疑虑、误读甚至是封锁与遏制

我国提出"一带一路"倡议后，总体上得到国际社会的积极响应，但一些国家特别是一些大国对"一带一路"充满警惕，将其看成是我国地缘政治的扩张和对世界既有经济格局的调整，损害了这些大国的政治经济利益。一些区域小国也在这些大国影响下或出于自身的利益考虑，对"一带一路"倡议的实施进行阻挠。在构建"一带一路"物流通道时，这些现象表现得尤为明显。如我国在"一带一路"倡议中，提出要打造中国至东南

亚的南北向交通通道，日本对这一做法高度警觉，认为我国意图与其抢占在东南亚的政治经济影响力，因此采取阻碍或竞争等多种方式阻滞我国的通道建设，并积极推动东西向交通通道建设，意图与我国相抗衡。又如在"一带一路"倡议中，我国提出构建中巴经济走廊和孟中印缅经济走廊，打通我国西北地区至巴基斯坦、印度洋的大通道和西南地区至缅甸、印度洋的大通道。由于印巴传统敌对关系及对中国的怀疑态度，印度认为这两大通道是对其东西两个方向的围堵，对"一带一路"倡议的响应并不积极，并推出"季风计划"与"一带一路"相抗衡。美国更是对"一带一路"充满怀疑，认为该倡议将会在政治、经济、军事等方面挑战美国的全球霸主地位，一方面通过挑起南海、东海问题对我国进行战略围堵，另一方面积极推动TPP、TTIP，以把我国排挤在全球经济体系之外。这些大国的态度和做法对我国推进"一带一路"建设，特别是"一带一路"的物流通道建设构成严峻挑战，其本质上是对"一带一路"实现沿线国家互利共赢没有深刻的认识，没有顺应全球经济一体化、区域经济一体化的发展潮流，没有妥善处理好地区与地区之间、国家与国家之间竞争与合作的关系。因此，"一带一路"互联互通建设只能一方面循序渐进、重点突破，形成共赢的示范效应；另一方面进一步加强沟通协调，特别是加强对各大国的释疑解惑，以减少阻力、凝聚共识。

（二）沿线各国地缘关系复杂，民族、宗教矛盾突出，增加了"一带一路"物流体系建设的难度和风险

"一带一路"沿线国家众多，各国国情各不相同，经济发展差距大，政治、民族、宗教等各类冲突频繁发生，热点地区冲突不断。目前，欧亚大陆已经形成从巴尔干经高加索到中亚、南亚和东南亚的不稳定弧，在欧洲，乌克兰危机引发的地缘政治格局正在引发冷战后最剧烈的嬗变，其外溢效益已传递到亚太地区；在亚洲，一些国家出于觊觎之心与狭隘的民族主义情绪，在岛屿争端和海洋权益问题上挑起事端；在中东，伊拉克、阿富汗等问题尚未妥善处理，伊斯兰国、基地组织等极端恐怖势力异军突起，悄然改变中东政治版图与国际反恐格局，埃及政局持续动荡，利比亚局势严重恶化，叙利亚内战前景不明，一些国家宗教派别之间以及宗教和世俗政权之间的矛盾尖锐。以上这些问题对于推进"一带一路"物流体系建设都构成了严峻挑战，对于互联互通基础设施建设、物流企业在相关地区投资均形成了较大风险。如何应对泛滥的暴力恐怖主义、民族分裂主义以及宗教极端主义，是我们需要长期面对的一个重要课题。

（三）沿线各国物流基础设施水平参差不齐，部分地区较为落后，且物流标准不统一，成为制约"一带一路"物流体系建设的硬约束

由于"一带一路"沿线国家经济发展水平相差较大，物流基础设施水平参差不齐，东亚、欧洲地区物流基础设施较为发达，而广大欧亚腹地国家物流基础设施建设较为薄弱。特别是国与国的物流基础设施互联互通十分落后，除欧盟地区各国交通设施联通较好外，欧亚大陆各国之间的公路、铁路设施或是处于空白状态，或是十分老旧、年久失修，目前仅有几条欧亚大陆桥发挥着联通各国的作用。此外，各国物流基础设施标准不统一也制约着各国物流对接。如各国铁路标准问题，东南亚多使用轨距为1000毫米的窄轨；中国、伊朗、土耳其使用的是轨距为1435毫米的标准轨；印度、巴基斯坦和孟加拉国的铁路为宽轨，轨距为1676毫米的宽轨；俄罗斯和中亚独联体国家的铁路也是宽轨，轨距为1520毫米。轨距不同使各国铁路难以有效衔接，造成物流效率较为低下。

（四）物流业生产经营粗放、服务创新能力不足是制约我国推动"一带一路"物流体系建设的软约束

目前我国虽已成为世界第一物流大国，但物流业大而不强的问题依然较为突出。我国物流业发展粗放主要表现在运行成本较高（见图3）。2014年，我国社会物流总费用与GDP的比率为16.6%，而美国物流成本占

GDP 的比重约为 8%，日本均为 14%，英国均为 10.6%，法国均为 11.1%，德国均为 13%，西班牙均为 11.5%，意大利和荷兰均为 11.3%。物流成本过高导致我国物流业运行绩效偏低，据世界银行最新发布的《物流绩效指数报告》显示，我国物流绩效仅位列世界第 28 位，与发达国家尚有不小的差距。此外，我国物流业的主要形式仍是大规模的公路、铁路物流，精益物流、多式联运等先进物流业态的发展还较为滞后，特别是在国际物流领域竞争力仍然不足，大规模远洋物流相比先进国家还有差距，跨境电子商务物流、跨国配送等高附加值业态还处于起步阶段。

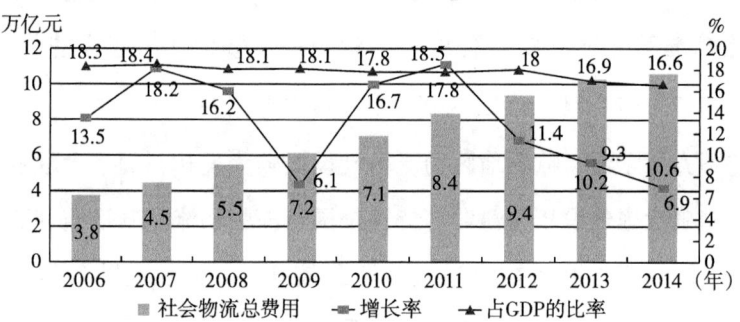

图 3 2006—2014 年近年全国社会物流总费用及增速情况

三、推进"一带一路"物流体系建设要把握好几方面关系

（一）要把握好全面与重点之间的关系

"一带一路"倡议具有开放性、包容性和互利性特点，得到沿线国家的广泛认同和积极参与。物流体系建设，是"一带一路"建设的突出方面，涉及面广，建设内容复杂，因此推动"一带一路"物流体系建设必须坚持循序渐进、重点突破的原则。其中，重点突破有以下几方面内涵：一是妥善推进沿线重点国家、重点地区物流通道建设，坚持"一国一策、因地制宜"，一些国家和地区是"一带一路"物流通道的重要途径地，区位优势明显，必须花大力气积极推动其参与通道建设；一些国家和地区政

治、民族、宗教情况复杂，成为制约"一带一路"物流体系建设的重要瓶颈，必须妥善处理，合理管控风险。二是积极推动重点工程建设，互联互通设施不完善是"一带一路"物流体系建设最大的问题，要在统筹设计好"一带一路"物流体系建设方案的基础上，着力打通关键瓶颈，形成物流通路。三是抓住流通便利化、标准统一化等重点方面，完善"一带一路"物流体系建设，进而推动贸易自由化、经济一体化。

（二）要把握好点、线、面之间的关系

"一带一路"物流体系建设是一项复杂的系统工程，它既包括物流节点、物流通道、物流辐射区域等功能主体，又包括各功能主体之间的相互关联，要推进"一带一路"物流体系建设就要合理把握好各功能主体间的关系。"一带一路"物流体系建设要以中心城市、重点经贸合作区、重要港口等物流节点为支撑，形成包括公路、铁路、海运、航空等多种方式的物流大通道，进而辐射周边的广大地区。处理好物流节点、物流通道和辐射区域之间的关系，意味着一方面要做好各功能主体及主体内部各个体的分工；根据物流原生城市、物流中转城市的不同特点确定物流功能、业态、设施的布局；根据枢纽港、支线港和喂给港的不同功能定位形成差异化的物流服务体系，比如根据各物流通道的运载能力、周边地区物流供需情况确定物流路线选择等，从而避免恶性竞争和无序对接。另一方面要确保节点、通道、区域功能的科学衔接，形成组合力量、综合优势和集成优势，使物流节点和通道建设能够更好地支持区域经济发展；同时也以区域发展为节点和通道创造更大的物流需求，从而形成相互支撑、相互促进的良性互动格局。

（三）要把握好内与外之间的关系

长期以来，我国物流体系建设主要注重国内，目前已基本形成了全国范围内通畅完善的现代物流体系，但在外部物流体系建设方面仍处于起步

阶段。随着"一带一路"倡议的推进，我国对外贸易、对外投资、产业转移的总量、流向、结构都将发生新的变化，要求物流体系建设必须要有适应性调整，要打通国内外物流体系的对接，形成内外互动、内外互补、内外互通的新格局。一方面，要继续加强我国国内陆腹地与沿海地区的物流联系，完善海上运输通道建设；另一方面，加强内陆腹地地区与沿边地区的物流联系，加强东北、西北、西南物流通道建设，形成内陆地区对外联系的新通道，使内陆地区、沿边地区成为对外开放、联通全球的新高地。

（四）要把握好存量与增量之间的关系

随着全球化和区域经济一体化的推进，欧亚大陆国家的经贸往来一直在向前发展，已产生和积累了大量的存量资源，"一带一路"倡议的提出既要把这些资源整合进一个大的合作框架内，同时也创造了很多新增资源参与"一带一路"建设。在"一带一路"物流体系建设的过程中，就要处理好这些存量资源和增量资源的关系。具体而言，主要包括四个方面：一是处理好各国已有物流规划、战略与新的战略、设计、构想之间的关系。"一带一路"沿线各国均较为重视物流体系建设，不同国家在不同时期提出了各种交通物流发展规划、战略。"一带一路"物流体系设计需要综合考虑各国的发展诉求，统筹规划和设计，实现整体利益的最大化。二是处理好既有物流基础设施和新增设施之间的关系。必须在统一规划的基础上，明晰"一带一路"物流体系的构成和布局，对正在运行或已建成的重要物流基础设施进一步强化其功能，积极推动缺失的关键瓶颈设施建设，以实现既有设施和新增设施的对接和联通。三是处理好既有合作平台和新增合作平台的关系。目前上海合作组织、亚信峰会、APEC（亚太经济合作组织）、RCEP（区域全面经济伙伴关系）、博鳌亚洲论坛、中国—东盟博览会、中国—亚欧博览会等各类机制、组织和论坛对于推进地区合作已发挥了积极作用，未来可以研究在这些框架下设立"一带一路"合作平台或专业的物流合作平台。

（五）要把握好政府与市场之间的关系

"一带一路"物流体系建设是一项庞大复杂的系统工程，必须发挥好政府和市场"两只手"的作用。政府的作用应该体现在顶层设计、宏观谋划、政策支持、投资服务、投资引导等方面。"一带一路"物流体系建设应更多地发挥市场作用，吸引企业参与到物流体系建设、运营和投融资上来，激发企业的主体作用，实现市场驱动与国家支持相互促进。在物流基础设施建设与运营方面，要大力推广 BOT、PPP 等特许经营方式，鼓励企业按照国际通行的市场准则积极参与。在投融资方面，要充分利用和组织好亚洲基础设施投资银行、金砖国家合作银行和丝路基金等金融平台作用，综合利用债券融资、股权融资、风险投资等多种方式，调动金融机构参与"一带一路"物流体系建设的积极性。

四、"一带一路"物流体系建设的方案设计

"一带一路"物流体系设计包括物流空间布局设计、物流方式设计等方面。在空间布局上，要按照以线串点、以线带面、内外对接的思路，规划好陆上和海上互联互通的大通道、重要的节点城市、口岸以及重点区域。在物流方式上，要针对货运量、货物特点、运输要求、地形地貌合理设计公路、铁路、海运、航空等各类运输方式，并实现各类运输方式的有效对接。总体来说，"一带一路"物流体系设计就是用系统性、关联性思维，分别对空间布局、物流方式、物流业态进行再设计，从而实现对物流体系整体的优化。

（一）六大物流通道

从地理层面看，"一带一路"是连接亚太经济圈和欧洲经济圈的两大通道。其中"一带"的起点是中国，中亚和俄罗斯是桥梁，欧洲是终点，非洲是延伸线。其重点战略方向有三个：一是由中国经中亚、俄罗斯至欧

洲的波罗的海方向,二是由中国经中亚、西亚至波斯湾、地中海方向,三是由中国至东南亚、南亚、印度洋方向。"一路"的起点是中国东海和南海,贯穿太平洋、印度洋沿岸国家和地区。其重点方向有两个:一是从我国沿海港口经南海到印度洋,二是从我国沿海港口经南海到南太平洋。从途经路线和辐射范围看,"一带一路"是以我国为起点和中心,向北与俄罗斯的交通线连接,东边连接日本和韩国,向西通过中亚连接西欧,向西南通过印度洋连接北非,把东亚、东南亚、南亚、中亚、欧洲、非洲东部的广大地区联系在一起。结合"一带一路"的战略方向,以及沿线和辐射地区的物流流向、物流总量,"一带一路"的物流通道主要有六条:亚欧大陆桥物流通道、中蒙俄物流通道、中巴物流通道、孟中印缅物流通道、中国—中南半岛物流通道、海上物流通道,这六条物流通道将"一带"与"一路"连接起来。如果说"一带"与"一路"是两翼,那么这六条物流通道则是连接两翼的龙骨,使"一带一路"成为一个覆盖欧亚大陆,联通太平洋、印度洋与大西洋的大网络。

1. 亚欧大陆桥物流通道

亚欧大陆桥物流通道主要是依托亚欧大陆桥、新亚欧大陆桥两条铁路形成的横跨欧亚大陆的物流大动脉,也是联通太平洋和大西洋的陆上物流大动脉。根据目前已形成的和未来可能形成的物流流向,亚欧大陆桥物流通道可以分为三个方向。

一是依托亚欧大陆桥或西伯利亚大陆桥的物流通道。该通道起自俄罗斯东部的符拉迪沃斯托克,横穿西伯利亚至莫斯科,再至欧洲,最后到达荷兰鹿特丹港,经过俄罗斯、哈萨克斯坦、白俄罗斯、波兰、德国、荷兰6个国家,全长13000公里左右。由于亚欧大陆桥铁路运营时间较早,特别是较早地采用了多式联运方式,该物流通道也较早地发挥了联通欧亚大陆的作用,但其主要是联通了俄罗斯东部和西部地区、俄罗斯西部和欧洲地区,以及少部分日本至欧洲的陆路运输,覆盖国家少,辐射范围窄,物流量相对较为有限。

二是依托新亚欧大陆桥的物流通道。该通道起自我国的连云港，途径哈萨克斯坦、俄罗斯、白俄罗斯、波兰等国，直达欧洲，最终到达荷兰的鹿特丹港，全长10900公里，辐射亚欧大陆30多个国家和地区，成为横跨亚欧两大洲、连接太平洋和大西洋，实现海—陆—海多式运输的第二条国际大通道。与亚欧大陆桥相比，新亚欧大陆桥地理位置和气候条件更加优越，港口无封冻期，吞吐能力大，陆上距离更短，经济成本优势更加明显，且辐射面更广，因此物流需求更大。随着新亚欧大陆桥建设的推进，目前该通道的起点已经远不止是连云港一个城市，我国东部各主要沿海城市都与新亚欧大陆桥形成了联通。这些城市又与韩日、东南亚等国家与地区通过海上航线相连，形成了多条新亚欧大陆桥物流通道的延伸线。同时，我国中西部的乌鲁木齐、西安、武汉、重庆、成都、南宁、郑州等城市也能经阿拉山口、霍尔果斯等口岸与新亚欧大陆桥物流通道相连接，把我国广大中西部地区纳入新亚欧大陆桥物流通道之中，进一步扩大了新亚欧大陆桥的辐射范围，推进沿线地区由物流至经济的全方位互联互通。

三是未来拟推进的由我国至中亚和波斯湾地区的第三条物流通道。中亚、西亚地区能源资源十分丰富，中国、欧洲对该地区的能源资源均有较大需求，该条物流通道建设十分必要。这一物流廊道可能有两个方向：一个是从我国霍尔果斯、阿拉山口等口岸出境后至哈萨克斯坦，再由哈萨克斯坦南下至土库曼斯坦、伊朗，再向西至土耳其；另一个是由我国喀什通往吉尔吉斯斯坦，再进乌兹别克斯坦，即中吉乌铁路，再南下伊朗并至土耳其。这是一条不同于亚欧大陆桥和新亚欧大陆桥的能源物流大通道，是欧亚大陆地区经济发展的基础保障，有助于形成欧亚大陆中部地区能源资源供给、两端东亚和欧洲生产加工的物流大循环。

2. 中蒙俄物流通道

中蒙俄物流通道是起自我国京津冀地区和东北地区，经蒙古通往俄罗斯，联通三国的物流大通道。该物流通道主要有两条路线：一条是从华北京津冀地区到呼和浩特，再到蒙古和俄罗斯，最终可到俄罗斯波罗的海沿岸；另一条是从我国东北地区，经满洲里和赤塔通往俄罗斯。这两个通道互动互补，共同构筑成中蒙俄三国经贸往来的大动脉。中蒙俄三国经济互补性强，蒙古、俄罗斯矿产和能源资源较为丰富，而中国是全球最大的能源资源进口国之一，是蒙俄两国资源能源产品出口的重要市场。中国制造业较为发达，蒙俄两国对中国轻工产品具有较高的依赖度，产业结构互补决定了该物流通道将具有较大的双向物流需求量。

目前，中蒙俄物流通道建设正在积极推进。蒙古正在加紧规划建设连接俄罗斯太平洋港口的铁路运输网，俄罗斯希望中国能够投资参与俄贝加尔—阿穆尔大铁路以及跨西伯利亚大铁路的现代化改造。我国也在积极推进哈尔滨—满洲里—俄罗斯—欧洲这一新通道建设，以满洲里、绥芬河口岸对接俄罗斯和欧洲市场，积极推进中俄油气管线、中蒙煤炭运输通道建设，从而把我国的环渤海经济圈、东北经济圈与俄罗斯远东经济圈、蒙古能源矿产基地相对接，进而联通俄罗斯西部地区和我国国内陆地区，并将通过过境物流的方式进一步联通日韩和欧洲地区，形成"一带一路"建设的战略新通道。

3. 中巴物流通道

中巴经济走廊是"一带一路"建设的旗舰项目，随着中巴基础设施互联互通的逐步推进，中巴物流通道逐步形成雏形并将发挥越来越大的作用。该通道起自我国喀什，通过红其拉甫口岸进入巴基斯坦，经巴基斯坦的伊斯兰堡、拉合尔，至印度洋的瓜达尔港。该通道向东可延伸至我国国内陆地区和沿海地区，向西可进入伊朗、伊拉克和土耳其，向南可进入印度洋并与"海上丝绸之路"对接，成为我国向西开放、巴基斯坦向东开放的战略大通道。

这一通道一方面有利于中国西北特别是新疆的对外开放，无论向东还是向西，新疆距离出海口都较遥远，随着中巴物流通道建设的推进，新疆向南亚、中东和非洲的物流距离都将大为缩短。新疆自北向南贯穿巴基斯坦抵达印度洋的最短距离仅2395公里，这意味着过去新疆经由西太平洋水域与南亚、中东和非洲的贸易往来将因此缩短上万公里。另一方面，该物流通道不仅是贸易物流通道，也是能源物流通道，来自中东的油气资源可由瓜达尔港登陆，从新疆进入我国。该物流通道的建设有利于形成我国后方新的能源运输通道，降低"马六甲困局"风险，保障我国能源安全。同时，随着我国向巴基斯坦产业转移进程的推进和巴工业化水平的提升，未来我国将成为巴基斯坦重要的出口大市场，该通道也将成为巴基斯坦重要的出口物流通道。当前，该通道建设的重点是物流基础设施建设，要推进喀喇昆仑公路、瓜达尔港、中巴铁路、巴境内高速公路等项目建设，真正形成中巴交通大动脉，推进我国与中亚、南亚、中东地区的进一步联通。

4. 孟中印缅物流通道

南亚地区人口多、面积广、发展潜力大，未来将成为世界经济的重要增长极之一。除中巴物流通道外，孟中印缅物流通道是中国与南亚和印度洋地区联通的另一条大动脉。孟中印缅物流通道起自我国昆明，向西经缅甸、印度东北部、孟加拉国至加尔各答，一边可通过云南辐射我国国内陆广大地区和中南半岛地区，另一边可辐射印度腹地，联通南亚、东亚、东南亚三大经济板块。

目前，孟中印缅物流通道建设正在逐步由构想转向设计和实施建设阶段。从地理空间看，孟中印缅经济走廊可以有四条路线：北线从昆明经腾冲至缅北的密支那，经雷多口岸进入印度东北部，再向南至孟加拉国的达卡和印度的加尔各答；中线从昆明经瑞丽口岸至缅甸曼德勒，再向西经印度东北部的英帕尔至达卡和加尔各答；南线包括两条线路，一条由昆明经曼德勒至皎漂港，再沿海北上至吉大港、达卡和加尔各答，另一条由昆明至曼德勒后，向南到缅甸仰光。

虽然中国西南、印度东北部、缅甸、孟加拉国相对而言均不发达，但如果建成孟中印缅物流通道，将会显著加强各国经贸联系，并将加快这一地区融入全球经济大循环的步伐，有利于各方优势互补，形成合理的国际分工，带动产业结构调整，加快中国西南与印、缅、孟等国的经济发展步伐。当前应积极推动昆明至缅甸铁路、公路和油气管道建设，形成至南亚国际运输通道，开发利用伊洛瓦底江等国际河流航运资源，发展多式联运，形成多条物流通道，尽快把孟中印缅物流通道建设由桌面讨论推向实施落地。

5. 中国—中南半岛物流通道

中国—中南半岛物流通道起自我国的广东、广西、云南等省，南下贯穿越南、老挝、柬埔寨、泰国和马来西亚等中南半岛五国，直抵新加坡。我国与中南半岛国家长期以来一直保持紧密的经贸合作，中南半岛是中国周边地区与中国在"五通"合作方面走在前沿的地区，双方彼此间一直存在较大的物流需求。

现阶段，中国—中南半岛的物流形式以海运和部分边境公路运输为主。我国珠三角港口群、北部湾港口群以及长三角港口群可从海路直接与除老挝以外的所有中南半岛国家对接，新加坡马六甲海峡更是我国与欧洲、中东、南亚、非洲的远洋贸易物流必经之地。公路上，我国广西和云南两省可直接通过边境口岸与越南、老挝对接，进而向南辐射到泰国、柬埔寨等国。近期，中国与中南半岛国家的铁路建设取得重大进展。2015年8月，中泰两国达成修建中泰铁路意向。该铁路北起昆明南至泰国曼谷，未来可能延伸至马来西亚和新加坡，并与中老铁路、中越铁路等一起构成我国与中南半岛互联互通的铁路网。随着铁路建设的推进，未来铁路物流将在该通道发挥更加重要的作用，形成以铁路物流为主，公路物流、海运物流为补充的中国至中南半岛的南北向物流大通道，完全可以抗衡日本意图在中南半岛建设的东西向物流通道。

6. 海上物流通道

海运物流是我国对外物流的主要形式，我国对外贸易主要依靠海运，能源资源进口也主要依赖海运。中国原油进口的90%，铁矿石进口的97%，铜矿石进口的92%，煤炭进口的92%，均通过海运来实现。在"一带一路"物流体系建设中，海上物流有着非常重要的地位。

我国海上物流主要有两大方向：一是从我国东南沿海出发，向南经我国南海，过马六甲海峡，向西经印度洋至波斯湾，这一条是我国能源资源物流大通道，伊朗、伊拉克、沙特等国丰富的石油资源可以通过海运运抵我国；二是从我国东南沿海出发至印度洋后，向西经苏伊士运河至地中海地区和欧洲，这是我国与欧洲、南亚、东南亚、东非的商品货物贸易物流大通道。从战略上来看，由于我国受到第一岛链和第二岛链的战略围堵，向东进入太平洋的战略通道不畅，因此向西的"一带一路"海上物流大通道成为我国的生命线和补给线，但无论哪条线路，都要经过狭窄的马六甲海峡，"马六甲困局"成为制约我国海上物流通道建设的重要瓶颈。未来随着"一带一路"陆上五大物流通道作用的增强，陆海物流互动格局将会逐渐形成，马六甲海峡的战略压力将被分摊，对我国而言将会形成更加均衡的物流格局。

此外，在"一带一路"海上物流通道建设中，应该特别关注北极物流通道建设。北极物流通道由加拿大沿岸的"西北航道"和西伯利亚沿岸的"东北航道"两条航道构成，对"一带一路"物流建设有直接影响的是"东北航道"。东北航道西起西欧，穿过西伯利亚沿岸的北冰洋海域，绕过白令海峡到达中、日、韩等国港口，它的大部分航段位于俄罗斯北部沿海的北冰洋离岸海域。由于东亚地区经东北航道至欧洲的距离相比经马六甲海峡和印度洋要短，因此东北航道具有重要的经济价值和战略价值，未来甚至能够改变全球地缘政治经济格局。目前，北极航道作为连接亚欧交通新干线的雏形已经显现，其在国际通道开发建设中的独特作用不可小觑，我国在"一带一路"海上物流通道建设中应该给予足够的重视。

7. 六大物流通道与我国国内重要物流通道的衔接

随着我国对外开放格局、区域经济发展格局的变化，与其相伴而生的国内物流发展格局也在发生变化。"一带一路"是统筹国际国内的发展战略，因此"一带一路"物流体系建设也包括了与国内物流通道对接的内容。当前，我国国内物流通道主要从以下四个方向与"一带一路"物流体系进行对接。

向西，我国东中西部广大地区均可对接新亚欧大陆桥，发展与中亚、欧洲的贸易物流。目前，我国已开通多趟直通欧洲的集装箱班列，如2011年开通的渝新欧班列；2012年开通的武汉至捷克的汉新欧货运班列；2013年开通的郑新欧班列、西安—鹿特丹的"长安号"国际货运班列、广东—俄罗斯国际货物快运班列、成都至波兰的蓉欧快铁；2014年开通的义乌—西班牙马德里的义新欧铁路货运班列、合肥至欧洲的合新欧班列、长沙开往欧洲的湘欧快线、武威至欧洲的"天马号"中欧班列、苏州经满洲里开往波兰华沙的苏蒙欧班列；2015年开通的哈尔滨至汉堡的哈欧国际货运班列等。未来，我国各地区均可通过"X新欧"的形式向西出境，形成向西开放的新格局。

向东，我国东部地区可以通过海上物流通道与"一带一路"沿线各国和地区对接。我国的环渤海、长三角、海峡西岸、珠三角、北部湾五大港口群可以通过密集的海运线路与日韩、东南亚、南亚、中东与欧洲形成通畅的物流网络。同时，中西部地区可以通过铁路、公路和水运网络与东部地区联通，向东出海。长江流域各省可以依托长江经济带综合立体交通走廊，建设长江沿线物流大通道，发挥承东启西、通江达海的区位优势，使"一带一路"和长江经济带两大战略对接。京津冀地区也可通过沿海港口扩大对沿线国家的开放，形成世界级大城市群和大首都经济圈，使"一带一路"和京津冀两大战略对接。

向北，充分发挥满洲里、二连浩特等口岸的重要作用，打通我国东北、华北乃至整个腹地进入蒙古、俄罗斯的战略通道，使我国国内陆地区与中蒙俄物流通道对接，为我国东北地区扩大开放、实现振兴创造空间，同时蒙俄两国的能源矿产资源也可南下，为我国经济发展注入动力。

向南，加速推进我国国内陆地区通过广西、云南、广东、港澳等沿边沿海地区与孟中印缅物流走廊、中南半岛物流走廊对接。这一方向要打通四大通道：一是中线京港澳物流大通道，依托京港澳高速、京广高铁、京广铁路等综合交通运输通道，串联京津冀城市群、中原城市群、长江中游地区、珠三角地区，联系香港和澳门地区，形成贯穿南北、辐射全国的物流纵贯线；二是沪昆物流大通道，依托沪昆高铁、沪昆铁路、沪昆高速公路组成的综合运输体系，串联长三角地区、长株潭地区、黔中地区、滇中地区，形成我国东部沿海地区、中部内陆地区与东南亚、南亚联通的物流大通道；三是西线呼昆物流大通道，串联起西部的呼和浩特、西安、成都、重庆、昆明等城市，形成我国西部地区与孟中印缅物流通道对接的大走廊；四是珠江西江物流大通道，依托珠江—西江黄金水道和南广铁路、贵广铁路、云桂铁路等组成的综合运输体系，进而辐射东盟和南亚，形成东西互动、江海联动的物流大通道。

（二）四类物流节点

物流节点一般指资源高度集中、辐射力强、区位优势明显的城市、港口、口岸、园区、中转基地等。"一带一路"的物流节点能够以点串线、由线成带、由带到面，形成全线畅通、辐射周边，既有广度，又有宽度的"一带一路"物流经济带。物流节点的选择要结合物流通道的设计，考虑物流流量、结构、方式，形成支撑有力、层次清晰、串联畅通的物流支点体系。

1. 重要城市

"一带一路"物流节点城市的选择要考虑物流需求量、区位条件、物流承载和中转能力等多重因素。一般来说，具有较大经济总量和人口规模、能够产生较大物流需求的城市，处于交通要道和具有广阔通达范围的城市，具有良好物流基础设施并能够承载大规模物流中转的城市，均可成为"一带一路"物流节点城市。

在亚欧大陆桥物流通道上，可以重点发挥阿斯塔纳、莫斯科、明斯克、华沙、柏林、鹿特丹等新亚欧大陆桥重要节点城市的作用，推进符拉迪沃斯托克、伊尔库茨克、新西伯利亚、喀山等亚欧大陆桥节点城市的物流能力建设，打通阿拉木图、比什凯克、塔什干、撒马尔罕、阿什哈巴德、德黑兰、安卡拉、伊斯坦布尔等城市的物流通道。在我国国内，重点推进重庆、成都、武汉、西安、郑州、兰州、长沙、徐州、济南等城市通过"X新欧"加强与"一带一路"沿线国家陆路联通能力建设，形成我国国内陆地区对外开放新高地。

在中蒙俄物流通道上，要从华北和东北两个方向推进与蒙俄的互联互通建设。从华北至蒙俄方向，要打通天津、北京、张家口、乌兰察布、乌兰巴托、新西伯利亚、鄂木斯克、喀山、莫斯科的物流大通道，从东北至蒙俄方向，要打通大连、沈阳、长春、哈尔滨、满洲里、乌兰巴托直至莫斯科的物流大通道，既形成了华北、东北地区对蒙俄的贸易通道，也能使蒙俄的能源矿产对华北、东北经济发展发挥支撑作用，天津、大连也可成为蒙俄的重要出海口，形成双向物流走廊。

在中巴物流通道上，要打通喀什、伊斯兰堡、拉合尔、海德拉巴、卡拉奇及瓜达尔的物流通道，加强物流基础设施建设，提升各节点城市物流发展水平。要发挥喀什承东启西的重要作用，加强喀什与我国西部其他城市互联互通建设，将喀什打造成为我国西部地区重要的产业集聚区、物流集散地和中转地以及对外开放的桥头堡。

在孟中印缅物流通道上，要强化昆明物流中心城市的重要地位，打通昆明至缅甸曼德勒、密支那、仰光、皎漂物流通道。与缅甸、孟加拉国、印度一起推动缅孟印三国互联互通建设。打通缅甸至吉大、达卡、加尔各答的物流通道，从而形成孟中印缅四国畅通完善的物流体系。

在中国—中南半岛物流通道上，要着重发挥南宁、昆明在该通道的核心作用，在陆上打通至河内、万象、曼谷、金边、胡志明市、吉隆坡、新加坡的公路、铁路，形成畅通的物流通道，为我国西南地区与中南半岛国家的经济互动提供支撑。在海上继续强化北部湾的北海、钦州、防城港、海口、三亚等港口及珠三角港口群与海防、岘港、西哈努克、新加坡等重要港口城市的航运往来。

在海上物流通道上，要加强"一带一路"沿线重要港口城市的物流能力建设，提升我国环渤海、长三角、海峡西岸、珠三角、北部湾五大港口群与新加坡、吉大、科伦坡、瓜达尔、伊斯坦布尔、马赛、鹿特丹、阿姆斯特丹等港口城市的物流联通水平，并将各城市打造成具有综合物流组织能力的枢纽和物流要素集聚中心。

2. 重要港口

港口是重要的物流节点，是我国国内陆地区承接国际资本、沿海产业向内地转移以及通向国际市场的直通大门，是"一带一路"建设的先行领域和重要基础。因此，布局"一带一路"国际枢纽港及国内港口群的建设意义重大。

我国是"一带一路"的重要起始点，我国港口必须全面对接"一带一路"倡议。目前，我国已初步形成环渤海、长江三角洲、海峡西岸、珠江三角洲和北部湾五个规模化、集约化、现代化的港口群。其中，环渤海区域港口群由辽宁、京津冀和山东沿海港口群组成，形成了以大连港、营口港、秦皇岛港、天津港、烟台港、青岛港、日照港为主要港口，以丹东港、锦州港、曹妃甸、黄骅港、威海港等港口为补充的分层次港口格局。长三角港口群形成了以上海港为躯干，宁波—舟山港等浙江港口群和连云港等江苏沿海港口群为两翼的"一体两翼"格局。海峡西岸形成了以厦门港为中心港，泉州港、福州港、莆田港、宁德港、漳州港等为支线港的港口群体系。珠三角形成了以广州港、深圳港、香港港为中心港，汕头港、珠海港、惠州港、虎门港、潮州港等为支线港的港口群体系。北部湾地区形成了包括钦州港、防城港、北海港以及海口港和三亚港等在内的港口群体系。这五大港口群一方面联通我国国内陆地区，成为内陆地区对外贸易的窗口；另一方面联通世界，成为全球商品进入中国的集散地。正是由于这五大港口群联通内外的重要作用，因此应该成为我国参与"一带一路"建设的重要物流节点和战略支点。

从全球来看，"一带一路"应该选择那些海铁联运条件好、物流功能强、腹地广阔的港口作为重要物流节点。从海上丝绸之路东端的我国东南沿海到西端的欧洲沿海，符合上述条件的有新加坡港、韩国釜山港、马来西亚巴生港和关丹港、柬埔寨西哈努克港、印尼雅加达港和比通港、缅甸皎漂港、孟加拉国吉大港、巴基斯坦瓜达尔港、斯里兰卡科伦坡港和汉班托塔港、也门亚丁港、沙特阿拉伯达曼港和吉达港、阿曼法赫尔港、埃及塞得港和亚历山大港、希腊比雷埃夫斯港、法国马赛港、德国汉堡港和不莱梅港、比利时安特卫普港、荷兰鹿特丹港等，都可以成为"一带一路"的重要物流节点。

3. 重要边境口岸

从地理方位上看，中国沿边省市大部分地区，正处在欧亚增长极交汇区域的核心地带，与"一带一路"沿线相交相汇，边境口岸与周边国家对接相连，成为"一带一路"沿线上的重要节点。我国与周边国家的陆路边境线长达22800公里，与15个国家的领土接壤，开放口岸有285个，其中空运口岸63个，水运口岸139个，公路口岸64个，铁路口岸19个。在这些口岸中，边境水运口岸有辽宁省丹东港、吉林省大安港、黑龙江省黑河港、内蒙古孙吴港、云南省思茅港等五个水运国际口岸。空运口岸有呼和浩特、海拉尔、满洲里。铁路口岸有辽宁丹东、吉林集安、黑龙江绥芬河、内蒙古满洲里、新疆阿拉山口、云南河口、广西凭祥等七个国际铁路口岸，还有60多个跨境国际公路口岸。此外，在"一带一路"上的其他各相邻国家，均存在一些重要口岸，这些口岸共同支撑形成"一带一路"的全开放物流格局。

4. 重点经贸合作区

建设开发区、工业园区、经贸合作区是我国通过实践获得的一条重要成功经验。从深圳蛇口工业园区、苏州工业园区到目前遍及全国各地的各类园区，为我国经济发展提供了重要动力。当前，我国正在把这条经验向全球复制，通过建设境外经贸合作区的形式推动我国企业"走出去"。目前，我国共有境外合作园区119家，广泛分布在各大洲的50个国家和地区，其中有78家位于"一带一路"沿线上，占全部境外园区数量的65.5%。此外，还有25个国家希望与我国合作建设经贸合作区，该园区达到36家，如表2所示。

表2 我国境外经贸合作区数量及分布情况

		园区数量	园区数量占比
全部园区		119	100.0%
其中："一路一带"园区	全部	78	65.5%
	东南亚	34	28.6%
	俄罗斯	23	19.3%
	中东欧	6	5.0%
	中亚	6	5.0%
	南亚	7	5.9%
	东非	2	1.7%
外国有意向与我国合建园区		36	—

建设境外经贸合作区符合我国和"一带一路"沿线国家双方的诉求。从我国来看，合作区建设为我国企业"走出去"搭建了平台，帮助企业实现"抱团出海"，增强企业风险应对能力。目前，我国境外园区共吸引入园企业2724家，其中中资企业2078家。在"一带一路"沿线上，我国境

外园区共吸引入园企业 2415 家，占全部境外园区入园企业的 89%。从"一带一路"沿线其他国家来看，这些国家大多处在工业化进程初期和中期，市场潜力巨大，吸引外资意愿强烈。我国境外经贸合作区对于提升其经济发展水平、拉动就业可以发挥重要作用。因此，尽管当前境外合作区总体规模并不大，但未来的数量将会继续快速增长、类型更加多样、分布更加广泛，并将成为"一带一路"的重要战略支点。

境外经贸合作区作为集货物贸易、加工制造、资源合作开发，以及物流集散运输服务等多功能于一体的经济实体，在带动我国产业"走出去"的同时，也带动了物流"走出去"，成为我国辐射沿线国家的重要物流支点。加之我国国内正在积极推进的自由贸易区、国家新区、综合保税区等各类园区建设，我国对外物流也有了新的载体，境外园区与境内园区间的互动、境内经济体与境外经济体的互动都带来了内外物流间的互动，各种类型的园区也就成为支撑"一带一路"物流体系建设的重要支点。

五、我国推进"一带一路"物流体系建设的政策建议

（一）大力推动国际产能合作，夯实"一带一路"物流体系建设的产业基础

物流是经济发展的引致需求，没有跨区域的产业分工，就没有贸易和物流需求，推进"一带一路"物流体系建设必须要与沿线产业转移、地区产业结构调整相结合。当前，全球经济的竞争已经不仅仅是企业层面的竞争，更是产业链与产业链、供应链与供应链层面的竞争。为增强"一带一路"沿线地区的整体竞争力，我国要与沿线国家一道开展国际产能合作，优化产业链、价值链和供应链，推动产业链上下游和关联产业跨国界、跨区域协同发展，形成互补互动的区域产业布局，全面系统地提高沿线国家和地区特别是发展中国家在全球价值链中的位置。

从世界产业发展趋势来看，我国将成为新一轮全球产业转移的重要转

出方，是构建"一带一路"现代产业体系的主要参与者和驱动力。当前，我国一是要充分挖掘制造业优势，与"一带一路"沿线国家的劳动力、资源等优势要素相结合，提升自身研发能力，提高高端制造业与现代服务业发展水平，形成产业互补性。二是要将富余产能与"一带一路"基础设施建设的庞大需求对接。"一带一路"沿线发展中经济体是经济增长的潜力区，普遍处于经济发展的上升期，基础设施投资需求庞大，我国富余产能可以满足其建设能力不足的缺口。三是要推进高铁、电力等成熟的优势产业加快"走出去"，形成一批"一带一路"产能合作的龙头项目。四是与中东、中亚、蒙俄等地区开展能源矿产合作，寻求互利双赢的契合点。五是与欧洲发达国家开展技术研发合作，共同实现向产业链、价值链高端的攀升。六是合作建设境外经贸合作区、跨境经济合作区等各类产业园区，促进产业集群发展。在我国的积极推动和与沿线国家的共同努力，未来将形成合作更加紧密、分工更加细化、结构高度互补的现代产业体系，从需求侧创造更多的有效物流需求。

（二）建设更加自由开放的自贸区体系，为"一带一路"物流产业发展搭建平台

经济自由化、区域一体化是当前世界经济发展的主要特点，加快构建更加开放自由的经济体制既是我国统筹国际国内两种资源、跨越中等收入陷阱和推进"一带一路"倡议的重要要求，也是构建"一带一路"现代物流体系的必备条件。实施自由贸易区战略是中国新一轮对外开放的重要内容，目前我国正在积极推进或考虑推进各种类型的自由贸易区，以期形成内外兼修、多层次并进的自由贸易区格局。一是推进与"一带一路"沿线国家的自由贸易协定谈判，成立双边自由贸易区。目前中国已经签署并实施的自由贸易协定有12个，但在欧亚大陆腹地国家基本上还是空白，未来可以作为我国拓展全方位对外开放新格局的重点方向，其中中国—东盟自贸区升级版、海湾合作委员会自贸谈判、中欧投资协定谈判可以作为下一

步自贸谈判的重点方向。二是稳步推进上海、广东、天津、福建等自由贸易区试点，及时总结经验教训，并进一步扩大试点范围，从沿海到内地逐渐推进自由贸易区建设。三是可以研究在部分地区设立定向自由贸易区，重点提升对部分国家的经济辐射力，如新疆提出建设中国—中亚自由贸易区，宁夏提出建设中国—海合会自由贸易区，连云港提出建设中哈连云港自由贸易区和连云港自由贸易港区，云南也有条件建成中国—中南半岛自由贸易区。未来可在多种类型自由贸易区建设的同时，进一步推进更大范围的多边自由贸易区建设，如加速区域全面经济伙伴关系（RCEP）建设，推进中日韩自贸区谈判进程，重启中国—海合会自贸区谈判，积极推进与巴基斯坦自贸区第二阶段谈判，积极推动与俄白哈关税同盟、欧盟、印度以及其他沿线国家和次区域发展自由贸易关系，推动亚太自贸区（FTA-AP）进程等，由点到面、先试后扩、先易后难地形成立足周边、覆盖沿线国家、面向全球的高标准自由贸易区网络。

（三）积极参与"一带一路"国际物流大通道建设，完善国际综合交通体系

目前，"一带一路"物流体系建设呈现出物流基础设施不完善、各类物流方式难以有效对接的问题，成为限制其进一步发展的重要短板。要充分发挥我国在工程建设、工程承包、工程技术领域的突出优势，积极参与"一带一路"物流基础设施建设，抓住关键通道、节点和重点工程，解决好被"卡脖子"的问题。要优先打通缺失路段，畅通瓶颈路段，提升道路通达水平，大力推进铁路特别是高铁建设，提升各地区、城市、物流节点的联通能力，积极参与沿线重点港口、机场建设，形成新的物流枢纽，构建联通内外、安全畅通的综合交通运输网络。同时，积极发展多式联运与配套物流服务，要重点打破地区分割与运输方式间的壁垒，规范多式联运市场，加快发展江海联运、海铁联运、江铁联运；要加快国内城市群、港口群、机场群及各类物流枢纽与"一带一路"重要物流节点的对接，完善各类通道、航线网络，实现物流业跨地区、跨方式的无缝衔接。

（四）创新灵活稳定的现代金融供给方式，为物流基础设施建设提供资金支持

"一带一路"沿线国家普遍处于经济快速增长阶段，对于资金有着强烈需求。但由于这些国家经济发展基础薄弱，因此资金需求量十分巨大。据亚洲开发银行估算，2010—2020年，仅亚洲基础设施领域要达到世界平均水平就需投资8万多亿美元，平均每年约7500亿美元，此外还有难以估量的巨额产业投资需求。环顾全球，除我国外，能够满足这一巨大资金缺口的投资来源国十分有限。2015年我国人均收入已经超过7000美元，步入邓宁周期理论的第四阶段，将会大规模开展对外直接投资。可以预计，随着"一带一路"倡议的推进，这一比例还将大幅提高。目前，我国已经积累了5万多亿美元的对外金融资产，包括近4万亿美元的外汇储备，需要找到能够吸收这些资金的投资空间。这与"一带一路"沿线范围内发展中国家和地区强烈的资金和技术需求形成了无缝对接。

因此，我国必须利用现代金融市场，发挥杠杆作用，撬动全社会各类资金积极参与。财政资金要发挥引领作用，可通过政府购买、财政贴息、公私合营等多种方式，充分发挥引领、规划、推动作用，撬动更多资金参与到"一带一路"物流体系建设中。银行资金要发挥中坚作用，利用银行借贷、债市融资、股权融资、基金、信托等直接或间接融资以及以此为基础的各种金融衍生品，打开国际资金来源的广阔渠道，特别是要丰富政策性金融手段，鼓励政策性金融机构在风险可控和符合规定的前提下创新服务方式，多渠道开辟和增加长期低成本资金来源。地区合作资金要发挥凝聚作用，亚投行、金砖银行、中国—欧亚经济合作基金、中国—东盟银行联合体、上合组织银行等都是推动"一带一路"物流基础设施建设的关键力量。私人资金要发挥补充作用。私人资金的参与可弥补财政资金的稀缺，消除经济发展瓶颈，鼓励私营企业以公私合营等方式，开展境外铁路、公路、港口、仓储等物流基础设施建设，鼓励私营企业通过兼并重组等形式进军"一带一路"沿线各国物流业，引导境内外商业性股权投资基金和沿线国家社会资金，共同参与"一带一路"重点物流项目建设。

（五）建立"一带一路"沿线国家大通关机制，推进跨境物流便利化

时间和效率是物流的生命，通关效率低严重制约了"一带一路"物流的畅通和效率提升，必须与沿线国家积极合作，提高各国通关工作对接和管理水平，消除投资和贸易壁垒，构建区域内和各国良好的营商环境，激发释放合作潜力。要加强与沿线国家在信息互换、监管互认、执法互助方面的海关合作，以及检验检疫、认证许可、标准计量、统计信息等方面的双多边合作。构筑与沿线国家海关的合作网络，促进信息流、资金流、货物流的安全畅通流动，实现沿线国家"多地通关，如同一关"，实现无纸化通关，形成"一带一路"沿线一体化的大通关制度。推进建立统一的全程运输协调机制，推动口岸操作、国际通关、换装、多式联运的有机衔接，形成统一的运输规则，达到"一次通关、一次查验、一次放行"的便捷通关目标，降低国际运输成本和提高贸易物流便利化水平。推动与沿线国家海关监管和检验检疫标准互认，实现检验检疫证书国际联网核查。推进海关监管制度创新，支持跨境电子商务、边境贸易、市场采购贸易等新型贸易形式发展，各国共同加强对其通关管理，提高流通速度，降低流通成本。

（六）不断提升我国物流业发展层次，为我国深度参与"一带一路"物流体系建设提供保证

近年来，我国物流业取得长足发展，已形成较大的物流规模，但总体仍没有摆脱"多、小、散、乱"的格局，物流服务能力相比发达国家还有较大差距，特别是高端物流服务、新型物流业态等领域还十分薄弱，尚不

能完全支撑我国参与"一带一路"物流体系建设，我国物流业发展水平亟待提升。深度参与"一带一路"物流体系建设，除积极参与沿线物流基础设施建设、与沿线各国对接物流标准外，更重要的是要创新我国物流服务形式、创新物流业态，提升我国物流企业竞争力。一是要继续加快发展第三方物流，提升物流企业专业化水平，培育成规模、有竞争力的第三方物流企业，并鼓励其积极"走出去"。二是要提高物流信息化水平，加速互联网与物流业、制造业融合，加强需求端、零售端、制造端与物流端紧密连接与协同。三是要适应外贸订单从大订单集中订货向小订单多频次订货转变，适应小规模、碎片化的跨境流通方式，提供更加精益柔性的物流服务。四是要重点发展跨境电子商务物流，鼓励国内物流企业建设"海外仓"，通过海外零售市场带动国内物流"走出去"。五是借助自贸区平台发展国际物流业务，鼓励远洋物流企业进一步合并重组，提高市场集中度，形成一批国际竞争力强、国际市场份额大的大型物流集团。

（本文为陈文玲、梅冠群共同完成，原载于《中国供应链管理蓝皮书2016》及《经济纵横》2016年第10期）

中欧第三方市场合作研究

2015年6月,中法两国政府正式发表《中法关于第三方市场合作的联合声明》,首次提出了"第三方市场合作"概念。第三方市场合作是一种国际经济合作新模式,通过将我国的制造能力、优势产能与发达国家的高端技术、富裕资本结合起来,为第三国提供包括基础设施、机械设备、现代金融、教育培训、科学技术等紧缺与急需的产品和服务,充分实现我国和发达国家的供给与第三国市场需求的有效对接,助推三方优势互补、产业协调,实现"1+1+1>3"的互利共赢效果。这对于推动我国产业迈向中高端、促进第三国工业化和经济发展、创造与发达国家合作新空间具有重要意义。当前和未来一段时间,中美竞争与博弈将日趋激烈,中欧合作就更显重要,欧洲可以成为我国开展经济合作、抗衡美国对我国施压的重要战略伙伴,第三方市场合作可以成为深化中欧合作的重要抓手。

一、中欧开展第三方市场合作的现状

"第三方市场合作"这一概念的提出最早源于中法双边合作。2015年6月,李克强总理访问法国期间,中法两国共同签署《中法关于第三方市场合作的联合声明》,"第三方市场合作"首次被正式写入法律文件中。声明提出,中法两国未来将在民用航空器、交通基础设施、农业、卫生、能源、金融保险等领域,共同加强与第三方市场的合作。在此基础上,中法双方务实开展了一系列项目合作。

由于中法第三方市场合作效果显著,既能实现双方优势对接,又能得到第三方发展中国家的积极欢迎,实现多方共赢,很多国家纷纷对和中国开展第三方市场合作表达了良好意愿,中国也表现了和各国合作的积极态度。截至2019年年底,中国已与法国、英国、德国、意大利、瑞士、荷兰、比利时、西班牙、葡萄牙、加拿大、澳大利亚、日本、新加坡、韩国等发达国家签署了共同开展第三方市场合作的联合声明或谅解备忘录。其中中欧第三方市场合作占有重要地位,欧洲国家是与我国开展第三方市场建设的主要合作伙伴。

中欧第三方市场合作并未简单停留在纸面上,而是取得了大量实实在在的合作成果。较为典型的项目有:

(1) 中法在喀麦隆共建克里比深水港集装箱码头项目。该项目由中国港湾集团通过工程总承包方式建设,2014年6月竣工。2014年9月,中国港湾集团与法国波洛莱集团、法国达飞海运集团组成的联合体中标克里比深水港集装箱泊位25年特许经营权,将中国企业的建设优势与法国企业的物流航运网络优势有机结合。

(2) 中法在英国共建欣克利角核电站项目。2016年9月,中国广核集团、法国电力集团同英国共同签署了欣克利角C核电站及后续的塞斯维尔C、布拉德维尔B核电项目协议,中国广核集团、法国电力集团共同出资,布拉德维尔B将采用中国自主三代核电技术"华龙一号"。

(3) 中法在伊朗共建南帕斯气田项目。2016年11月,法国道达尔集团、中国石油天然气集团与伊朗签署协议,共同开发伊朗南帕斯气田11期项目,这是2015年伊朗核问题六方达成全面协议后最重要的投资项目之一。

(4) 中法在刚果共建国家1号公路项目。2019年3月,中国建筑集团有限公司和法国爱集思集团共同投资的刚果(布)国家1号公路特许经营项目正式启动。该项目全长536公里,连接刚果(布)首都布拉柴维尔和该国经济中心黑角,也是当前中法两国在非洲开展合作的重要项目之一。

此外，较为典型的项目还有中国三峡集团与西班牙共同开发刚果（金）大英加水电站项目，中国长江三峡集团与德国福伊特集团公司共同开展巴西圣保罗州巴拉那河流域伊利亚电站和朱比亚电站机组改造项目，中国石油化工集团和西班牙企业联合体在科威特共建阿祖尔炼油厂项目，山东电力建设集团公司同西班牙 SENER 公司在摩洛哥共同建设光热发电站项目，瑞士 ABB 集团与中资企业合作共建厄瓜多尔辛克雷水电站、孟加拉国巴库火电站安哥拉索约联合循环电厂等项目，中国铁路总公司和德国铁路公司、中车集团和德国西门子集团在中欧班列、高铁运营维护等领域共同开展第三方市场合作，德国西门子与中国能建、中国电建和中石油等上百家中国央企在"一带一路"沿线国家的电力、油气与化工、矿山与工业等投资领域开展合作，中国丝路基金与欧洲投资开发银行建立的第三方合作市场基金，等等。

总体来看，中欧共同开展第三方市场合作有以下几个特点：

一是推进进展较快，从第三方市场合作提出至今仅有短短四年时间，但已取得较大建设进展，特别是一些重大项目纷纷落地或达成意向，这是第三方市场合作这一模式具有生命力的鲜活例证。未来随着更多大项目落地投产，对第三方市场合作的标杆示范作用将更加显著，第三方市场合作已成为中欧合作、"一带一路"建设的亮眼名片。

二是中欧第三方市场合作仍以中国与法国、英国等西欧发达国家为主。受历史因素影响，法国和英国等西欧发达国家在非洲、亚洲等发展中国家具有较强的政治经济影响力，而且这些亚非国家大多是参与共建"一带一路"的沿线主要国家，与中国合作也普遍较为密切，中国与英法等西欧国家及亚非等第三方国家开展合作是互利共赢的。中国与法国、英国开展第三方市场合作的主要项目如表 1 所示，一些重大项目和合作机制已取得积极进展。此外，中国和德国、瑞士、奥地利、意大利等国家的第三方市场合作也取得了突出进展。

表1 中国与法国、英国第三方市场合作主要项目情况

中法第三方市场合作	中英第三方市场合作
2014年9月，中国港湾与法国波洛莱集团和达飞海运组成的联合体中标喀麦隆克里比深水港集装箱泊位25年特许经营权	2014年10月，中国石油工程建设公司与英国石油签署共同在伊拉克投资的鲁迈拉电站项目，并已于2017年12月完工
2015年6月，中法双方签署《中法两国深化民用核能合作的联合声明》，两国将在更多第三方国家推动核电合作。中国核工业、中广核分别与法国电力公司、阿海珐集团签订合作协议。	2015年7月，中交建与英国奥雅纳公司合作，开展对孟加拉国卡纳普里河隧道的经济与技术可行性研究
2015年12月，中广核欧洲能源公司与法国电力集团新能源公司、法国伊诺桑签署合作备忘录，携手进军非洲清洁能源市场，并将在纳米比亚开展清洁能源电站的投资开发与建设运营	2016年3月，中国出口信用保险公司与英国出口融资部签署加强再保险业务合作的协议。该协议主要针对中英企业向第三国出口的合作项目
2016年9月，中交建与法国的拉法基豪瑞集团在肯尼亚签署了全球战略合作谅解备忘录，双方也在蒙巴萨—内罗毕铁路项目、恩德培机场升级改造项目、内罗毕—马拉巴铁路项目等重大基建项目上开展合作	2016年3月，中储发展、招商证券与英中贸易协会、摩科瑞能源、苏格兰皇家金属仓储公司签订协议，共同开展关于伦敦金属交易所LMEshield库存系统的有关合作，为"一带一路"沿线国家金属持有者提供安全稳定的仓单管理服务
2016年11月，法国道达尔集团、中国石油天然气集团与伊朗签署协议，共同开发伊朗南帕斯气田11期项目	2016年7月，中国驻乌干达使馆和英国驻乌干达使馆签署有关加强基础设施合作的协议
2016年11月，中投海外和法国信托储蓄签署关于中法第三方市场合作基金框架协议	2017年12月，中英双方成立首期为10亿美元的双边投资基金
2018年11月，法国波洛莱集团与中国电建联手中标尼日利亚Ibom港口项目	2017年12月，英国出口融资部宣布新增不超过250亿英镑的新增业务，以支持"一带一路"建设及中英第三方市场合作有关项目
2019年3月，中国建筑集团有限公司和法国爱集思集团共同投资的刚果（布）国家1号公路特许经营项目正式启动	2018年1月，国家开发银行与渣打银行签署协议，双方共同出资100亿人民币授信额度，支持"一带一路"建设及第三方市场合作有关项目

续表

中法第三方市场合作	中英第三方市场合作
2019年3月，施耐德电气集团与中国电建签署合作协议。未来双方将在能源电力、基础设施、房地产等领域开展第三方市场合作	2018年10月，上海证券交易所与伦敦证券交易所启动沪伦通项目，开展中英第三方合作的有关企业和项目可通过沪伦通项目寻求资金支持

资料来源：作者搜集整理。

三是合作领域以基础设施、能源和金融等为主。中国在基础设施建设领域具有较强能力、丰富经验、富余产能及适用性的机械装备，发达国家在工程咨询设计、服务网络、高端设备等方面具有优势，且基础设施薄弱正是发展中国家实现发展所必须首先要突破的瓶颈和补齐的短板，对基建项目有较大需求，三方能够实现供需匹配。目前中欧第三方合作以基础设施及围绕基础设施的服务、设备、融资等内容为主。中国和欧洲都是全球重要的能源需求市场，在开发能源合作方面具有共同需求，一些地区大国博弈激烈、政治脆弱度高，能源项目政治敏感性强，开展第三方合作能够帮助分散投资风险。因此，中欧在非洲、中东等地区共同开展了一些传统能源与非传统能源的合作。欧洲金融市场较为发达，资金充裕、融资成本低，且资金管理水平、风险防控水平较高，金融领域第三方市场合作能够使中国的建设能力、生产能力和发达国家的富余资金相对接。

四是目前开展第三方市场合作仍以大型企业为主。由于第三方国家普遍为发展中国家或不发达国家，市场经济秩序并不十分完善，营商环境还有待改善，且大型企业抗风险能力强，因此在第三方市场合作中扮演先锋军的角色。目前第三方市场合作大多集中于基础设施、能源等领域，这类项目外部性强、投资额大、项目回收期长，并不非常适合中小企业。目前，中国开展第三方市场合作的主要是中央企业、地方国企等大型国有企业，欧洲参与第三方市场合作较多的也以道达尔、西门子、施耐德等大型集团为主。

二、中欧开展第三方市场合作的有利因素

中欧开展第三方市场合作之所以能在短短几年就取得突出进展,关键在于该模式能够实现各方优势互补、供需对接,中国、欧洲国家及第三国态度均较为积极。具体而言,中欧开展第三方市场合作有以下几方面有利因素。

一是很多发展中国家正处于快速工业化、城镇化的阶段,对基础设施、能源开发等有较大需求,单靠发展中国家自身无法在短期内实现。通过参与第三方市场合作,不但可以获得较为先进的基础设施及与投资项目相配套的资金支持,而且可以实现生产建设技术的转移,获得先进的管理理念与技术管理人才的培养。可以说,第三方发展中国家是中欧第三方市场合作的最大赢家,因此东道国普遍对中欧第三方市场合作呈现出积极态度。

二是中欧经济具有较强互补性。中国是工业门类齐全、工业体系完善的制造业大国,在机械设备、工程建设等领域具有突出优势,具有较强的生产和建设能力,在建材等领域存在富余产能。欧洲国家特别是西欧发达国家服务业较为发达,不仅在工程设计、现代金融、现代物流、法律咨询等方面具有比较优势,在高端装备、高技术产品供给方面也有一定竞争力。中欧双方在要素禀赋、产业结构等方面均具有较强互补性。第三方国家的投资项目往往金额巨大、关联面较广,中国或欧洲单独一方均难以满足如此大的建设需求,中欧第三方的合作有助于形成合力。

三是中欧合作可以极大地减少或分散投资风险。开展第三方合作的东道国主要集中在非洲、亚洲、拉美等地区。由于历史原因,欧洲对这些地区的影响力较大。比如,法国曾在30余个非洲国家进行过长达400多年的殖民统治,尽管许多国家第二次世界大战后陆续独立,但其中多数前法国殖民地国家仍与法国保持着特殊关系。在政治上,法国继续拥有对这些国

家的极大影响力,在经济上与其的联系也十分紧密。比如,英国在南亚、东非以及其他原英联邦地区仍具有一定影响力,英语为其通用语言,这些地区很多仍采用英帝国时期遗留的法律体系。英国也是现代国际金融体系、现代国际法律体系的重要构建者之一。比如,西班牙、葡萄牙至今与拉美国家的联系仍十分密切,两国在拉美有大量投资,西班牙语、葡萄牙语是拉美地区的通用语言。中国与非洲、亚洲、拉美各发展中国家总体保持了较好的关系,随着中国经济发展水平的提升,中国与这些发展中国家经贸往来的规模不断扩大,大量中国企业在这些地区开展投资,在"一带一路"框架下的合作日益紧密。这些第三方国家很多存在一定的政治、经济、安全风险,开展中欧第三方市场合作可以把欧洲的政治文化影响力和中国的经济影响力相结合,将中、欧及第三方国家捆绑成为一个利益共同体和责任共同体,从而能够极大地减少或分散投资风险。

三、中欧开展第三方市场合作的不利因素

尽管中欧开展第三方市场合作效果明显、成效积极,但也遇到了一些风险和挑战,这其中既有认识层面的问题,也有客观的软硬件环境层面的问题。未来如果要将中欧第三方市场合作推向深入,则必须妥善处理好以下问题。

一是少数欧洲舆论认为中欧开展第三方市场合作将存在地缘方面的竞争。由于一些西方舆论对"一带一路"存在误解,认为"一带一路"是中国争夺世界霸权的地缘计划,是中国版的"新殖民主义",是中国通过债务陷阱控制沿线国家的手段,是中国掠夺沿线国家能源资源的战略,等等。这些舆论认为,中欧第三方市场合作是中国"一带一路"框架中的一部分,因而往往也会带上有色眼镜来看待。一些舆论认为,中国将同欧洲争夺非洲等地区的市场,欧洲企业将被迫在这些地区与中国开展竞争。由于欧洲在非洲等地区影响力较大,中国不希望在这些地区与欧洲展开正面

竞争，因而采取了这一隐蔽性较强的手段介入欧洲"后院"事务。一些舆论认为，中国正在与中东欧国家开展"17+1"（包括希腊）合作，与西欧国家开展针对中东欧地区的第三方市场合作，其实质是为了更好地进入中东欧市场，将欧盟"分而治之"，并没有很好地尊重欧盟大市场的统一性和完整性。

二是认为中国在开放第三方市场合作时开放度不足。比如，认为由中国主导的第三方市场国家重大项目招投标信息不透明，欧洲企业无法参与其中。欧洲与非洲等第三方市场国家合作长期依照《洛美协定》和《蒙特利尔协定》等规则，这些协定中对欧洲各成员国对第三方国家具有援助性质的投资项目进行了透明开放等方面的规定，其本质是防止欧洲各国通过投资和援助等对非洲等发展中国家市场的独占。中国并非上述协定的成员国，但欧洲一直希望以协定标准要求中国。如提出对于中国利用开发性金融投资建设的重大项目，其承包建设不能仅委托中国企业，也应让欧洲企业参与其中，等等。

三是第三方市场国家营商环境普遍有待改善。第三方市场国家普遍为发展中国家或不发达国家，投资营商环境水平总体位于全球中下游，集中表现在部分国家基础设施硬件条件落后、政府机构效率较低、国家政府机构贪腐问题严重、企业经营税收成本高、法治不健全等。以非洲为例，据非洲开发银行数据显示，目前非洲只有65%的人口可以使用干净的水源。非洲大陆整体通电地区不足40%，在农村地区通电率更低，平均仅为12%，用电成本是其他国家的2~3倍。撒哈拉以南非洲地区每千平方公里的公路密度仅为204公里，其中只有25%为铺面道路，远低于944公里的世界平均水平。非洲的公路运输费用是其他国家的4倍。因此导致的城市、地区之间互联互通程度较低，严重制约着非洲内部贸易发展。在非洲，只有不到40%的人口具有使用先进医疗设施的条件，互联网普及程度只有8%，远低于世界平均水平，固定电话的普及程度则更低。此外，在软环境方面，非洲一些国家的贪腐、寻租、法治不健全等问题也十分突出，严重挤压了投资收益。

四是中欧双方的一些规则标准不能完全对接。非洲、亚洲等一些第三方市场国家长期采用英国、法国等国的标准或其他标准，与中国标准不完全一致，在开展第三方市场合作特别是重大项目的施工、建设、监理过程中，往往会存在标准不对接的问题。比如，在铁路轨距中，中国和欧洲部分国家、非洲和拉美大多数国家及东南亚国家均具有不同标准（见表2），影响铁路系统的互联互通。比如，关于监理标准，非洲大多数国家均采用英国或法国的监理标准，这与我国建设监理标准存在较大区别，经常出现中方施工企业在外建设项目采取中方标准，但监理企业按英国或法国监理标准使建成项目不能通过验收的现象。

表2 世界各国采用轨距一览表

轨距（mm）	国家和地区
大于1435	蒙古、印度、巴基斯坦、孟加拉、斯里兰卡、哈萨克斯坦、吉尔吉斯斯坦、乌兹别克斯坦、土库曼斯坦、格鲁吉亚、阿塞拜疆、亚美利亚、芬兰、爱沙尼亚、拉脱维亚、立陶宛、俄罗斯、白俄罗斯、乌克兰、摩尔多瓦、爱尔兰、西班牙、葡萄牙、阿根廷、智利、澳大利亚
1435	中国、朝鲜、韩国、日本、伊朗、伊拉克、叙利亚、黎巴嫩、以色列、土耳其、埃及、突尼斯、毛里塔尼亚、加蓬、丹麦、挪威、瑞典、波兰、捷克、斯洛伐克、匈牙利、德国、奥地利、列支敦士登、瑞士、荷兰、比利时、卢森堡、英国、法国、摩纳哥、意大利、梵蒂冈、南斯拉夫、斯洛文尼亚、克罗地亚、波黑、马其顿、罗马尼亚、保加利亚、阿尔巴尼亚、希腊、美国、加拿大、墨西哥、古巴、多米尼加、哥伦比亚、委内瑞拉、圭亚那、秘鲁、阿根廷、巴拉圭、乌拉圭、澳大利亚
小于1435 大于1000	日本、越南、菲律宾、印度尼西亚、约旦、阿尔及利亚、摩洛哥、塞拉利昂、利比里亚、尼日利亚、刚果、安哥拉、坦桑尼亚、赞比亚、津巴布韦、马拉维、莫桑比克、斯威士兰、博茨瓦纳、纳米比亚、南非、苏丹、加纳、莱索托、洪都拉斯、哥斯达黎加、多米尼加、厄瓜多尔
1000	中国、越南、柬埔寨、泰国、马来西亚、缅甸、印度、孟加拉、巴基斯坦、马里、几内亚、塞内加尔、布基纳法索、科特迪瓦、多哥、贝宁、喀麦隆、埃塞俄比亚、突尼斯、吉布提、肯尼亚、乌干达、坦桑尼亚、马达加斯加、瑞士、西班牙、波多黎各、巴西、玻利维亚、智利、阿根廷

续表

轨距（mm）	采用国家和地区
小于 1000	印度尼西亚、印度、尼泊尔、刚果（布）、苏丹、厄立特里亚、波兰、瑞士、意大利、危地马拉、萨尔瓦多、洪都拉斯、巴拿马、古巴、多米尼加、哥伦比亚、圭亚那、秘鲁、斐济

四、中欧开展第三方市场合作的重点地区

全球发展中国家众多，各国国情和发展条件大不相同，中欧双方在开展第三方市场合作的初始阶段，要注意突出重点，选择重点地区和重点国别，尽早形成一些示范标杆合作项目和较为成熟的合作机制。重点地区和重点国别的选择应遵循以下几个原则：一是当地安全条件较好，政治较为稳定，避免卷入不必要的地区争端和宗教纷争中；二是中欧双方都与东道国具有良好的关系和一定的影响力；三是东道国对参与第三方市场合作持有开放心态和现实需求，而不以狭隘的民族主义情绪看待中欧在东道国的投资；四是与中国、欧洲国家在产业结构上能够存在一定互补性，三方能够实现互利共赢。

（一）中法、中英与非洲的第三方市场合作

非洲是全球重要的新兴市场，近些年来发展速度加快，工业化、城市化进程加速推进。非洲总人口超过 10 亿，随着未来融入全球经济体系程度的加深，非洲未来有可能成为全球重要的消费市场和生产基地。但目前受制于基础设施薄弱、民众受教育水平整体不高、产业结构仍以初级产业为主等诸多原因，非洲工业化进程仍处于初级阶段，对基础设施建设、制造业和服务业发展等均有较大需求，对于中国和欧洲开展经济合作也有积极愿望，中、欧、非三方合作潜力较大，非洲可以成为中欧开展第三方市场合作的重点地区。

受历史因素和经济因素影响，法国、英国、意大利等欧洲发达国家在

非洲影响较大，与非洲有着长期而特殊的关系，其中法国在非洲特别是西非地区优势明显。在非洲，以法语作为官方语言（之一）的非洲国家有21个，以法语为通用语言的非洲国家有5个，法语国家人口占非洲总人口的32%。非洲有14个国家通用非洲法郎，法国与法属非洲国家金融联系密切。法国企业长期经营非洲市场，具有在非经营的丰富经验和市场控制力。非洲是法国最重要的对外援助方，在法国双边援助中，对非援助占60%，在法国优先发展援助的55个受益国中，非洲国家有37个，占比达到67.3%。法国与非洲还建立了各类双多边合作机制。

英国与非洲的关系也十分紧密。英国曾经是非洲最大的殖民地国家，双方有400多年的交往史。鉴于历史上的联系与现实中的各种利益诉求，非洲在英国的外交政策中一直占有"一席之地"。目前在全球53个英联邦成员国中，有19个是非洲国家（津巴布韦于2018年5月提出了重新加入英联邦的申请）。第二次世界大战结束以后，特别是随着非洲殖民地国家纷纷实现独立，以及英国加入欧洲共同体后，非洲在英国对外关系中的重要性曾一度减弱。但近年来，随着英国启动"脱欧"以及"全球英国（Global Britain）"全新外交战略的提出，非洲在英国外交格局中的重要性逐渐增强。非洲也是英国对外援助重点之一，目前对非援助约占到英国对外援助总额的1/5。

非洲是中国重要的经济合作伙伴。如图1至图3所示，中国与非洲的贸易和投资一直保持较快发展，中非互为重要的经贸合作伙伴，其中尤以工程承包合作最为突出。中国企业在非修建了大量的交通、水利、电力、建筑、市政、信息通信等基础设施，以蒙内铁路、亚吉铁路、尼罗河梯级电站等为代表的一批大项目拔地而起，帮助非洲破解工业化起步阶段的最大瓶颈。这些重大工程项目的建设较多使用中国开发性和政策性资金，不仅贷款利息较低，很多贷款甚至以对外援助的形式进行贴息，帮助解决了非洲工程项目建设融资难的问题，极大地缓解了非洲国家的融资压力。此外，还有大量民营企业和中小企业在非洲开展投资，从事批发零售、住宿餐饮及其他商业服务，为非洲创造了大量税收和就业机会。目前中非已建立了良好的政治互信和中非合作论坛等双边合作关系，中国明确提出涉非三方合作的指导原则，"中国赞赏国际社会采取建设性行动、支持和帮助非洲实现持久和平与可持续发展，愿本着'非洲提出、非洲同意、非洲主导'原则，以积极、开放、包容的态度同其他国家及国际和地区组织加强协调与合作，在非洲探讨开展三方和多方合作，共同为非洲实现和平、稳定、发展作出贡献"。

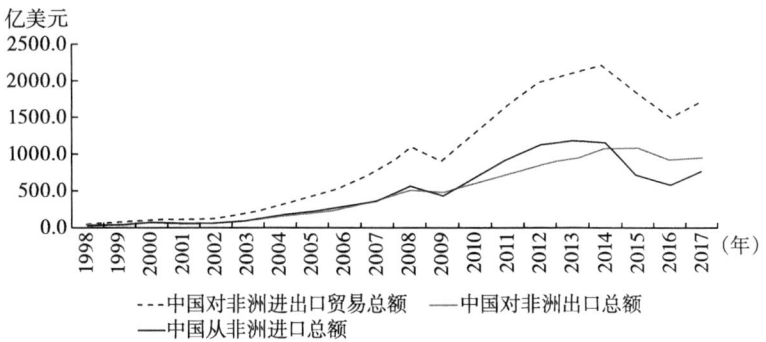

图1　1998—2017年中国与非洲开展贸易情况

数据来源：中国商务部。

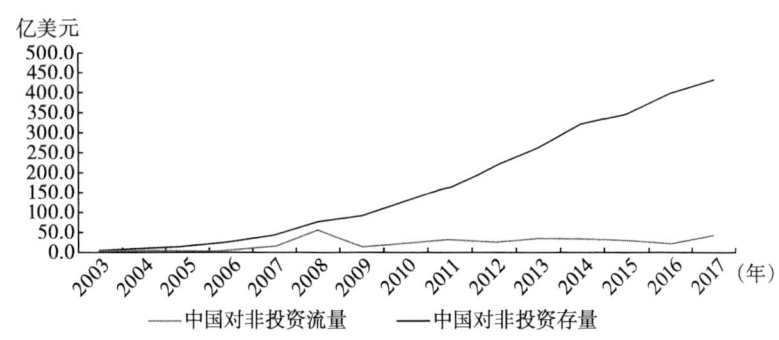

图2　2003—2017年中国对非投资情况

数据来源：中国商务部。

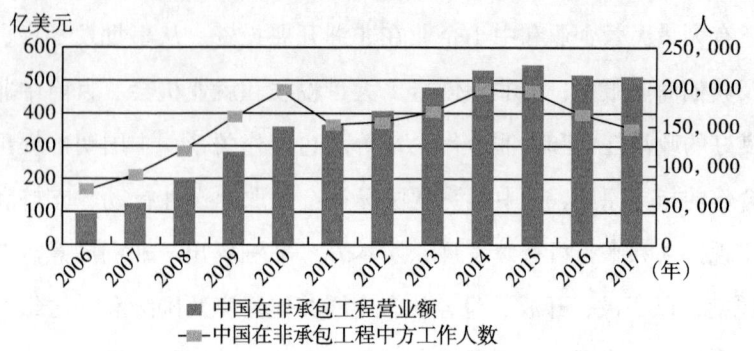

图3 2006—2017年中国在非承包工程情况
数据来源：中国商务部。

中法非三方合作具有高度互补性，法国在非洲的政治经济影响力以及中国与非洲的良好关系能够为三方合作奠定良好基础。法国在非洲金融市场、设计咨询、高端技术等领域的独特优势可以与中国的工程建设能力、装备制造能力有机结合，在基础设施、能源资源、制造业、民生等领域开展对非投资。中法共同开发非洲市场可考虑重点选择以下国别。

1. 摩洛哥

摩洛哥是非洲地区经济实力较强的国家之一，且地缘优势明显，横跨地中海即可到达欧洲。法国一直是摩洛哥最大的投资来源国，同时也是其最主要的贸易伙伴国和旅游客源国。摩洛哥原是英国殖民地国家，与英国联系也较为紧密。中摩经贸往来稳定，中国对摩投资增速较快。

2. 喀麦隆

喀麦隆是中部非洲地区重要国家。从要素禀赋来看，其具有四大突出优势。一是区位优势。喀麦隆西邻大西洋，辐射非洲中部腹地，是中部非洲进出口的天然通道和联通世界的交通物流枢纽，乍得、中非等内陆国家一直依靠喀麦隆的杜阿拉港进出口商品。同时，通过喀麦隆可辐射中部非洲内陆国家，喀麦隆也可成为全世界向非洲投资的重要跳板和落脚点。二是劳动力优势。喀麦隆劳动力资源较为丰富，2017年喀麦隆国内总人口达到2405万人，且一直保持长期较快增长，人口增速近几十年来一直高于2%，青年人口所占比重较大，人口结构呈年轻化。三是资源优势。喀麦隆自然资源十分丰富，但总体开发程度较低，开发潜力很大。其资源主要为矿产、石油、林业、农业、水力资源等。石油、农业、林业是喀麦隆三大支柱产业。四是市场优势。喀麦隆对外签署了两项重要的贸易协定：一项是与欧盟签署的《经济伙伴关系过渡协议》。2016年8月4日该协议正式生效，喀麦隆所有产品均可免税进入欧洲市场，而欧盟有80%的产品能够逐渐免税进入喀麦隆市场。另一项是中部非洲关税同盟，联盟对外实行保护性共同关税，联盟市场具有一定排外性。这意味着喀麦隆和欧盟、中部非洲国家可以形成统一的大市场。

喀麦隆原为法国殖民地，法国在喀麦隆的影响力很大，法语是喀麦隆的官方语言。法国企业在喀麦隆的能源、港口、电力、铁路、公路、通信以及加工制造、农林业、物流业等领域有大量投资，目前法国依旧是在喀麦隆投资存量最大的国家。中国是喀麦隆第一大贸易伙伴、第一大进口来源地和第五大出口目的地，也是喀麦隆第一大外国直接投资国，目前中国已在喀投资兴建了克里比深水港、雅温得—杜阿拉高速公路、克里比—洛拉贝高速公路、萨纳加水厂、比尼瓦拉克水电站、曼维莱水电站、九城市供水、社会住房、国家宽带网、应急通信网等一批重大项目。未来中法两国可在喀麦隆矿产资源开发、基础设施建设、高技术农业及农产品加工、加工制造业等方面开展三方合作。

3. 埃塞俄比亚、肯尼亚、莫桑比克、赞比亚

2015年10月22日，在习近平主席对英国进行国事访问期间，中非发展基金有限公司与英国国际发展部签署《关于促进非洲投资和出口合作备忘录》，正式启动"非洲投资与增长的合作伙伴（PIGA）"项目。经中英各自提名候选国后，确定埃塞俄比亚、肯尼亚、莫桑比克、赞比亚四国为

首批试点国家。

埃塞俄比亚是非洲人口第二大国，也是联合国非洲经济委员会和非洲联盟总部所在地，被誉为"非洲的政治心脏"，在非洲具有独特的政治地位。近年来，埃塞俄比亚政局相对稳定，经济保持快速增长，已成为非洲最具经济活力的国家之一。自 2010 年以来，埃塞俄比亚先后制订了两个 5 年期"经济增长与转型计划"，重点发展制造业和能源、交通等基础设施建设，取得了一系列重大进展。2018 年 6 月，为进一步吸引外资，埃塞执政党联盟通过决议，在埃塞政府控股的前提下，允许国内外投资者购买此前长期由国有资本垄断的埃塞电信、埃塞航空、埃塞电力以及埃塞航运和物流公司的股权。此外，埃塞政府允许铁路、糖业、工业园、酒店及其他国有制造业企业完全或部分私有化，为包括中国、欧洲在内的世界各国与埃塞开展合作带来重大机遇。中国、英国与埃塞开展第三方市场合作具有良好基础，埃塞第一家工业园、第一座风电站、第一条高速公路、城市轻轨、跨国电气化铁路以及大量公路、大坝、电站、工厂都是由中国帮助修建。埃塞同英法总体上也保持了较好关系，是英国在全球的最大受援国之一。除基础设施外，未来埃塞还将重点发展纺织和服装业、皮革和皮革制品行业、金属和机械工程行业、肉乳制品和蜂蜜加工行业、化工和建材行业、农业加工行业、制药工业等，这些都可以成为三方合作的重点领域。

肯尼亚共和国是非洲的东大门，是东非共同体、东南非共同市场等区域合作组织的倡导者，以其优越的地理位置、相对完善的经济基础发挥着向东、中非辐射的重要作用。首都内罗毕有"非洲小巴黎"之称，是一座国际化都市，有 40 多条国际航线通达世界各地。蒙巴萨有东非最大的天然良港，货物转口至东、中非各国。肯尼亚是对非洲贸易、投资、经济技术合作的主要窗口和桥梁。中国、肯尼亚两国关系良好，经贸往来紧密。目前中国是肯尼亚的第一大贸易伙伴、第一大工程承包商来源国、第一大投资来源国以及增长最快的海外游客来源国。肯尼亚也连续数年成为吸引中国投资最多的非洲国家。肯尼亚政府公布的30多个"旗舰项目"中，中肯合作项目近半数，蒙内铁路已成为中非合作的标杆性项目。英国是肯尼亚前殖民宗主国，因此，肯尼亚在政治体制、文化传统和价值观念等方面受英国影响较大。肯尼亚接受英国提供的大量经援，在政治、经济和军事上与英国保持着传统的密切关系。肯尼亚还是英联邦成员国。中英在肯尼亚开展第三方市场合作可重点在交通业、制造业等领域。肯尼亚具有优越的地理位置，蒙巴萨港是东中非最大的港口，虽然近年来随着经济的复苏，运输业发展较快，但是基础设施落后等因素限制了该行业的进一步快速发展。目前，肯尼亚正致力于铁路网、公路网和港口的建设升级。肯尼亚发布的《2030年远景规划》目标是2030年将肯尼亚建成新兴工业化国家，大力发展制造业是其重点之一。2018年初，肯尼亚政府宣布将在未来五年推进"四大发展计划"，其中制造业目标是将制造业占GDP比重增至15%。未来可充分发挥中英两国在制造业领域差异化的优势，与肯尼亚开展制造业合作，帮助肯尼亚提升发展层次和发展水平。

莫桑比克是东南部非洲内陆国家重要出海口和区域性交通走廊，是"一带一路"在非洲的重要落脚点，自然资源十分丰富。中国目前是莫桑比克最大投资来源国、主要贸易伙伴、基础设施项目最主要的融资方和建设者之一。中国在莫投资涉及基础设施、农业、通信、矿业、房地产、商贸物流等多个行业，在莫具有一定规模的中资企业已由过去的几家大幅增加到现在的近百家。莫桑比克社会保持长期稳定，经济快速增长，中国与英国在莫桑比克共同开展第三方市场合作具有较多机会。中国与莫桑比克关系长期友好，是南南合作的典范。近年来，在中非合作论坛以及中国和葡语国家经贸合作论坛框架下，中莫双方在经贸、农业、文化、教育、卫生等领域开展了卓有成效的合作。莫桑比克煤炭、天然气、铁、钛、石墨等矿产资源丰富，可以就资源开采和深加工等领域与中欧开展三方合作。莫桑比克目前正重点发展加工业，可以成为中国加工业产业转移的重要承接地，加工产品可重点辐射中国和欧洲市场。

赞比亚地处非洲中南部内陆，近年来经济持续稳定增长，其最大特点是资源极为丰富。铜蕴藏量9亿多吨，是世界第七大产铜国，被誉为"铜矿之国"。除铜外，还有钴、铅、镉、镍、铁、金、银、锌、锡、铀、祖母绿、水晶、钒、石墨、云母等矿藏，也是世界上铅锌储量最丰富、品味最高的国家。赞比亚曾是英国殖民地，独立后与英国保持着传统关系，是英联邦成员国。英国是赞比亚主要援助、投资国和贸易伙伴之一，同中国关系也较为良好。中英与赞比亚可重点在资源等领域开展第三方市场合作。中英两国具有资源勘探开采的相关技术、设备，而中国也是资源类产品全球最重要的需求国，英国的影响力能够为资源开发提供较好的政治和社会氛围支持，第三方市场合作前景广阔。

（二）中国与西班牙、葡萄牙等重点开发拉美市场

受历史因素影响，西班牙、葡萄牙在拉美地区具有一定影响力，特别是存在语言相通、文缘相近的独特优势，且对于中国在拉美地区开展第三方市场合作的态度积极。

2018年11月，习近平主席应邀访问西班牙，中西双方在拉美等地区开展第三方市场合作达成重要共识。西班牙对"一带一路"倡议也持积极态度。西班牙是拉美地区的传统贸易伙伴，在投资合作、商贸往来方面与拉美国家有着深厚基础。目前，西班牙与拉美多国已签署18项避免双重征税协定和20项双边投资协定。据联合国拉美加勒比经济委员会（ECLAC）数据显示，目前拉美加勒比地区外商投资41%来自欧洲国家，西班牙在全部欧洲国家对拉美并购投资和绿地投资中占29%。在民心相通层面，西班牙与拉美国家关系发展由来已久，语言文化相近，人文交流频繁，为第三方市场合作奠定了民心基础。中国也能根据拉美市场的客观需求，提供优质产能和人才、资金、技术等方面的支持。中国与西班牙在拉美地区基础设施建设、能源、医疗、通信、汽车等产业发展方面具有较好合作前景。中国和

西班牙可重点与巴西、智利、阿根廷、墨西哥等开展第三方市场合作。

2018年12月,习近平主席出访葡萄牙,中葡双方就"一带一路"合作取得重要成果。在访问期间,中葡双方签署了17份双边合作文件,合作范围涵盖电动汽车、能源、金融等多个领域。葡萄牙在拉美地区具有一定影响力,特别是南美第一大国巴西的官方语言为葡萄牙语。葡萄牙与巴西合作除利用双边机制外,还可通过葡语国家共同体机制,因为两国都是葡语国家共同体的重要成员。中国与巴西也有较为密切的投资和合作关系。中葡共同开发第三方市场可将巴西作为重点选择。

(三) 中国与英国重点开发南亚第三方市场

南亚地区是中国周边重要地区,也是"一带一路"重点地区。南亚地区主要由印度和巴基斯坦两个地区性大国以及若干小国共同组成,呈现出两极双核的格局。当前"一带一路"在印巴两国推进形势大相径庭。巴基斯坦对"一带一路"持极为支持的态度,中巴经济走廊成为"一带一路"的旗舰项目,巴将"一带一路"视为其跨越式发展的难得契机。印度对"一带一路"总体持质疑态度,因质疑中巴经济走廊通过印巴争议地区克什米尔,担忧中国地缘影响力进入印度洋地区甚至改变南亚地缘平衡等,印度尚未实质性参与到"一带一路"中来。

南亚地区原为英国殖民地,受英国影响较大,至今英国在南亚地区仍有较强软实力和影响力。英国脱欧后,需重新审视其对外战略,需要加强与包括南亚地区在内的原英联邦地区合作,拓展全球经济合作空间。英国对"一带一路"态度总体积极,希望能够与中国在"一带一路"沿线地区共同开展金融等现代服务业合作。中英两国可共同在南亚地区开展第三方市场合作,一方面有利于降低印度顾虑,将其关注重点由地缘问题拉回至经济合作上来,另一方面,也有利于推动中巴经济走廊建设进度,英国如能参与到中巴经济走廊建设中来,将会极大地减少国际社会的质疑之声。中英两国在南亚开展第三方市场合作可以基础设施、能源、制造业、现代服务业等为重点。

印度是中英在南亚地区开展第三方市场合作的重点国家。作为金砖国家和新兴经济体的重要成员，印度经济长期保持较快增长，目前已成为世界第八大经济体，近期的经济增速更是排在全球主要经济体之首。但与此同时，印度经济也面临着基础设施薄弱，管理体制僵化、低效等瓶颈的制约，潜在生产能力不能完全释放。2014年莫迪就任印度总理以来，积极推动印度经济体制改革，直面印度长期存在的制度性痼疾，围绕"印度制造""数字印度""季风计划""向东行动"、环印工业走廊等重大战略重构印度经济格局，以发掘新的经济增长点，降低长期居高不下的潜在失业率，缓解不断拉大的贫富差距。同时培育新的国际竞争力，使印度能够更加紧密地融入全球产业链中，助力印度走出贫困。在这其中，中英印三方有大量的合作机会。

1. 制造业领域

目前印度第三产业已占GDP的近60%，成为世界第二大软件出口国和世界服务外包第一大国，被誉为"世界办公室"。与此同时，印度制造业发展十分薄弱。独立之初，印度领导人决心把印度从落后的农业国建设成为现代化的工业强国，逐渐建立起以纺织业、钢铁业、食品加工业、机械装备业为主的工业体系，但因为计划经济和进口替代的发展模式，导致印度制造业生产效率不高，也不具有国际竞争力。尽管经济改革后印度制造业快速发展，在制药、钢铁等领域培育了一些世界级企业，但与欧、美、日及中国的制造能力相比仍有很大差距，目前印度全部工业增加值占GDP的比重为30%左右，其中制造业增加值占GDP的比重仅10%~12%左右。

印度制造业薄弱带来一系列经济、社会问题，制造业是吸纳低技能劳动力就业的重要渠道，由于印度服务外包业对劳动力的英语技能和教育要求较高，因此大量农民难以通过就业转移到城镇中，经济发展成果只能使一部分劳动者受益，而不能为广大劳动者所共享，这导致今天印度一半以上的劳动力还滞留在生产效率较低的农业中，一些失地农民由于不能找到合适的工作而在城市形成大规模的贫民窟，制约了印度经济的进一步发展，从根本上导致了印度精英白领阶层与贫困人口之间的收入断层，高端服务业与落后的农业和制造业之间的产业断层，个别发达城市与众多落后的大中小城市及广大农村的地域断层，世界领先的高等教育和高端医疗服务与落后的基础教育和基础医疗之间的社会服务断层。可以说，制造业发展远落后于服务业是印度当今贫富差距、区域差距等众多社会问题的重要经济根源。

莫迪上台执政后，必须要对已经形成的不协调的产业关系进行重新调整，需要引导劳动力、资本等生产要素向更具发展潜力、成长性更好的制造业汇集，以制造业发展来深化工业化，以工业化来带动城镇化，从而使广大群众从落后低效的农业生产中解脱出来，缓解因行业生产率不同而带来的贫富差距问题，培育形成印度经济增长的长期动力。莫迪在2014年上台时，曾承诺要打造"印度的世纪"，实现这一目标的核心是"印度制造（Make In India）"。2014年9月，莫迪向全世界宣布"印度制造"战略计划，该战略计划重点发展汽车制造、生物技术、纺织服装、医药保健、机械装备、化工、铁路、航空、信息技术、港口、可再生能源、国防军工等25个产业，力争到2022年，使印度制造业占GDP的比重从目前的15%提高到25%，同时每年创造1200万人的就业，2015—2022年的8年间将共计创造近1亿人就业。

为进一步落实"印度制造"战略，莫迪政府进一步提出要打造德里—孟买、清奈—班加罗尔、印度东海岸、阿姆利则—加尔各答、班加罗尔—孟买五大工业走廊。这五大工业走廊立足于不断完善和加速建设的基础设施体系，培育形成一批有竞争力的工业城市、产业园区、产业集群，从而形成一个环绕印度的工业带和工业网络体系，成为"印度制造"未来发展的主阵地。其中,建设进展较快的是日本主导推进的德里—孟买工业走廊,该工业走廊被喻为全球最大的基础设施建设项目之一,预计投入900亿美元,包含24个产业园区、8座智慧城市、2个机场、5个发电项目、2条高速运输线路及2个物流仓储中心。英国主导的班加罗尔—孟买工业走廊也正在推进中,该走廊预计投资200亿~250亿美元,投资规模仅次于德里—孟买工业走廊。

中国制造业规模位列全球第一,制造业门类齐全,而英国具有较强的工业设计能力,在发动机、汽车等高端制造领域具有一定比较优势,三方开展制造业合作能够实现优势互补。

2. 基础设施领域

印度的基础设施十分薄弱,这是其经济发展的最大约束条件,如印度公路等级普遍不高、铁路运力严重不足、机场建设远远不能满足需求、港口阻塞十分严重、电信通信条件也较为落后等。据世界经济论坛(WEF)对全球138个经济体的基础设施水平排名显示,印度排名第68位。良好的基础设施环境是促进一国经济发展和吸引外来投资的基本条件之一,莫迪政府提出,未来要大力新建铁路、公路、机场及港口码头等,改善印度基础设施水平。为此,莫迪政府设计了一系列行动计划。

1998年,时任印度总理瓦杰帕伊提出"黄金四边形公路发展计划",希望将印度人口最多的四大城市新德里、孟买、钦奈、加尔各答连成一体,形成印度国家高速网的骨干架构,"黄金四边形"总长度3633英里。在"黄金四边形公路网"的基础上,莫迪政府进一步提出了"钻石四边形高速铁路网",打造连接新德里、孟买、钦奈、加尔各答四大城市的高速铁路网络体系,总长度将达到4600公里,预计高铁时速在每小时300公里左右,这将大幅改变印度铁路客运服务不足、客运效率低下的问题。初步估算,"钻石四边形高速铁路网"造价将在2万亿卢比以上(折合人民币2000亿元以上)。

针对印度港口设施以及港口与腹地联通的集疏运设施不完善的问题，莫迪政府提出要重振"萨迦尔玛拉"计划。该计划最早由瓦杰帕伊政府于2003年公布，希望实现印度海洋部门的快速现代化和扩张。莫迪政府重新拾起这一计划，但对该计划的重点建设方向进行了调整。莫迪版的"萨迦尔玛拉"计划强调"港口导向型发展"，提出要重点加强各大港口与腹地相联通的铁路、公路及内河航道建设，增强港口对于腹地地区的经济辐射能力，把港口作为印度对外开放和拉动腹地经济的双向窗口。同时，"萨迦尔玛拉"计划还提出要振兴印度的航运业、造船业、港口业等，这将大幅增强印度港口的经济影响力，使其成为"季风计划"的重要支撑。

印度的基础设施建设十分落后，而基础设施是我国的优势领域，参与印度基础设施建设，是化解我国过剩产能的重要途径。印度财政资金不足，我国若参与其基建项目可能要更多地使用自有资金，或利用英方金融市场发展优势使用英方资金，可考虑以工程总承包、PPP 或合资开发方式参与印度具有一定盈利能力的港口、高铁、高速公路、机场等项目建设，同时带动中国装备、中国设计、中国标准走向印度。对于一些重大战略性基建项目，也可考虑协调亚投行、金砖银行、丝路基金、国开行、进出口银行及英方金融机构参与其中。

3. 数字经济领域

为提升印度信息服务业水平，莫迪政府提出"数字印度"发展战略。该战略计划投入180亿美元，力争到2019年实现全印度25万个村庄通网络，在21个邦打造100多个智慧城市和30～40个基于智能城市原理开发的关键点，每个点的范围都将超过200公里，并将围绕网络通信设施建设、相关通信设备进口替代等产业创造1亿个就业岗位。"数字印度"有三大目标：公民共享的基础设施、需求导向的管理和服务、人人享有的数字权。其核心是让每一位印度人特别是穷人也能享受到网络服务，能实现与全球的低成本信息联通，目前印度13亿人口中仅有1亿多人享受过宽带服务,可以预计,伴随着该战略的实施推进,这一数字将会大幅增长。

中英两国应积极参与"数字印度"建设。我国电子信息和通信设备产业均具优势,互联网、物联网、云计算、大数据等也走在世界前列。英国互联网及相关服务业发展总体也处于较为先进的水平,可与"数字印度"进行对接。印度电子商务潜在市场巨大,目前正呈高速发展势头,我国企业应尽早进入,抓紧抢占市场。

五、中欧第三方合作的重点领域

(一)金融

发展中国家和不发达国家的发展核心是工业化问题,工业化的前提条件是必须要有基础设施和规模生产的起步资本,即通过金融获得初始资本。融资难既是当前发展中国家和不发达国家发展要解决的突出问题,也是中欧开展第三方合作要解决的突出问题。中欧双方开展金融合作各自具有突出优势,欧洲国家特别是英、法、德等国具有发达完善的金融市场,能够提供低成本的廉价商业资金,金融机构资本实力和风险防控能力较强。中国开发性金融、政策性金融具有突出的优势,并已在多年的实践中得以证明,这种投融资方式较为适合发展中国家,双方优势可以互补。

中欧在第三方市场开展金融合作可重点在以下方面:一是加强亚洲基础设施投资银行、欧洲复兴开发银行与世界银行、亚洲投资银行、非洲开发银行、美洲开发银行等多边国际金融机构的合作,为第三方国家基础设施建设、民生改善等重大项目创新融资渠道。二是设立若干只第三方合作基金,既可由中国和欧洲某国单独出资设立,也可由中国和欧洲多国共同出资设立,基金按照"政府引导、企业主体、市场运作"的原则,通过股权、债券等多种形式开展融资,为第三方合作提供资金支持。三是加强现有商业性金融机构开展联合融资、联合放贷、平行贷款、股权投资、风险投资等业务合作,为第三方市场合作创新投融资形式。

（二）基础设施

第三方国家基础设施较为落后，这是限制第三方国家承接产业转移的重要约束条件，中欧在第三方国家开展基础设施合作具有市场前景。中欧在基础设施合作中具有不同的比较优势：中国具有较强的工程承包建设能力、丰富的建设经验以及适用性强的工程装备，欧洲具有较强的工程设计、工程咨询、工程管理能力，以及较为先进的工程装备。中欧两国可共同以 PPP、BOT 等模式在非洲等第三方市场国家，以交通、能源等基础设施建设为重点，合作开展一批重大项目。

（三）农业

非洲、拉美等第三方国家具有较为丰富的耕地资源，具备发展农业的巨大潜力，但受发展水平的限制，一些国家的农业技术仍较为落后，农业生产较为粗放，耕地资源不但没有有力支持其经济发展，甚至一些落后国家还面临饥饿的困扰。中欧双方农业技术较为发达，同时均为农产品重要消费市场，中欧与第三方市场国家开展农业合作均具有深厚基础和较好前景。三方可在几个方面加强合作：一是加强对落后第三方国家的农业技术援助、资金援助和对农民的教育培训援助，帮助其尽快提升农业生产能力；二是通过援助、基金支持等形式，帮助第三方国家改善农业基础设施条件；三是扩大对第三方国家农产品采购力度，随着中国城镇化加速，耕地资源日益稀缺，越来越多的农产品需要依赖国外市场，欧洲大量优质农产品也依赖于海外采购；四是引导中非企业到第三方市场国家重点投资农产品深加工业，第三方市场国家农产品加工能力有限，产业链较短，影响产业附加值，如中欧农业龙头企业能够在当地投资设厂，将会极大带动地东道国农业发展水平提升。

（四）能源资源

非洲、中东等第三方市场国家具有较为丰富的能源资源。非洲大多数国家矿产资源，尤其是钻石、黄金、铜、钴、铬、铂、锰、高品位铁砂矿、磷酸盐以及石油等储量丰富，中东地区石油资源富集，充分利用好能源资源比较优势，对第三方市场国家实现经济腾飞意义重大。中国和欧洲对第三方市场国家的能源资源产品需求量较大，具有较强的开发开采技术，可以与第三方市场国家共同开展合作。中欧与第三方市场国家合作能够较好地规避"能源资源掠夺论"问题，中国单方面与发展中国家就能源资源领域开展合作时，经常会受到西方国家指责，认为中国意在获取能源资源，使这些落后国家沦为中国经济发展的附庸，是一种新殖民主义。中国与欧洲开展合作可以极大地抵消这种质疑。

（五）制造业

第二次世界大战第四轮全球产业转移大幕已经拉开，以一些劳动密集型加工制造业为代表的产业正在从中国向东南亚、南亚、非洲等国家转移，中国的水泥、钢铁等富余产能也正在向这些城镇化快速推进的发展中国家转移。这些第三方国家发展潜力较大，对中低端制造品的需求也较大。欧洲制造业发展侧重产业链上游的研发、设计、品牌、渠道等，中、欧与第三方市场国家在制造业产业链上总体能够形成垂直分工，产业互补性强。发展制造业三方市场合作，既有利于推动中国中低端产业转移，为国内产业升级腾出新空间，也有助于通过产业转移和技术外溢推动第三方市场国家经济发展，特别是皮革、造纸、钢铁、家用电器、纺织服装、家具、塑料制品等产业发展。

六、加快中欧第三方务实合作的政策建议

（一）充分尊重第三方市场国家意愿

第三方市场合作涉及三方的共同利益，合作必须坚持三方互利共赢，不能以损害任何一方的利益为代价。由于中欧的投资和合作在第三方国家

进行，要尤为注意尊重第三方国家的利益诉求，充分尊重第三方国家的自身特点、发展需要和经济发展战略及目标，要坚持"三国共同选择、第三国同意、第三国参与，第三国受益"的原则，这是三方开展可持续合作的关键。

（二）可将对外援助作为第三方市场合作的突破口和切入点

第三方市场国家大多为发展中国家或不发达国家，经济发展阶段相对滞后。一些国家甚至连基本的温饱、教育、医疗等民生需求尚不能满足，对来自国际社会的援助需求十分迫切。中欧双方都是国际援助领域的重要贡献者，双方可加强在国际援助方面的合作。可考虑将国际援助作为第三方市场合作的重要突破口和切入点，既可用对外援助争取民心，为双方投资合作奠定良好的社会基础，又可用对外援助提供必须的前期基础设施、人力资本投资，以支撑三方经济合作。不仅对外援助的形式可多种多样，如公共卫生、粮食援助、教育援助、防灾减灾等，而且可以对中欧双方以政策性金融、开发性金融等手段开展的融资活动进行贷款贴息等。

（三）三方共同维护WTO的地位

中欧第三方市场合作是在WTO框架下进行的，合作方式必须要符合WTO规则。现在美国等个别国家正在推动WTO改革，一个重要方面是否定特殊和差别待遇原则。这个原则是WTO的核心原则之一，体现的是广义的发展公平性。三方要共同坚定维护WTO地位，特别是特殊和差别待遇原则，在WTO以共同的立场和声音说话。

（四）推动欧元和人民币共同成为重要交易货币和第三方国家储备货币

现在国际结算和国际储备大多采用美元。对第三方国家而言，这带来了两方面的问题：一方面发展中国家出口能力不强，通过贸易获取美元能力有限；另一方面又以美元形式大量借债，还不上债容易形成债务危机。

很多发展中国家的经济危机、债务危机实际上是美元危机。第三方国家可考虑采用欧元和人民币作为重要储备货币和结算货币。一方面，中国和欧洲企业以欧元、人民币形式大量投资第三方国家，第三方国家可以持有欧元和人民币。另一方面，中国正在推动进出口贸易平衡发展，未来将扩大进口。欧洲的进口规模一直较大，中国和欧洲将成为第三方国家重要的出口市场，第三方国家可以通过出口获得欧元和人民币。在第三方国家持有欧元和人民币后，可以购买欧洲的技术和服务，购买中国的工程承包服务和机械装备以及欧洲的现代服务，从而提升自身的工业化发展水平；同时，中欧和第三方国家之间也能形成双向对流的投资贸易大市场，只有循环的、平衡的经济才是可持续的经济。

（五）建立全方位的对话和组织协调机制

中国、欧洲与亚非拉美洲等第三方国家之间已有多种多样的双多边合作机制，未来可在用好这些机制的基础上研究与欧洲和第三方国家共同设立专门的第三方市场对话机制，以进一步加强三方战略沟通，明确重点合作领域。要在对话机制的基础上加强三方组织协调机制建设，增强三方在重大项目和有关政策机制层面的相互协调、互通信息，推动三方在规则、制度、标准等方面进行对接。

（本研究得到中国国际经济交流中心重大基金课题《中欧经贸合作重点问题研究》支持）

金砖国家合作机制研究

近年来,随着金砖国家合作机制的启动、升级与深化,金砖国家的合作领域与内容渐趋扩大与务实,在国际社会的影响力和话语权日趋增大,成为新兴经济体和发展中国家在国际社会的"代言人",以及实现全球治理模式创新和结构改革的"助推器"。但与此同时,作为一项刚形成不久的多边合作机制,在制度设计上还有待进一步完善,在合作领域上还需更加务实。2013年,习近平主席在金砖国家德班峰会上提出金砖国家务实合作的"四大倡议",即推动金砖国家建立贸易领域的一体化大市场、金融领域的多层次大流通、基础设施领域的陆海空大联通、人文领域的大交流。2015年,在金砖国家果阿峰会上,习近平主席继续强调了"经贸大市场、金融大流通、基础设施大联通、人文大交流"的抓手作用。这为金砖国家进一步深化合作制定了大方向、谋划了大思路,下一步要按这一方向和目标,充实内容、细化设计、规划步骤,使金砖国家的合作从广度和深度上都能迈上一个新台阶,以塑造金砖国家的共同优势,逐渐形成利益共同体、责任共同体和命运共同体。

(一)路径一:建设金砖国家自贸区,形成统一的投资贸易大市场,打造互利共赢的利益共同体

WTO多哈回合受阻后,全球经济格局日益从全球化向区域化、次区域化演变,各类多边、双边FTA(自由贸易协定)层出不穷,其中规模最大的是欧盟和北美自由贸易区,这两大组织均是由发达国家主导的。奥巴马政府力推的TTIP希望把欧洲和北美两大市场统一起来,力推的TPP希望

把北美和东亚的日本、韩国、新加坡以及大洋洲的澳大利亚、新西兰等统一起来，从而形成全球范围的发达国家统一大市场，而这一体系是不包括广大新兴经济体和发展中国家特别是金砖国家在内的。这说明，无论在当前的世界经济格局中还是未来被发达国家规划设计好的经济前景中，发达国家都处于"核心"位置，而金砖国家是被边缘化的。被边缘化的关键原因是金砖国家缺乏一个统一的经济组织，一个人口占全球40%以上、经济总量占全球1/4左右的国家集团并没有形成一个统一的大市场。因此金砖国家必须联合起来，在推动建设更加公平合理的国际经济格局中发挥更加积极而重要的作用，要维护金砖国家自身以及广大新兴经济体和发展中国家的重要利益。一方面，金砖国家应继续倡导建设开放型世界经济，支持多边贸易体制，反对部分发达国家的保护主义倾向和构建排他性局部自贸体系的企图，推动多哈回合谈判进程，维护新兴市场国家和发展中国家的正当权益，确保各国在国际经贸活动中的机会平等、规则平等、权利平等。另一方面，必须加速推进金砖国家自贸区建设，明确自贸区建设的时间表和路线图，建立统一的自由贸易大市场。

金砖自贸区建设应坚持"两条腿"走路：一方面，要加快启动中印、中俄、中巴、中南等各双边自贸区谈判，通过双边自贸区的达成促进多边自贸谈判的对接，中国在其中应发挥重要的领导和示范作用；另一方面，金砖自贸区谈判可从低标准做起，逐渐向高标准过渡，考虑到金砖国家总体发展水平与发达国家还有一定差距，初期谈判重点应放在贸易、投资和便利化机制建设上，如要大幅降低区内贸易关税水平，减少各种形式的贸易壁垒，允许区内资本自由流动，推动投资审批和人员往来便利化等，则不适宜在初期采取类似TPP和TTIP在知识产权、劳动、环保、仲裁等方面的高标准，这些标准对金砖国家而言普遍偏高而难以接受，未来随着金砖自贸区初期1.0版的启动和建设，可再进一步研究提高标准，形成2.0版。推动金砖国家自贸区建设要坚持循序渐进原则，因为金砖国家发展水平接近，部分国家存在产业同质竞争的担心，自贸区建设又夹杂和关联着一些政治和安全议题，要注意回应各国关切，使各国都能认识到自贸区建设对其利远大于弊。我们也必须做好谈判过程会艰难复杂的心理准备，应在与各金砖国家充分沟通的基础上，形成金砖自贸区建设的路线图和时间表，来倒逼谈判进程，保证谈判进度。

（二）路径二：加强金砖国家互联互通能力建设，打造多层次、高维度、立体化的通道体系

一是推动"一带一路"向巴西、南非等国家拓展。在目前已公布的"一带一路"倡议中，俄罗斯、印度是沿线重要国家，而巴西、南非是不被包括在其中的。"一带一路"是开放性、全球性的合作平台，随着"一带一路"建设的推进和深化，未来应该将巴西和南非纳入"一带一路"的覆盖范围，并使其成为"一带一路"沿线重要战略支点国，推进"一带一路"与其自身发展战略结合和对接，这对于增进金砖国家合作、深化完善"一带一路"具有重要意义。

二是打造中印俄陆上互联互通大动脉。从地理分布上来看，金砖国家距离较远，因此密切各方联系更需要通畅便利的交通通道。陆上交通主要是中俄印三国。目前，中俄之间已有两条亚欧大陆桥连接，特别是随着中国"丝绸之路经济带"建设的推进，各类"X新欧"不断推出，中国东部沿海、东北、华北、西北乃至西南地区可通过满洲里、二连浩特、霍尔果斯等口岸直接连通莫斯科乃至欧洲地区，形成从太平洋到波罗的海和大西洋的大通道。中印之间陆上交通十分不畅，这是制约中印经贸往来的一个重要瓶颈，未来可在两个方向上推动中印陆路联通设施建设：①推动青藏铁路延伸线建设。未来使青藏铁路从拉萨、日喀则进一步延伸到尼泊尔加德满都，再向南延伸至印度并与印度铁路网接轨。②打通从我国云南经缅甸、印度东北部、孟加拉国至印度广大内陆地区的孟中印缅大通道。具体而言，这一通道又由四条线路构成：北线从昆明经腾冲至缅北的密支那，经印度雷多口岸进入印东北部，再向南至孟加拉国的达卡和印度的加尔各答；中线从昆明经瑞丽口岸至缅甸曼德勒，再向西经印度东北部的英帕尔至达卡和加尔各答；南一线由昆明经曼德勒至皎漂港，再北上至吉大港，达卡和加尔各答；南二线由昆明至曼德勒后，向南至缅甸仰光。如果该通道打通，将会显著增强中印经贸联系，对于两国合作有重大意义。俄印之间目前也尚未形成通畅的交通通道，由于印度和巴基斯坦的传统矛盾，阿富汗地区的复杂局势，因此，印度直接向北经巴基斯坦、阿富汗、中亚至俄罗斯的陆上通道很难打通。近期，俄、印、伊朗、阿塞拜疆联合提出"第二苏伊士运河计划"，即从孟买经海路至伊朗阿巴斯港，再从伊朗换铁路经阿塞拜疆至俄罗斯。总体上看，中俄印三国的互联互通除中俄两国通道建设具有较好基础外，中印、俄印通道建设仍处于设想阶段，如果这两大通道也能建成，那么未来将在欧亚大陆上形成一个以中亚为核心，连接东亚、南亚和俄罗斯的大三角形交通网络，这将彻底改变整个欧亚大陆乃至全球的地缘格局。

三是重点加强中印南巴四国海上通道建设。目前，中印之间的主要海上航线是从中国沿海港口至印度西部孟买港和东部钦奈港，但印度其他一些重要港口如加尔各答港等与我国联系并不十分紧密，我国可积极参与加尔各答港等港口基础设施建设，加强我国港口与加尔各答港等港口的对接合作，这对于我国与印度东北部地区经济合作意义重大。中国和巴西之间海上航线主要通过巴拿马运河，近期巴拿马运河将完成扩建，新一代大型船舶可通过该海峡，海峡吞吐能力也将翻倍，这对于中巴海上互联互通将会发挥积极作用。与此同时，我国应积极推进"两洋铁路"建设进程，为巴西打造西部出海口，这对于深化我国与巴西内陆地区经济合作具有十分重要的作用。中国与南非之间的海上通道是较为畅通的，作为发展中国家，南非的港口等基础设施也有扩建需求，这也是中国可以积极与之合作的领域。

四是打造金砖国家空中航线网络体系。目前，金砖国家之间已有一些连接干线机场的航线网络，但总体来看，航线仍然比较稀疏、航班密度也不高，特别是支线机场间的空中联系较少，空中往来仍需通过干线机场转机，旅客十分不便。相比客运来说，金砖国家间的货运能力更是不足。金砖国家间地理距离遥远，陆上海上交通均较为不便，空中货运能力对于各国经贸联系十分重要。随着各国经济合作的逐渐深化，未来支线机场之间的航线网络建设以及空中货运能力建设将会成为金砖国家空中互联互通的两大建设重点。

五是加强金砖国家间信息畅通能力建设。互联互通不仅包括道路、航线等有形的联通，更包括信息等无形要素的联通。随着互联网技术的发展，依托信息技术的跨境电子商务 B2B、B2C、C2C 等新的经济形态不断涌现，并在全球经济中占据越来越重要的位置。金砖国家具有消费市场规模大的优势，新经济发展潜力巨大，应该成为金砖国家合作的重要契合点。当前应尽快提升金砖国家间信息互联互通能力，加强 eWTP（电子世界贸易平台）的信息通信硬件建设，推动各国监管信息共享互认、跨境电子商务等新型贸易规则对接，真正实现金砖国家间信息的无缝连接。

（三）路径三：在资源能源、基础设施建设、高技术产业、农业等重点领域开展国际产能合作，打造利益共享的金砖国家产业价值链

金砖国家要素禀赋各具优势，产业结构互补性强。俄罗斯被称为"世界加油站"，拥有丰富的石油和天然气资源。巴西是"世界原料基地"，农牧业十分发达，特别是铁矿石、铜、铝土矿等矿产资源十分丰富。印度是"世界办公室"，是软件业和服务外包业的大国。南非被称为"矿产波斯湾"，矿产资源占非洲的50%。中国是"世界工厂"，在制造业领域具有很强的国际竞争力。互补的产业结构意味着金砖国家集团内部开展国际产能的合作前景十分广阔。

一是要在能源资源，特别是石油、天然气、铁矿石等领域开展深入合作。金砖国家中，俄罗斯、巴西、南非是重要的能源矿产品供给国，中国和印度是全球最重要的能源资源需求国，金砖国家内部的能源矿产品交易占全球市场较大比例，但无论是供方还是需方，金砖国家都不掌握国际能源资源产品的定价权，能源资源价格的大幅波动对供需双方的经济平稳运行都会产生重大不利影响。前些年能源资源价格高涨时，中印等主要需求市场的经济运行成本较高。近年来能源资源价格下跌，俄罗斯、巴西由于能源资源产业在国民经济中占比过高，经济结构过于单一，因此造成其经济大幅衰退。金砖国家应在石油、天然气、铁矿石等大宗产品的国际交易方面展开合作，可由供求双方根据供需情况协议确定基本价格，在此基础上建立金砖国家能矿产品现货、期货交易市场，通过市场调节形成实际价格，形成能与芝加哥期货交易所抗衡的定价体系。由于金砖国家内部的巨大供需量，这一价格将会对全球价格发挥决定性影响。

二是在基础设施建设领域开展合作。相比发达国家，金砖国家基础设施建设水平相对滞后，特别是印度、巴西等国，基础设施需求十分巨大，但现有基础设施服务供给水平还远远不能满足需求。而中国基础设施建设能力和技术水平在全世界居于前列，可为其他金砖国家提供工程承包、建设、运营、设备供应等方面的服务，这也是中国优势产业"走出去"的重要机遇。当前，金砖国家基础设施建设还面临资金不足的难题，一些重大工程项目建设是"心有余而力不足"。由中国主导或参与的亚洲基础设施投资银行、金砖开发银行、丝路基金就是为了弥补现有国际多边金融机构在基础设施建设等方面能力的不足，这些机构可以向金砖国家的基础设施建设方面有所倾斜。

三是金砖国家可以在高技术领域开展合作。金砖国家在工业化的进程中，各自形成了某些优势的部门和产业，如印度的无线电传输、软件技术，南非的运输设备技术和矿业开采技术，巴西的农业技术、支线飞机技术，俄罗斯的军工技术以及中国的制造业、互联网技术等都具有一定优势，可以互相合作、取长补短，合作也有助于放大各自的产业优势，形成优势互补的产业体系。同时，金砖国家也可以在新能源、新材料、生物医药、信息技术、智能制造等前沿领域开展合作，突破发达国家在高技术领域的封锁，以推动产业结构向高端迈进。

四是在农业领域开展合作。中印两国是世界上人口最多的国家，对农产品有巨大需求，而俄罗斯、巴西是农产品大国，有巨大的农产品供应能力和生产潜力，因此金砖国家在农产品领域合作空间巨大。要打破金砖国家农产品投资贸易壁垒，允许企业到其他国家从事农产品种植、贸易、物流，鼓励各国企业间开展农业技术合作。

（四）路径四：加强金砖国家金融合作，推动国际金融体制渐进式改革和补位式改革

金砖国家合作机制建立以来，五国在金融领域的合作已取得了显著进展，已形成了金砖合作银行和应急储备机制两大合作金融机构，这既是对现有国际金融制度框架和治理结构的变革和补充，也是在不改变当前国际金融格局的情况下，更好地反映世界经济格局变化的一种尝试。展望未来，金砖国家在金融合作方面还有巨大空间，要坚持渐进式改革和补位式改革的总体思路，而不是另起炉灶，逐步推进国际金融治理向公正、合理、有效的方向发展。

一是要优化现有金融合作存量，更好地发挥金砖合作银行和应急储备机制两大金融机构的作用。战后形成的发达国家主导的布雷顿森林体系迄今没有得到合理变革，尤其难以体现新兴经济体和发展中国家不断壮大的趋势，包括IMF（国贸货币基金组织）、世界银行、亚行、SDR（特别提款权）等在内的国际金融体系改革推进缓慢，只有新兴经济体和发展中国家联合起来，才能改变根深蒂固的旧的金融机制。金砖国家联合成立的金砖国家开发银行和应急储备机制就是对原有体制的重要突破，这两大机制是金砖国家合作走向实体化的重要载体，在推动"南南合作"、加速国际金融格局多极化方面具有重要意义，未来要进一步发挥好这两大机制的重要作用。金砖国家银行要进一步发挥好"为金砖国家以及其他新兴市场和发展中国家的基础设施建设、可持续发展项目筹措资金"的功能，制定更适合发展中国家的优惠贷款政策，以金砖国家经济发展和改善民生为原则制定贷款标准，不设置强制性政治附加条件，使新兴经济体和发展中国家可以通过新的金融平台和机制享有更多平等民主地获取资金的权利，从而减少新兴国家和发展中国家对旧有国际金融体系的单向依赖。应急储备机制不仅是金砖国家联合应对国际金融风险、构建共同的金融安全阀的需要，也是对现有全球金融安全网的补充和强化，未来要进一步发挥好金砖国家金融"稳定器"的功能，增强金砖国家共同抵御风险的能力，同时加强与欧洲稳定机制、清迈倡议多边化机制等全球重要稳定机制的合作，共同预防和缓冲可能发生的金融风险。

二是加强货币互换、本币结算和本币融资，削弱美元霸权。全球金融危机起源于美国，根本原因是流动性泛滥和监管制度漏洞。全球金融危机爆发后，美国采取的量化宽松政策导致国际金融市场大幅波动，近期围绕美元加息，全球市场也经历了多次大起大落，美元绑架了全球资金的供给和流向。在这种情况下，身处国际金融边缘地位的金砖国家必然会受到冲击，不利于经济平稳发展。金砖国家必须携起手来，共同应对国际金融市场动荡的不利影响。金砖国家应加强各国本币互换，增强各国货币在金砖国家集团内的流动性，鼓励各国使用金砖国家货币结算，互相将对方货币纳入"储备篮子"，降低对美元的依赖度和借用美元换算的成本和汇率风险。同时，金砖国家应积极开展证券市场合作，如应允许到其他金砖国家市场上发行本币债券，允许其他金砖国家到本国发行外币债券；培育双边本币债券市场，如加强股票市场的互联互通，推动股票市场互相开放；探索建设股票共同交易平台，如组建大宗商品共同交易平台，形成大宗商品的定价能力等等。远期可视金砖国家内部多种货币流动互换程度，研究指定以五种货币中国际化水平最高的货币为结算货币，或推出与五种货币为篮子相挂钩的共同货币为结算货币。

三是共同推进IMF和世界银行等国际金融机构改革进程。国际货币基金组织（IMF）和世界银行（WB）是全球金融治理体系的两大支柱。随着新兴经济体特别是金砖国家经济力量的增强，这两大机构被迫做出反应和调整，从而实现向更加公平合理的方向改革。2010年，IMF曾提出将超过6%的份额转移给新兴市场国家和发展中国家，但受到美国阻拦至今仍未实现，这反映出新兴市场国家和发达经济体在IMF的话语权仍严重不对等。在世界银行中，新兴经济体也面临相似问题，发达国家掌握着世界银行的多数投票权，在人事安排上也偏袒发达国家，压制着发展中国家的合理诉求。因此，金砖国家必须在IMF和世界银行中加强合作，共同发声，积极推动两大机构投票权和人事权改革，增加新兴市场国家和发展中国家的话语权和发言权，努力维护共同利益。

四是金砖国家应在加强金融监管上进一步加强合作。当前国际金融监管领域的制度缺失较为严重，金砖国家必须在金融监管领域加强合作，共同提高金融监管水平。要努力推动金砖国家金融监管体系对接，推进各国金融监管机构的合作，共同应对可能出现的不良风险。在巴塞尔委员会，金砖国家也应以一个声音说话，以提高金砖国家在国际规则制定领域的话语权。金砖国家应共同合作建设信用评级机制，国际信用评级话语权目前基本掌握在发达国家手中，评级机构通过不透明的评级过程和简单结论就能控制其他国家的融资成本和资金流向，这实际上反映出发达国家在金融领域的霸权。由于金砖国家整体的市场规模和国际影响力，因此可以考虑共同研究建设能够与发达国家相抗衡的国际评级体系，以保证金砖国家自身利益。

（五）路径五：加强政策沟通，形成较为固定的组织架构和常态化合作机制

一是在组织建设上要由松散型向紧密型发展。目前金砖国家已形成了以领导人会晤为引领，以安全事务高级代表会议、外长会晤等部长级会议为支撑，在广泛领域开展务实合作的多层次架构。但总体来看，金砖合作仍以协商和沟通式的务虚合作为主，尚未形成具有纲领性和程序性的制度文件，也未形成常设的办事机构，组织架构较为松散。未来应进一步推动金砖合作的建章立制工作，要将金砖合作的原则和规范形成纲领性文件，要将金砖国家合作的规则和决策程序制度化，要建立常设秘书处，处理日常事务，并在秘书处下组建国际安全事务委员会、金融合作委员会、贸易委员会、文化委员会等若干委员会，处理相关实际问题，推动金砖国家合作从"概念"走向"实体"，从"论坛化"走向"机构化"。

二是建立常态化的协调合作机制。要加强金砖国家在地区安全、国际反恐、气候变化、网络安全、国际政治经济体系改革等国际重大问题的沟通协调，形成统一立场，各成员国应在金砖国家秘书处常驻代表，结合定期或不定期的领导人会晤和部长级会议及各事务委员会，充分对接关于国际重大问题的思路和想法，凝聚共识，使金砖国家能够对外统一成一个声音，共同改变国际政治经济不合理秩序。同时，要允许其他国家在金砖国家派驻观察员或代表，使金砖国家合作机制成为凝聚世界上广大发展中国家声音的平台和载体。

三是建立争端对话解决机制。在金砖国家内部，也存在诸如地缘政治、边界领土、贸易摩擦等争端，有争端并不可怕，关键是要建立一套使各国能够就争端问题充分对话解决的制度体系，使局部的争端问题不至于扩大化，影响到金砖国家的整体合作。争端对话解决机制可分为常设和非常设两种，如对于贸易摩擦、反倾销与贸易制裁等常态化问题，可授权秘书处下的贸易委员会予以及时解决，而对于地区安全、国际关系等重大问

题可召开不定期会议，以临时性圆桌会议形式予以解决。

四是建立新成员加入机制。金砖国家不应只成为五个国家的封闭机构，而应建成一个面向广大新兴经济体和发展中国家的开放平台。国际社会在金砖国家概念提出后，又出现了"新钻11国""展望5国""灵猫6国""新兴经济体11国"等概念，包括了目前全球经济增长速度较快、具有较大后发优势的国家，这其中有不少国家和金砖国家具有相似的利益诉求，都希望加入最具影响力的金砖国家合作机制中。金砖国家必须建立允许其他经济体特别是新兴经济体和发展中国家加入的机制，妥善处理好金砖国家与其他后加入经济体的关系，使其既不会被新加入成员国带来的众多议题所内耗而功能停滞，又能最广泛地凝聚所有成员国的诉求。

五是建立金砖国家二轨对话机制。金砖国家合作机制自诞生之日起，就面临西方舆论渲染的"金砖威胁论""金砖破裂论""金砖失色论"等批评，其根本目的是拆散金砖国家合作机制，降低金砖国家国际影响力。这一方面也说明，之所以这些舆论有广泛市场，一个重要原因是金砖国家对外舆论输出能力总体不足，需要通过智库、媒体等加强共同对外发声。另一方面，金砖国家内部在一些政治、经济、安全问题上也认识不一，影响了合作效果。因此，需要智库等机构进一步加强对话，形成在国家领导人会晤、部长级会议及政府相关部门合作"一轨"外的第"二轨"合作机制，强化沟通交流与对外宣传双重职能，这样既能真正形成全方位、多层次的互通有无，又能抗衡西方国家对金砖国家的不利宣传。

（原载于《中国集体经济》2017年12月，本研究得到中国国际经济交流中心重大基金课题《金砖国家合作研究》支持）

金砖国家投资贸易机制研究

2017年9月,金砖国家领导人第九次会晤在厦门举行,习近平主席提出当前"金砖合作正处在承前启后的节点上",未来要"以贸易投资大市场、货币金融大流通、基础设施大联通、人文大交流为目标,推进各领域务实合作",其中投资贸易是金砖国家合作的重要领域。当前,金砖国家已在经贸投资合作方面取得了显著进展,但还面临着一些深层次问题,未来应重点推进贸易自由化便利化、双多边投资协定谈判、构建多种新型金融机构、签订多边税收协定等,以不断提升金砖国家经贸合作的水平和层次。

一、金砖国家投资贸易机制建设的现状与问题

(一)金砖国家相互贸易主要在WTO机制框架下,部分金砖国家针对其他金砖成员国过多使用贸易救济、贸易壁垒等保护主义手段

金砖国家都是世界贸易组织(WTO)成员国,由于金砖国家间尚未建立更加自由的区域贸易安排、签订更加便利的相互贸易协定,所以相互贸易仍主要在WTO机制下运行,在关税、贸易壁垒、争端解决等方面主要遵照WTO的有关规定。因此,各金砖国家间的相互贸易并不享有较集团外国家更多的贸易优惠政策,相比欧盟、东盟、北美自由贸易区等自贸区而言,金砖国家间贸易的自由化、便利化程度还相对偏低。部分金砖国家保护主义倾向明显,在与其他金砖成员国开展贸易时较为普遍地应用反倾销、贸易壁垒等手段。如印度、巴西对中国都存在较为突出的贸易摩擦与

争端，其中印度对中国的反倾销调查最为严重，目前已成为对华开展反倾销最多的国家，涉及钢铁、化工、纺织等各个行业。俄罗斯、印度等在原产地规则、往来人员签证方面对中国也设置了一些贸易壁垒。

（二）金砖国家间并未建立特殊的投资制度安排，部分金砖国家有针对性地利用外资审查政策限制其他金砖成员国对本国投资

金砖国家集团并未签订整体的投资协定，集团各成员国之间也未签订两两的双边投资协定（BIT），因此金砖国家间的相互投资仍主要遵照各国对外商投资的相关政策。由于各国对外商投资的友好程度、经济保护主义程度不同，对外商投资的政策也大相径庭。总体来看，中国、巴西的外商投资政策相对开放，印度、南非的则相对保守。

同时，部分金砖国家对来自不同国家的外资采取差异化政策，如印度对欧、美、日资的接纳程度较高，对中国的投资较为保守。印度对外商赴印投资有自动获准和政府审批两种方式，大部分国家和行业的投资项目都可通过自动获准的绿色通道，但对来自中国、巴基斯坦、阿富汗、伊朗、斯里兰卡、孟加拉国六个"存在安全风险国家"的投资还主要采取政府审批方式，且审批流程不透明、审批时间没有规定，常以影响国家安全为由拒绝其投资申请。

（三）金砖国家目前已建立金砖银行和应急储备机制两大金融机构，但产业金融领域的机制化安排还较为薄弱

2014年7月，在巴西举行的金砖国家领导人第六次峰会上，决定成立法定资本为1000亿美元的金砖国家新开发银行。目前，金砖国家银行已正式组建完毕并投入运作，主要定位于为金砖国家提供基础设施投融资服务。为应对国际流动性风险，金砖国家于2013年在德班峰会上，共同达成建设1000亿美元应急储备基金的意向，目前该基金已经成立并投入运作。该基金主要定位于规避汇率急剧变化和外汇储备波动对金砖国家经济造成

的冲击，防范各国国际收支危机或外汇危机。这两大功能性金融机构的建立标志着金砖国家合作已从论坛式的务虚层面走向机制化的务实层面。

尽管在基础设施投融资和应急储备方面金砖国家的金融合作已取得一定进展，但在国际产能合作方面目前尚无机制化、实体化的制度安排。目前金砖国家已通过在外银行分支机构贷款、重大项目政策性贷款、出口换贷款、采购换贷款等多种形式对一些重要国际产能合作项目提供了信贷支持，但从总体看，这些方式仍然分散、零碎，不成系统，总体信贷规模也不大，难以满足规模巨大、前景广阔的国际产能合作的需要。因此，急需建立各类专业化、国际化、规模化的产业合作基金，对重大产能合作项目落地、吸纳财政资金和社会资金发挥支撑和引导作用。

（四）已初步建立起债券、证券、股票市场的合作框架，但总体规模仍然不大

2010年4月，在巴西金砖峰会上，中国国家开发银行、俄罗斯开发与对外经济活动银行、巴西开发银行、印度进出口银行签订了旨在为金砖国家经济技术合作和贸易发展提供多样化金融服务的《"金砖四国"银行合作机制备忘录》，这标志着金砖国家金融合作机制初步成立。2011年4月，在三亚金砖峰会上，中俄巴印四国开发性银行及后加入的南非南部非洲开发银行又共同签署了《金砖国家银行合作机制金融合作框架协议》，提出要积极开展资本市场合作，包括发行债券、企业上市等。自此以后，金砖国家开始在债券、证券、股票等金融市场开展合作。如2011年，巴西证券交易所、莫斯科银行间外汇交易所、印度孟买证券交易所、中国香港交易及结算所、南非约翰内斯堡证券交易所成立联盟，将各成员交易所的基准股市指数衍生产品在各自的交易平台上互挂互卖，开发新股市指数等相关产品。2013年，中国与南非储备银行签署了《中国人民银行代理南非储备银行投资中国银行间债券市场的代理投资协议》，俄罗斯政府和俄罗斯VEB银行也于2016年在中国内地发行人民币债券等。

金砖国家在债券、证券、股票市场合作上可以为企业提供多元化的投融资渠道,这十分有利于金砖国家间开展相互投资。但由于各国在跨国资金往来、发行跨国债券审批、企业跨国上市等方面存在较多的政策和壁垒限制,目前金砖国家间债券、证券、股票市场的合作总体仍停留在部分典型项目上,规模较小,真正无障碍、便利化、自由化、大规模的金融合作尚未开展。

(五) 金砖国家间已开始货币互换和本币结算安排,但总体仍处于起步或待启动阶段

目前金砖国家间贸易仍主要采取美元结算,美元流动性、利率、汇率的变化极易对金砖国家间贸易产生冲击,为规避该风险,金砖国家间已开展了货币互换和本币结算。总体上看,由于中俄贸易量最大,本币结算运行时间也较早,已形成一定规模,其他金砖国家间的本币结算还处于起步或待启动阶段。早在2002年中俄两国本币结算就已开始试点运行,2010年人民币和俄罗斯卢布开始相互挂牌交易,2011年中俄两国央行又签订新的双边本币结算协议,将本币结算范围由原来的边境贸易扩大到一般贸易。2014年,中俄两国签署《中俄关于全面战略协作伙伴关系新阶段的联合声明》,提出要继续扩大中俄贸易、投资和借贷中本币直接结算规模。2015年6月,俄罗斯石油天然气集团公司开始以人民币来结算石油出口。近些年来,中国与南非、巴西、印度之间的本币结算也在陆续启动。2006年中国和印度在边境贸易中开始有一定量的本币结算,但是人民币、美元和卢比并用。2009年中国和巴西、2010年中国和南非之间的跨境贸易也开始使用本币特别是人民币进行结算,除中国外的其他金砖国家的本币结算计划也在酝酿中。但总体上看,金砖国家间的本币结算尚处于起步阶段,据估计其潜能利用尚不足10%,还有很大的发展空间。

二、完善金砖国家投资贸易机制的总体思路

贸易投资是金砖国家合作的主要领域，当前金砖国家的贸易投资合作主要受制于相关合作机制尚未建立或不健全、不完善，为推动金砖国家间相互贸易与投资形成规模，必须机制先行，形成有利于深化投资贸易的制度框架。

完善金砖国家投资贸易机制要坚持立足当前，巩固好已经取得的合作成果，对已形成的合作机制要进一步充实完善；要坚持着眼长远，面向经济自由化、一体化的发展大势，共同努力提升贸易投资的便利化水平；要坚持统筹兼顾，充分照顾各金砖国家的利益诉求和关切；要坚持共商共建，对于各国的矛盾和分歧要坚持在对话、谈判和协商中解决，共同建设能够最大限度地凝聚共识、团结各方利益的制度框架。

完善金砖国家投资贸易机制具体着眼于四个方向：贸易领域以开展多种形式的自贸区建设和推进大通关制度为抓手，着力提升贸易自由化、便利化水平；投资领域应重点推进投资安全审查机制放松和重大建设项目机制建设，加快推进金砖国家双边和多边投资协定谈判；金融领域在巩固提升现有金融合作机制的基础上，进一步完善债券市场合作机制，共建金砖国家评级机构、产业合作基金、出口信用保险公司等若干新型金融合作机构；税收领域以推动签订多边税收协定为指引，力争在所得税征收原则、共同打击逃税、税基侵蚀和利润转移（BEPS）合作方面形成对接性制度安排。

完善金砖国家投资贸易机制要注意循序渐进。近期可聚焦贸易谈判、投资安全审查、债券市场开放、货币互换与本币结算等具体领域，力争在现有基础上，谈出一批实质性合作成果，形成务实合作机制；中期可抓住时机，推动各国共同筹建金砖国家信用评级机构、金砖产业合作基金、金砖国家出口信用保险公司等金融合作机构，在金砖银行和应急储备两大机

制的基础上,进一步扩大合作增量;远期要共同推进金砖国家投资协定谈判和自贸区谈判,可以采取两国双边、多国多边同步推进的方式,最终建成金砖五国自贸区,未来也可考虑逐渐吸纳新成员国加入,并与之开展自贸区谈判,将其纳入其中。

三、完善金砖国家投资贸易机制的具体方向

(一) 贸易领域

1. 金砖国家合力推动 WTO 多哈回合进程

WTO 仍是全球最为重要的贸易体系和框架,是在金砖国家间贸易机制尚未完全建立和完善前,五国开展贸易合作的最主要平台。五国在多哈回合谈判中具有很多利益共同点和相似的发展诉求,应通过结成联盟、捆绑利益,形成步调一致的战略和策略取向,携手推进多哈回合进程,这样做符合五国共同利益。金砖五国应积极支持 WTO 在多边贸易体制中的核心和基石作用,坚决抵制保护主义、封闭主义,推动世界各国在尊重发展授权原则、锁定多哈已有谈判成果、采取"一揽子"谈判方式的基础上结束多哈回合,彻底解决以往谈判回合遗留的发展赤字和利益诉求无法弥合的问题,增强金砖五国在 WTO 中的影响力和话语权,更好地发挥 WTO 在金砖国家经贸合作中的基础性作用。

2. 相互督促各国提高本国开放程度和对外经济开放水平

金砖国家总体投资贸易便利化水平不高,在全球普遍处于较为靠后的水平,特别是印度、俄罗斯等国对外商投资还有很多限制政策,对货物进口还存在较多贸易壁垒,因此推进本国开放型经济水平提升是深化金砖国家投资贸易合作的基础,合作要从做好自己的事情开始。金砖五国应相互督促各国进一步提升本国经济开放程度,在 WTO 的基础上进一步削减贸易关税,取消各种不合理的贸易保护和贸易壁垒,取消对外资的各种歧视

性和限制性政策，提升金融流动的便利化程度，等等。如果各国对全面放开国内经济保护存有疑虑，可先从面向金砖国家集团开放做起，形成针对金砖国家集团的差异化开放制度安排。

3. 推动开展金砖国家自贸区谈判

自由贸易是全球经济发展的大趋势，尽管当前全球化进程遭遇逆风，TPP、TTIP等大型自由贸易区被废除或停摆，跨国大型自贸区建设进入一个停滞期，但从长期来看，逆全球化之风终将会过去，自由贸易仍然是世界经济发展的主流。金砖国家均被TPP、TTIP等大型自贸区排除在外，当前金砖国家应趁TPP和TTIP暂停之期抓紧合作启动金砖国家自贸区谈判，提早进行战略布局。如果金砖国家自贸区能够建成，在人口规模、经济规模、经济潜力和活力等方面均完全可以和TPP、TTIP相匹敌，未来一旦美国重新启动TPP和TTIP，金砖自贸区便是金砖国家保证不被世界经济潮流排除在外、保障各国在全球经济利益的主要平台。即便未来美国不会启动TPP和TTIP，金砖自贸区也是增强金砖国家全球竞争力和影响力，形成相对发达国家集团贸易优势的重要机制。由于各金砖国家经济开放程度不同，对各行各业的具体诉求也不尽相同，因此开展金砖自贸区谈判具有一定复杂性，但当前可从标准较低的金砖自贸区1.0版开始谈起，最大限度地凝聚共识，形成早期收获，随后再逐步提高谈判标准，进一步聚焦敏感领域，打造开放程度更高的2.0版甚至3.0版，循序渐进地把金砖自贸区推向落地。

4. 推动金砖国家开展两两自贸区谈判

在推动金砖国家自贸区谈判的同时，可同步开展金砖各国内部两两之间的双边自贸区谈判。目前，中国已与东盟、瑞士、新加坡、巴基斯坦、澳大利亚、新西兰、韩国、秘鲁、智利、冰岛、港澳等国家和地区开展了双边自贸区谈判，在双边自贸区建设方面经验丰富，这些未来可在金砖集团中发挥示范作用。要加快启动中印、中俄、中巴、中南等各双边自贸区谈判，同时也鼓励俄、印、巴、南四国间开展双边自贸区谈判，以双边自贸区的达成来促进多边自贸谈判的对接，形成以金砖自贸区为统领、各国双边自贸区为支撑的金砖国家自贸区网络体系。金砖自贸区建设要注意与各国已加入的关税同盟对接，如俄罗斯现处于俄白哈关税同盟、巴西现处于南方共同市场之中，金砖自贸区谈判可考虑吸纳关税同盟内其他关联方国家加入，以扩大金砖自贸区辐射范围。

5. 各国可在国内选择部分地区建设自由贸易区或开发特区，并建立特区对接机制

目前中国已在上海、广东、福建、天津等地开展了一批自由贸易开发特区建设试点，实际成效明显，并在开放型经济管理方面取得了丰富经验。中国可将自由贸易开发特区建设的试点经验与其他金砖国家分享，金砖各国可结合自身国情在国内选取一些园区、开发区或专门划定一片地区，开展自由贸易开发特区试点，先行先试，实行高标准自由贸易规则和负面清单投资管理方式，搭建新的开放平台。各国自由贸易开发特区之间可优先实行对等开放、制度对接，这对于各国逐步探索适合自己的开放模式、提升开放型经济管理水平具有重要意义。

6. 推动金砖国家自贸区建设与多种地区合作机制对接

除金砖国家机制外，金砖各国也在推进其他各类开放性地区机制建设，要推动金砖国家自贸区建设与这些机制进行对接。如推动金砖自贸区与"一带一路"对接，由于俄罗斯、印度分别位于中蒙俄经济走廊、孟中印缅经济走廊上，是"一带一路"沿线重要成员国，因此中俄、中印自贸区建设可与"一带一路"经贸合作机制结合起来。要推动"一带一路"与中非合作机制、中国—南美合作机制对接，把南非和巴西也纳入到"一带一路"合作中来。推动金砖自贸区与俄罗斯欧亚联盟、印度"季风计划"

对接，满足俄印两国区域经济合作诉求。推动金砖自贸区与区域全面经济伙伴关系（RCEP）、南亚区域合作联盟、环孟加拉湾经合组织、南部非洲发展共同体、南方共同市场等区域经贸合作计划对接，以进一步扩大金砖自贸区的市场空间和经济影响力。

7. 建立金砖国家大通关制度

金砖各国应以一体化通关为重点，改革海关监管体制，优化作业流程，合作建立金砖国家大通关机制。各国海关应加强信息互换、监管互认、执法互助合作及检验检疫、认证认可、标准计量、统计信息互认。应推进建立统一的全程运输协调机制，推动口岸操作、国际通关、换装、多式联运的有机衔接，形成统一的运输规则，达到"一次通关、一次查验、一次放行"的便捷通关目标。加强沿线国家出入境管理和边防检查领域合作，积极开展扩大双向免签范围谈判，方便沿线国家人民友好往来。对以跨境电子商务、数字经济为代表的 E 国际贸易，金砖国家应共同探索通关监管方式创新，促进金砖国家间新经济、新贸易、新业态的发展。

（二）投资领域

1. 敦促个别国家放松投资安全审查政策

金砖国家对外资开放程度相比发达国家偏低，特别是个别金砖国家还存在较为突出的安全审查限制，对其他金砖国家投资采取歧视性政策，这十分不利于金砖国家间开展合作。建立公开透明且非歧视的投资制度是金砖国家开展投资合作的前提，金砖国家应共同敦促个别成员国放弃针对其他成员国的歧视性政策，以开放的心态、积极的态度、主动的作为把多边投资合作推向深入。

2. 共同制定金砖国家投资合作规划

金砖国家投资合作是一项庞大复杂的系统工程，为投资合作能有序推进，必须规划先行，金砖各国应尽快启动投资合作规划的编制工作。规划编制要坚持求同存异，充分尊重每个国家的意见和建议，通过沟通协调解决意见分歧；要坚持权责明确，明确各国任务分工，对重大投资建设项目要明确建设任务、建设主体、建设工期、投资方式等；要坚持有序推进，率先推进一批关键通道、关键节点、关键领域的重大项目，形成示范效应和全局带动力。在金砖国家总体投资规划的基础上，各国可在交通、能源、金融、科技、文化等领域共同制定专项投资规划，丰富规划层级，细化规划内容。金砖各国可根据"一带一路"总体规划和专项规划，共同开展行动方案编制工作，明确落实投资的时间表和路线图。要建立对金砖国家投资合作总体规划、专项规划、行动方案的动态评估机制，每隔两至三年，对上一阶段的规划执行情况、建设进展进行科学评估，及时总结经验、发现问题，并对规划和实施方案进行一定程度的修编和调整。

3. 共建金砖国家重大投资项目储备库

重大项目是金砖国家投资合作的重要抓手，金砖各国应共建重大项目储备库，将交通、能源、通信、文化、民生、国际援助及国际产能合作等各领域的重大项目囊括其中，使其成为金砖投资合作项目选择的主菜单。项目入库可采取提案制，各国可单独提出或多国共同提出重大项目入库申请，经专业机构前期论证和科学评估后可进入项目库。库中项目应成为金砖合作的优先扶持项目和重点推介项目，项目库可向金砖开发银行、亚洲基础设施投资银行及各国政策性金融机构开放，政策性资金优先向入库项目倾斜。重大项目储备库将采取滚动实施机制，项目开工一批、谋划一批、储备一批，逐年进行调整，并定期对重大项目建设进展、经济效益、社会效益等进行评估，对多次未通过评估的项目要从项目库中剔除。

4. 推动金砖国家签署一批投资合作和产能合作备忘录

为进一步务实推进金砖国家投资合作，各国应进一步加强双多边合作，开展多层次、多渠道沟通磋商，积极签署合作备忘录，围绕编制对接规划、共建重大项目、开展国际交流等方面形成文件并推动落地,对各方认可、条件成熟、前期工作扎实的重大项目和合作议题抓紧启动实施,尽快形成一批标杆性工程和典型示范合作项目。中国作为金砖国家投资合作的排头兵,愿与其他金砖国家围绕金砖投资合作积极磋商并签署合作备忘录,愿率先投资建设若干金砖合作重大示范工程,为各国开路搭桥、摸索经验,推动金砖国家投资合作早日开花结果。

5. 开展金砖国家双边和多边投资协定谈判

为推动金砖国家间投资市场相互开放,进一步放开投资限制政策,保证相互投资安全,金砖国家应共同推动投资协定谈判。金砖国家投资协定谈判有三条路径:一是开展两两间的 BIT 谈判,中国可作为牵头国家,率先启动与其他四国的谈判进程,重点是对外商投资较为敏感的印度和俄罗斯两国;二是五国整体开展投资协定谈判,当前国际投资规则的区域主义特征越来越明显,五国整体投资协定谈判影响力要远大于双边 BIT 谈判,能够最大限度地保证金砖国家之间投资规则的一致性,减少各缔约国在履行协定义务时因条款定义或适用范围等规定方式不同而造成的困扰,但五国整体谈判难度很大、分歧较多,预计谈判进程较慢;三是在前两条路径基础上较为折中的一条路径,由五国中相对容易达成意向的三国或四国率先开展多边投资协定谈判,谈成后再考虑将其他立场不宜松动的两国或一国加入进来,与已谈成的三国或四国整体开展谈判,该方式既可避免较为封闭保守的个别金砖国家拖累金砖国家整体投资协定谈判进程,又可对保守国家形成倒逼,加速五国整体谈判进度。

(三) 金融领域

1. 推动金砖各国国内金融改革与国际接轨

金砖国家总体金融开放程度不高,普遍落后于发达国家金融开放水平,金砖各国深化金融领域的合作客观要求各国必须深入推进金融领域改革，在本币国际化、资本流动性、债券期货股票市场开放、汇率利率自由化等方面实现与国际接轨。在此基础上，金砖各国应进一步密切金融联系，创造较国际水平更高的集团内金融制度安排。同时，如果各国认为金融领域直接全面开放的风险比较大，也可以选取部分领域先行开放，多做压力测试，降低全面开放风险。

2. 进一步发挥好金砖国家开发银行和应急储备机制两大金融机构的作用

金砖国家联合成立的金砖国家开发银行和应急储备机制是金砖国家合作走向实体化的重要载体，在推动"南南合作"、加速国际金融格局多极化方面具有重要意义，未来要进一步发挥好这两大机制的重要作用。金砖国家开发银行要进一步发挥好"为金砖国家及其他新兴市场和发展中国家的基础设施建设、可持续发展项目筹措资金"的功能，制定更适合发展中国家的优惠贷款政策，以金砖国家经济发展和改善民生为原则制定贷款标准，不设置强制性政治附加条件，使新兴经济体和发展中国家可以通过新的金融平台和机制享有更多平等民主地获取资金的权利，从而减少新兴国家和发展中国家对旧有国际金融体系的单向依赖。此外，应急储备机制不仅是金砖国家联合应对国际金融风险、构建共同的金融安全阀的需要，也是对现有全球金融安全网的补充和强化，未来要进一步发挥好金砖国家金融稳定器的功能，增强金砖国家共同抵御风险的能力，同时加强与欧洲稳定机制、清迈倡议多边化机制等全球重要稳定机制的合作，共同预防和缓冲可能发生的金融风险。

3. 建立金砖国家债券市场合作机制

金砖国家的投资合作不能缺少五国债券市场合作，债券市场是金砖国家获取投融资资金的重要渠道。要推动金砖国家间债券市场相互开放，可以在本国债券市场上引进合作对象国的投资者，发行双边本币债券进行融资，满足一定规模、盈利水平的成员国企业和相关项目承担主体都可以通过发行债券来向本国和其他四个成员国融资的需求，允许符合条件的其他金砖国家公司通过发行股票或存托凭证在本国交易所上市，金砖五国可共同在各成员国或外部国家发行金砖债券，建立金砖国家债券基金，帮助五国共同开展投资合作获取资金。

4. 共同建立金砖国家评级机构

金砖国家应共同合作建设信用评级机制。目前国际信用评级话语权基本掌握在发达国家手中，评级机构通过不透明的评级过程和简单结论就能控制其他国家的融资成本和资金流向，这实际上反映出发达国家在金融领域的霸权。由于金砖国家整体的市场规模和国际影响力，因此可以考虑共同研究建设能够与发达国家相抗衡的国际评级体系，研究与金砖国家国情相适应的评级标准和方法，以提高金砖国家投融资机构和证券信用评级水平，降低投融资成本，以保证金砖国家自身利益。

5. 进一步推行人民币结算和货币互换

金砖国家内部贸易规模较大，增速较快，应共同研究推动内部贸易本币结算，改变美元结算现状，既有助于削弱美元汇率变化对金砖国家造成的经济波动风险，也有助于将铸币税留在金砖国家内部。中国是金砖国家内部贸易规模最大的国家，特别是中国从俄罗斯、巴西大量进口石油、大豆等大宗货物，应积极推动金砖国家贸易使用人民币结算，要将金砖国家本币结算和人民币国际化挂起钩来。近期，由于中国对其他金砖国家贸易大量顺差，其他金砖国家并不掌握大量人民币储备，应积极推动人民币与其他金砖国家开展货币互换，增强人民币在金砖国家集团内的流动性，鼓励各国增大人民币纳入"储备篮子"的比重，推动金砖国家内部摆脱对霸权美元的依赖。

6. 研究组建金砖产业合作基金

我国在推进"一带一路"建设中，分别组建了亚洲基础设施投资银行和丝路基金两大金融机构，其中亚投行主要侧重为"一带一路"沿线国家基础设施建设提供投融资服务，丝路基金主要侧重为"一带一路"沿线国家提供产能合作服务，二者定位有所差别。金砖国家投资金融合作可效仿这一模式，目前金砖国家间已共同组建了金砖国家新开发银行，主要为金砖国家基础设施建设提供投融资服务；未来可探索组建金砖产业合作基金和PPP基金，主要服务于金砖国家间产能合作和基础设施建设。该基金既可由金砖五国共同出资，采取国际化投资运营方式，既由五国根据投资额、投票权共同决定资金使用，也可由我国单独出资，以更好地引导当前我国产业对外转移，使我国在金砖国家产能合作中发挥主导作用。

7. 组建金砖国家出口信用保险公司

为进一步规避贸易风险，可研究由各金砖国家的政策性出口信用保险公司如巴西担保机构、印度出口信用担保公司、南非出口信用担保公司、俄罗斯出口信用与投资保险署和中国出口信用保险公司共同组建金砖国家出口信用保险公司，由五国政策性出口信用保险公司代表各国政府分别出资入股。该公司侧重对金砖集团内部相互贸易提供保险服务，提高内部贸易的风险防控能力。

8. 加强金融监管合作

当前国际金融监管领域的制度缺失较为严重，金砖国家必须在金融监管领域加强合作，共同提高金融监管水平。要努力推动金砖国家金融监管体系对接，推进各国金融监管机构的合作，共同应对可能出现的不良风险。金砖国家应合作建立宏观经济与金融市场监测机制，加强资本流动监测力度，进一步巩固国际金融安全网，谋求共建货币政策、财政政策对话平台，拓展各国货币政策空间。建立五国金融监管联席会议制度，完善监管手段，提高市场与产品透明度。在巴塞尔委员会，金砖国家也应以一个声音说话，以提高金砖国家在国际规则制定领域的话语权。

9. 共同推动国际金融组织改革

金砖国家应联合推动构建一个更加高效、能够反映当前世界经济版图的全球经济治理架构，增加新兴经济体和发展中国家的发言权和代表性。应共同致力于推动国际货币基金组织于 2019 年春会、不迟于 2019 年年会前完成第 15 轮份额总检查，包括形成一个新的份额公式。应共同推动落实世界银行股权审议，提高金砖国家及发展中国家在世界银行的股权份额、表决权和话语权。

（四）税收领域

1. 推动金砖国家共同签订多边税收协定

在税收协定方面，金砖五国都有比较广泛的税收协定网络。中国已经和 101 个国家和地区签订了双边税收协定或安排，印度与 95 个、南非与 74 个、俄罗斯与 80 个、巴西与 30 个国家和地区签订了双边税收协定。金砖五国各自签署的税收协定并没有完全使用 OECD（经济合作与发展组织）税收协定范本和注释，五国所签订的税收协定有一些条款具有相似性，如常设机构条件、限定所得税最高税率、特许权使用费等，但也有很多不同之处。未来，金砖国家可开展谈判，力争拟定并签署一个统一的多边税收协定，为金砖国家内部跨国投资创造便利。

2. 共同推动所得税由属人原则调改为属地原则

对金砖国家而言，企业和个人的海外所得回流国内构成了海外投资的重要组成部分，但当前金砖国家的所得税制度安排并不有利于海外所得回流。金砖五国的所得税制度安排都采取了属人原则，对本国居民纳税人就其全球范围内的收入进行征税，由于目前金砖国家所得税税率偏高，其居民往往需要将其海外收入回流母国后按照差额补税，这会打击金砖国家纳税人将海外收入投回本国的积极性。目前，OECD 的 34 个成员国已有 26 个采用了属地原则收取所得税，即仅对来源于本国境内的所得征税，这样十分有利于海外资金回流。金砖五国应效仿这一模式，共同开展所得税从属人原则调改为属地原则，如调改过程复杂、周期较长，各国可对其他金砖成员国先行使用所得税属地征收方式，或重新签订避免双重征税协定，并在其中规定本国和海外国的所得税可以抵扣并免征差额部分。

3. 金砖国家共同建立打击逃税的制度安排

税基侵蚀和利润转移（BEPS）是金砖国家开展投资贸易与税收合作的一个关键问题。金砖五国在开展 BEPS 合作时，不仅要考虑通过税收立法和税收征管来保护本国税基，还要考虑如何通过信息共享、制度对接以保证企业在开展跨国经营时不会因制度衔接的漏洞而逃税漏税。开展 BEPS 合作最重要的是要实现信息的充分共享，目前金砖五国都加入了"税务透明和信息交流问题全球论坛"，也都签署了《多边税收征管互助公约》，这为五国开展税务信息交换奠定了政治基础。未来要进一步加强实践合作，共同打击逃税漏税及不合理避税行为。

（原载于《国际经济合作》2017 年 11 月，本研究得到中国国际经济交流中心重大基金课题《金砖国家合作研究》支持）

关于成立"一带一路"开发署的建议

当前"一带一路"正从战略构想转向落地实施。据国内外多方反映,"一带一路"建设存在政出多门、责任不清、协调不畅等问题,我方及外方企业、机构的一些合作项目都因找不到明确的负责部门而流产,因此积极性备受打击。其根源在于主要部委机构各管一摊、各自为战,缺乏一专设机构统筹全局、自上而下、系统协调推进。建议效仿发达国家有关经验,成立"一带一路"开发署,牵头负责规划编制、项目建设、资金统筹、一口联络、外宣培训、课题研究等相关工作,形成有利于务实推进"一带一路"落地的体制机制。

一、"一带一路"落地中有两个突出问题

(一)外方及我国驻外人员普遍反映,"一带一路"没有项目清单,落地没有抓手

自 2013 年以来,笔者曾多次赴欧洲、东南亚、南亚、俄罗斯等国家和地区,听取外方智库、企业界、国际组织及我国驻外人员对"一带一路"的想法和建议。总体来看,外方特别是企业界对"一带一路"十分积极,渴望深度参与,但反映我国一无"一带一路"项目招标,不知如何参与,二无负责"一带一路"的专门机构,谈合作不知找谁。我国驻外人员也反映,国外企业常到大使馆咨询"一带一路"合作,特别是 2017 年 5 月第一届"一带一路"峰会后,咨询企业明显增多,但大使馆苦无"一带一路"项目清单,难以与国外企业商谈务实合作。"一带一路"推进还停留

在表面上，落地没有抓手。

（二）"一带一路"在操作层面存在政出多门、政令不清、协调不畅等问题，令各地、各机构无所适从

按现行组织架构，"一带一路"领导小组负责重大规划、方针、政策制定等管总事务，战略谋划和顶层设计职能较为清晰。但在操作层面，发改委、外交部、商务部等各部委及亚投行、丝路基金、国开行、进出口银行等重要机构各管一摊，政出多门，无一部门主抓"一带一路"落地的系统方案和具体办法。发改委虽为牵头单位，但具体工作落于若干司局和处室，由于级别不高、人力物力紧张、其他工作也较为繁重等因素，因此对"一带一路"推进工作实难周全。全国各地、各部门、各机构虽然建设"一带一路"热情高涨，但由于上层未出台建设方案、操作办法、项目清单，各方均根据自己的理解来建设"一带一路"，方向难免盲目，导致"一带一路"概念不免泛化，各种合作、项目、会议都被冠以"一带一路"之名，把"一带一路"当成一个"筐"，什么都往里装。

二、建议成立总抓"一带一路"落地的专设机构

2017年5月的第一届"一带一路"峰会取得了良好效果，从现在至2019年第二届"一带一路"峰会召开的约两年时间，将是"一带一路"建设的重要窗口期。如果这两年"一带一路"能够落地，收获一批重大示范标杆成果，国际社会的认可度和积极性将会进一步提升。如果这两年建设进展缓慢，窗口将会关闭，全球对"一带一路"的热情可能会消退。两年时间转瞬即逝，能否用好这个窗口期，直接关系到"一带一路"重大倡议能否实现和我国在全球的公信力。我们不能满足于前期成绩和峰会成果，必须抓紧拿出务实举措，建立推进"一带一路"落地的务实工作机制，以满足全球的关切和期盼。

目前发达国家在国际开发领域均普遍成立了专门机构，如美国国际开

发署、日本国际协力机构、德国国际合作机构、法国开发署、英国国际发展部等，均取得了不错效果。我国可借鉴国际经验，增设"一带一路"开发署，专门解决"一带一路"落地中出现的无主抓部门、无具体抓手、无项目清单的"三无"问题，统筹负责"一带一路"建设相关工作。

对内，开发署直接向党中央、国务院负责，可定位于部级单位。为加强协调能力，署长可由一副国级干部高配主抓工作，常务副署长由一正部级干部配合其工作；对外，为避免国外攻击，尽量淡化行政色彩，不宜设置为政府机关，工作人员也不宜采取公务员编制，可考虑设置为一社团组织，人员为社团编制，表面上尽量与政府脱钩、相对独立、与国际接轨，实质上行使政府职能，为我国利益服务。

三、对"一带一路"开发署职能架构的三点考虑

（一）"一带一路"开发署主要有六方面职能

"一带一路"开发署为"一带一路"建设落地的主抓和牵头单位，是"一带一路"建设的主要平台载体，可着重突出六方面职能。

一是牵头编制"一带一路"建设总体规划、与他国重大发展战略对接规划，以及援外、交通、能源、金融、科技、文化等领域专项规划，落实各规划的行动方案，明确时间表和路线图。规划编制要注意内外有别、"多规合一"、上下衔接。

二是牵头负责重大项目库的建设工作，将涉及"一带一路"的重大基建、国际产能合作、援外、文化交流等各领域的重大项目囊括其中。项目入库可采取提案制，入库前需经严格评估，亚投行、丝路基金及政策性资金可向其倾斜。项目管理可采取分类制，国际性项目要公开透明、面向全球招标，战略性项目要实行内部管理。

三是统筹"一带一路"建设各渠道资金。对服务"一带一路"建设的援外资金、丝路基金、我国在亚投行出资、"两优"贷款、与各国合作基

金等均可由开发署统一代管，以避免资金使用盲目分散。

四是负责与各国政府、国际组织、跨国企业、非政府组织、智库，以我国各部门、地区、党派、企业、研究机构的联络工作，成为我国对外对内关于"一带一路"的联络窗口。

五是统筹负责围绕"一带一路"的相关宣传工作，牵头办好历届"一带一路"国际合作高峰论坛及国际、国内参与"一带一路"建设的人才培训工作。

六是组织开展"一带一路"倡议、规划、产业、国别、项目选择、政策协调、国际关系、合作机制、国际规则等各方面的重大课题研究工作。

（二）开发署可内设若干专业司局、外设各国联络处

根据开发署功能定位和职能分工，可考虑内设以下专业司局：①研究局，负责"一带一路"重大课题研究、重要报告编制、重要情况和信息向上反映；②规划局，负责"一带一路"总体规划、对接规划、专项规划编制；③项目局，负责"一带一路"重大项目投资、建设、运营管理；④评估局，负责重大项目前期可行性评估、项目中期评估和后评价；⑤国际金融局，负责"一带一路"建设的国际筹资和资金管理；⑥经贸投资局，负责我国与沿线国家贸易及双向投资有关事务；⑦国际合作局，负责与各国政府及国内外相关机构的协调对接；⑧宣传培训局，负责"一带一路"峰会筹办、开发署网站建设、"一带一路"相关宣传与人才培训；⑨法律事务局，负责沿线国家法律研究及企业投资的法律服务；⑩办公服务局，负责开发署运行的人事、财务、党务、保密、统计、纪检等相关工作。

开发署可在"一带一路"沿线国家和其他国家设立若干办事处和联络处，可与我国驻外大使馆合署办公，在大使馆下设"一带一路"办事处或联络处，派驻若干工作人员，也可在重要国际组织设置代表处。

（三）人员安排可抽调制与招聘制并行

开发署工作人员安排宜双轨并行：一方面可采取抽调制，从发改委、

外交部、商务部、国开行、进出口银行的"一带一路"负责司局，各省市相关部门，相关研究机构、智库等抽调精干人员；另一方面可面向全国公开招聘，重点招聘专业外语、国别研究、工程咨询等相关人才，提升开发署在重大项目运作、国际联络等具体工作中的专业化水平。

推动中欧班列高质量发展的若干建议

中欧班列是"一带一路"标志性项目。近年来,班列开行班次、货运量增长较快,特别是 2020 年,班列增长态势更为强劲。但立足当前和长远,班列发展还面临一些困难与挑战、痛点与堵点,需统筹谋划、针对性解决。

一、中欧班列发展面临的主要困难与挑战

(一)补贴完全退坡后恐面临剧烈市场调整

当前班列正处于市场培育阶段,各地普遍对班列实行补贴,班列运费被压低,一部分本应走海运的低货值进出口货物转而通过班列运输。目前财政部门已明确,各地对班列的补贴要逐年退坡。如完全退坡,一些低货值货物将重回海运,开行班列和货运量可能出现下滑。与此同时,班列市场格局恐面临洗牌,一些货源不充足、开行班列较少、靠补贴支撑的线路可能因财务不可持续而停开,班列主要线路将集中在若干中转枢纽城市和本地有大量货源的城市。

(二)全货机加快发展对班列形成竞争

过去我国航空物流主要依赖民航客机腹仓带货,但 2020 年受疫情影响,大量跨国客运航班停飞,一些航空物流转移至班列,最为典型的是时效性突出的跨境电商、电子信息等产品。目前一些航空公司、物流公司大量发展全货机、客机改货机,如形成一定运力,可能对班列形成分流。疫

情过后，跨国客运航空通航，腹仓带货能力复苏，时效敏感性商品可能会重回航空物流。

（三）空车回程问题仍然存在

长期以来，班列一直面临突出的空车回程问题，近年来有很大缓解，综合重箱率不断提高，但总体上该问题依然存在，个别线路较为突出。从沿线看，中亚回程较欧洲回程空载情况严重。空车回程本质上是陆路贸易进出口不平衡，由于境外集货能力不足、国内消费者对沿线商品不了解，内需市场对沿线进口商品的需求潜力并未完全释放出来。

（四）班列沿线存在堵点

班列沿线一些国家或地区铁路、口岸、场站等基础设施不完善或承载力不足，铁路机车短缺，形成堵点。较为突出的堵点有波兰马拉舍维奇、白俄罗斯布列斯特、哈萨克斯坦多斯托克、德国杜伊斯堡等。2020年由于班列通行量比较大，我国重要口岸霍尔果斯、阿拉山口、满洲里、二连浩特等也成为堵点，影响班列通行效率。

（五）我国在境外段运价协商方面处于被动地位

班列沿线一些国家处于必经之路上，几乎拥有过境垄断权利，在运费议价方面具有较强话语权。如班列绝大部分货运要通过哈萨克斯坦，哈实施较高运价，运费明显高于俄罗斯等周边国家。在境外段运价谈判上，我国一些地方与境外铁路公司、货运公司分别谈判，谈判主体分散化、多元化，降低了我方议价能力。

（六）监管协调与互认有待进一步推进

近年来，在我国积极推动下，班列沿线国家在信息互换、监管互认、执法互助等方面取得一定合作进展，但仍存在海关监管流程不对接、检验检疫标准不统一、信息互换不及时、通关便利化措施不足、工作语言不统一等现实问题，提高了班列运行成本、降低了运行效率。

二、推进中欧班列高质量发展的几点建议

随着"一带一路"从"大写意"转向"工笔画"、向高质量方向发展，中欧班列作为"一带一路"标志性项目，也要向高质量方向建设，要处理好上述突出困难和问题，立足全局前瞻性谋划解决之策。

（一）加强前瞻性研究和整体性规划

尽管班列遇到了一些挑战和困难，但作为一种新型国际贸易和跨境物流方式，多年来的快速发展已彰显出蓬勃活力。未来一段时期，随着补贴退坡和疫情结束，班列可能面临市场格局的大调整和大洗牌。当前需对如何使班列在海运和空运双重挤压中形成稳定的市场空间、沿线地区哪些贸易货品适合通过班列运输、国内主要枢纽的市场辐射区域和集货范围、海外线路与节点布局等重要问题开展研究和规划。

（二）把握好补贴退坡的节奏和方式方法

补贴退坡是推动班列由政府培育转向市场竞争、由市场扭曲转向配置优化、由外生扶持转向内生动力的必由之路。但作为一种新的经济模式和贸易业态，其发展初期还具有一定的脆弱性，必须把握好补贴退坡的节奏，注意循序渐进，引导运营企业形成市场预期。补贴退坡也可采取更加灵活的方式方法，如针对去程货源相对充裕但回程货源短缺问题，可采用去程补贴先退坡、回程缓退坡的方式，如针对欧洲方向货运规模相对较大但中亚方向较小问题，可采用欧洲方向先退坡、中亚方向缓退坡的方式，等等。但无论采取哪种退坡方式，都必须坚持全国一盘棋，各地采取共同的退坡方式和标准，形成公平竞争的良性市场。

（三）实施海外仓战略

应积极推动在班列沿线兴建大量海外仓，利用海外仓来组织境外货源，解决回程货源不足问题。要使海外仓成为班列在境外的集结中心、分

拨中心、配送中心。积极与沿线国家沟通协调，推动我国海外仓更多转变为保税仓，把国内保税贸易、保税加工等模式规则复制出去。应开展我国在班列沿线海外仓规划布局研究，并注意与我国海外物流体系、境外经贸合作区建设、国际产能合作、跨境电商市场拓展等统筹考虑，保障海外仓货源。可利用丝路基金、政策性贷款等作为引导资金，吸引我国国企、民企及沿线国家企业共同参股建设经营。

（四）推广内外贸同班列和集拼集运模式

内外贸货物同班列运输是一种十分灵活的运输组织方式，国内已有一些城市正在尝试。货源充足、能够满载的班列始发城市可开行五定班列，不能够满载的始发城市可采取内外贸货物同班列运输，内贸货物沿途卸载，外贸货物可在乌鲁木齐、郑州、西安等枢纽城市或主要口岸重新集拼，发往中亚或欧洲，从而使班列形成"东中部出口基地 + 中西部集结中心"的枢纽对枢纽运输格局。

（五）加强与沿线铁路公司的协调议价

要加强统筹协调，充分发挥好中欧班列运输协调委员会的作用，各地共同开展对沿线铁路公司的议价谈判，坚决避免各地分别议价的单打独斗行为。要善于利用并行线路开展议价谈判，比如俄铁希望将一部分货运物流从新亚欧大陆桥转移到西伯利亚大陆桥上来，对我国从满洲里、二连浩特出境货物给予较低运费，我国应与俄积极对接，可考虑扩大西伯利亚大陆桥运量，既能降低班列区间运费成本，又能给予哈萨克斯坦降价压力。从长远看，我国应提早谋划中欧班列南部大通道，打通中吉乌经伊朗、土耳其至中东欧的战略新通道，改善沿线关务环境，推动中国—中亚—西亚经济走廊建设。如南部大通道能够打通，将形成针对北线新亚欧大陆桥和西伯利亚大陆桥的更强议价能力。

（六）继续推进沿线通关一体化和便利化

要加强沿线国家通关制度衔接，统一货物编码，加强检验检疫标准互认，简化查验手续，统一工作语言，推行互认更多"经认证经营者"（AEO）企业，商签更多班列沿线海关合作协定，形成更加便利化的通关制度安排。目前沿线大多数国家没有针对跨境电商这类小批件、多批次贸易品的海关监管制度，要推动我国 1210 进口、9610 进口、9710 出口、9810 出口等海关监管规则向沿线国家复制推广。要加强班列沿线海关信息互联互通，我国应统筹各地方、部门信息平台，建设全国一体的中欧班列信息平台，并推动中欧班列信息平台与各国海关监管平台对接，基于信息互通实现运输组织的优化。

（原载于《中国发展观察》杂志 2020 年第 24 期）